本书为教育部人文社会科学研究一般项目"复杂中的适应：基础教育学校变革的社会学分析"（12YJA880039）的研究成果

本书受到聊城大学博士基金资助

复杂中的适应
基础教育学校变革机制

ADAPTATION IN COMPLEXITY
The Mechanism of Basic Education Schools' Reform

韩登亮◎著

科学出版社

北 京

内 容 简 介

本书从系统论角度探讨了学校变革机制的构成要素、运行方式及其存在的问题，既可以帮助我们理清基础教育学校变革机制的构成要素以及要素之间相互作用关系，又能使我们系统把握学校变革的运行方式和基本规律，从而合理规划和设计学校的变革方案。

本书按照基础研究—原理转化—实践研究这一逻辑展开探讨，分别对学校变革机制的基础研究、结构和运行方式进行了分析，并从实践角度反思当前我国基础教育学校变革机制中存在的问题，进而提出了促进学校变革机制良性运行的策略。

本书既可以作为各级教育行政人员、科研人员以及教育工作者的参考用书，也可以作为教育学专业研究生与本科生的参考书。

图书在版编目（CIP）数据

复杂中的适应：基础教育学校变革机制/韩登亮著．—北京：科学出版社，2019.11

ISBN 978-7-03-062859-6

Ⅰ.①复… Ⅱ.①韩… Ⅲ.①基础教育-课程改革-研究-中国 Ⅳ.①G632.3

中国版本图书馆CIP数据核字（2019）第251738号

责任编辑：崔文燕 / 责任校对：王晓茜
责任印制：李 彤 / 封面设计：润一文化

联系电话：010-64033934
E-mail：edu_psy@mail.sciencep.com

科学出版社 出版
北京东黄城根北街16号
邮政编码：100717
http://www.sciencep.com

北京建宏印刷有限公司 印刷
科学出版社发行 各地新华书店经销

*

2019年11月第 一 版　开本：720×1000　B5
2019年11月第一次印刷　印张：15
字数：260 000

定价：**89.00元**

（如有印装质量问题，我社负责调换）

前　言

随着社会的不断发展，学校教育已处于紧迫的变革之中，因此，学校要获得发展，就必须审视社会对其所提出的新的具体要求，并采取对策进行相应的变革。学校变革是指学校为了适应内外的社会环境的变化，而对学校相关要素进行的改造，从而提高学校效能，促进学校目标的达成。

学校同其他社会组织一样，是一个典型的复杂适应系统，具有开放性、适应性和动态性的基本特征。面对复杂的环境，学校要想生存发展就必须不断地与外界环境进行能量交换，以提高学校自身的社会适应能力，因此，学校变革的过程就是在复杂的环境中适应社会发展的过程。然而，实践表明，无论是东方社会学校还是西方社会学校，都"正进行着一场最终毫无结果的艰难的战斗"[1]。各种致力于提高和改善学校教育的变革从未停止过，但真正发生改变的学校却很少。尽管许多学校声称它们一直积极投身于变革，而且做出了最大努力，但是学校变革缺乏成效是一个相当普遍的社会事实。为什么学校变革如此难以推行？到底是什么因素具有如此大的阻抗作用？学校变革的内在机制是什么？我国现存的学校变革机制存在什么问题？怎样完善现有的机制才能更好地促进学校发展？这些已成为社会关注的焦点问题，并且是教育界人士必须面对的紧迫问题。

---

[1] 迈克尔·富兰.变革的力量：透视教育改革.中央教育科学研究所，加拿大多伦多国际学院组织译.北京：教育科学出版社，2004：11.

复杂中的适应：基础教育学校变革机制

当变革推进到一定程度后，学校仅具有制度意识已经难以满足变革的需要，我们更须将对问题的认知提升到机制意识的层面。通过对学校变革机制的研究，我们可以更好地把握学校变革系统的构成要素及其之间的关系和运行原理，进而形成良好的运行机制。拥有良好的运行机制，可以使学校变革系统接近于一个自适应系统。也就是说，当外部环境发生不确定性变化时，学校系统能够自动地迅速做出反应，调整原来的变革目标和策略，使变革得以顺利进行。笔者在建立了变革机制分析框架的基础上反思学校现有的变革机制，分析了其存在的问题，这对于调整和改进学校变革机制建设及其实践颇具意义。

学校变革机制是指学校变革系统的核心构成要素及其工作原理。工作原理主要探讨的是各变革要素之间的相互作用关系。在本书中，首先，笔者分析了学校变革系统的主要构成要素：变革的动力、变革的目标、变革的主体、变革的传导、变革的协调和变革的监督，进而探讨了它们之间的相互作用关系，建立了分析和研究学校变革机制的理论框架。其次，笔者从学校变革的启动、实施和制度化三个阶段，进一步探讨了学校变革机制的运行原理，揭示了学校变革机制是一个不断循环的动态系统，在变革实践中既要了解学校变革机制运行的各个系统的运行状态，还要根据学校变革机制的整体运行情况做出局部的适当调整，进而更新或促成新的学校变革机制的生成。最后，笔者在建立的理论分析框架的基础上，从学校变革系统的构成要素及其运行原理的整体角度来反观当前我国的基础教育学校变革机制，认为学校变革在目标设计与转化、变革主体多元与内耗、变革动力结构与变革成效、变革监督与反馈调节等方面存在问题。

本书遵循了基础研究—原理转化—实践研究的基本原则，据此本书可以分为三个大的部分：第一部分是学校变革机制的基础研究；第二部分是基于对学校变革机制的理解对其结构和运行方式的分析；第三部分是从实践角度反思和批判当前我国基础教育学校变革机制存在的主要问题。

本书第一部分学校变革机制的基础研究包括第一章和第二章。

第一章主要阐述了为什么研究基础教育学校变革机制这个问题，即对于研究背景和研究意义的说明。学校变革机制研究的背景和意义是基于如下内容的思考：当前我国基础教育阶段的学校已经处于社会的急剧变革与转型所带来的紧迫的变革压力之中，学校要想在这纷繁复杂的社会环境中更好地生存和发展，就必须根据其所处环境提出的要求进行相应的变革。但是当变革进行到一定程度后，我们会发现仅靠制度的规约很难满足变革的实践需要，这时对机制的研究就显得非常必要，它可以使我们更好地把握学校变革的构成要素及各要素之间的相互关系，促进良好运行机制的形成。有了良好的机制，就可以使学校变革机制接近于一个自适应系统，也就是说在外部条件发生不确定变化时，学校系统能自动地迅速地做出反应，调整原定的策略和措施使变革顺利进行。

第二章主要是对与基础教育学校变革机制相关概念的内涵进行解读，明确了学校变革机制的概念及其特征，这也是开展本书研究的前提条件。通过分析笔者认为，学校变革机制就是学校变革系统的核心构成要素及其之间的相互关系或运行方式，它具有动态性、连锁性和回归性等特征。

本书第二部分包括第三章和第四章，是对基础教育学校变革机制原理的转化研究，分析了学校变革系统的构成要素和运行方式，建构了分析学校变革机制的理论框架。

第三章主要是对基础教育学校变革机制进行结构分析，进而探讨学校变革系统中变革的主体、变革的动力、变革的目标、变革的传导、变革的协调、变革的支持、变革的监督等各个构成要素及其之间的相互关系。

第四章结合基础教育学校变革机制构成要素的分析，从学校变革的启动、学校变革的转化和学校变革的实施三个阶段对具体的学校变革过程进行了深入分析。

本书第三部分属于实践研究，包括第五章和第六章。

第五章在笔者建立的分析学校变革机制的理论框架的基础上，结合学校变革的实践，指出了当前我国基础教育学校变革机制存在的问题，主要包括：第一，学校变革目标设计与转化的问题，如混淆了变革目标与机制建设的目标、变革目标制定过程中的两难问题、阶段目标定位不准确、变革目标的宣传力度不够和变革目标内化过程中的异化问题等；第二，学校变革主体多元与内耗的问题，如变革决策主体带来的阻力造成内耗、变革行为主体带来的阻力造成内耗、变革利益主体带来的阻力造成内耗等；第三，变革动力结构与变革成效的问题；第四，变革监督与反馈调节问题，如高度集权的管理体制造成监督失控、监督方式的单一造成走过场、问责制缺乏造成赏罚不明、反馈调节机制缺失造成变革低效等方面。

为了解决当前我国基础教育学校变革机制存在的问题，促进学校变革机制的良性运行，笔者在第六章提出了相应的对策：一是变革主体要树立复杂性学校变革观；二是要强化学校变革主体的目标意识；三是要缓解变革主体之间的价值冲突，集聚变革主体的力量，减少变革中的阻力；四是要构建可持续的变革动力结构，更多地激发变革的内生性动力；五是要健全科学的监督反馈机制来调整各构成要素之间的结构和关系，促进学校变革的良性运行。

目 录

前言

第一章 寻找基础教育学校变革机制之魂···································1

　　第一节　基础教育学校变革机制研究的意义与价值················3

　　第二节　基础教育学校变革机制研究的概况··························10

　　第三节　基础教育学校变革机制研究的方法与逻辑················49

第二章 基础教育学校变革机制的内涵解读································53

　　第一节　变革、教育变革与学校变革·····································55

　　第二节　基础教育与基础教育变革···62

　　第三节　机制与学校变革机制··93

第三章 基础教育学校变革系统的结构分析······························103

　　第一节　学校变革系统的构成要素·······································105

　　第二节　学校变革系统构成要素之间的相互关系·················135

第四章 基础教育学校变革机制的运行方式解读·····················139

　　第一节　学校变革的启动··142

　　第二节　学校变革的转化··144

第三节　学校变革的实施 ………………………………………… 154

第五章　基础教育学校变革机制的反思 …………………………………… 157
　　　第一节　学校变革目标设计与转化问题 ………………………… 159
　　　第二节　学校变革主体多元与内耗问题 ………………………… 163
　　　第三节　变革动力结构与变革成效问题 ………………………… 169
　　　第四节　变革监督与反馈调节问题 ……………………………… 176

第六章　基础教育学校变革机制建设的实践观照 ………………………… 181
　　　第一节　树立复杂性学校变革观 ………………………………… 183
　　　第二节　强化变革机制建设的目标意识 ………………………… 187
　　　第三节　协调多元主体之间的价值冲突 ………………………… 190
　　　第四节　构建可持续的动力结构 ………………………………… 191
　　　第五节　健全科学的监督反馈机制 ……………………………… 194

结语 ……………………………………………………………………………… 197

参考文献 ………………………………………………………………………… 199

附录 ……………………………………………………………………………… 208
　　　附录一　论教育幸福及其双重结构 ……………………………… 208
　　　附录二　学校课程整合的基本范式及现实启示 ………………… 215

后记 ……………………………………………………………………………… 230

第一章
寻找基础教育学校变革机制之魂

第一章
寻找基础教育学校变革机制之魂

在人类社会全面、深刻转型的背景下,变革已成为当代学校发展的基本需要和必经路径。在学校变革过程中,如何找到恰当的切入口、深入变革的核心地带、实现理想的目标就成为当今学校变革的主题。

大量的变革实践表明,以制度转型推进学校变革的策略已经难以满足变革的需要,这就要求我们上升到机制意识的层面来认识和研究学校变革,因为机制是在一定的办学理念和价值取向指导下形成的学校变革的内在机理,可以说现代学校变革的过程不仅是制度的变革,更是机制的变革。正是这种机制的存在使得学校能够稳定运行,能够把学校的办学理念和价值取向转化为现实,能够整合各种制度和变革力量。因此在某种意义上,机制在学校变革中具有灵魂作用,在学校变革过程中必须要强化机制意识。

第一节 基础教育学校变革机制研究的意义与价值

随着知识经济时代的来临,科学技术突飞猛进,全球经济一体化,当前人类正在经历着一场全面的、深刻的社会变革和转型,这也就使我们的工作和生活时刻都处在变化的海洋之中。正如美国原总统约翰逊(L. B. Johnson)曾经说过的那样,"解决我们国家所有社会问题的答案,归根结底可以概括为两个字——教育"[1]。在当前社会的急剧发展变化过程中,教

---

[1] 转引自柯政.学校变革困难的新制度主义解释.北京大学教育评论,2007(1):42-54.

复杂中的适应：基础教育学校变革机制

育的社会基础也正在发生着巨大的结构性变化，学校教育已经处于社会的急剧变革与转型所带来的紧迫的变革压力之中，因此，教育作为社会重要组成部分，必须不停地审视社会转型对其所提出的具体要求，并采取相应的对策。[①] 在这场史无前例的社会变革过程中，"如果我们的教育对于生活必须具有任何意义的话，那么，它就必须经历一个相应的完全的变革"[②]。在这种情况下，既然教育必须要面临变革，那么作为教育实施主体的学校必然也要承担起变革的重任。所谓教育改革，主要是指为了适应社会的发展和要求，人们有目的、有计划地去改善和纠正那些与社会有关的教育问题，从而对学校进行变革的行动或过程。作为教育改革概念中的学校变革，主要是指为了适应学校内外的社会环境的变化和要求，对学校相关构成要素进行调整与重组，从而达到提高学校效能、促进学校目标实现的变革行动或过程。

处在这样一个急剧转型的时代，学校几乎连续不断地被要求进行变革，或在一定环境下试图推行改革来适应社会的要求。然而，实践表明：在世界范围内无论是东方学校还是西方学校，都"正进行着一场最终毫无结果的艰难的战斗"[③]。但是人们从来就没有停止过各种各样的旨在加强和改进学校教育的变革努力，可真正发生改变的学校却很少。尽管很多学校也可能声称它们一直积极投身于学校改革，而且做出了巨大的努力，但是我们会发现一个相当普遍的社会事实，那就是学校改革缺乏实际效果，许多被人们视为"好的"想法的最后结果却令人失望。"中国教育变革产生的问题表象随之而来——我们似乎重复着同样的类似的种种失误。在一次又一次的教育变革中，我们借鉴外来语词、先进的思路，用许许多多的局部证实或未经证实的命题，一次一次都给我们包含至少一点希望的承诺，但是学校、课堂一仍旧例。如今，最令人难以接受的是我们重复了多年的（以至于从新中国成立就开始纠正的）追求升学率的怪现象至今仍然

---

① 约格什·阿塔尔.变化背景下的教育：新的社会功能.教育展望，2002（1）：11-21.
② 杜威.杜威教育论著选.赵祥麟译.上海：华东师范大学出版社，1981：28.
③ 迈克尔·富兰.变革的力量：透视教育改革.中央教育科学研究所，加拿大多伦多国际学院组织译.北京：教育科学出版社，2004：11.

是政府制定教育政策时加以批驳（或用各种相反的强调，如素质教育、创新教育，进行引导）的重点——且大有'屡教不改'之架势。各种变革在不断地进行，但是我们究竟改变了什么呢？自从改革开放以来，中国的学校几乎没有停止过改革……但是在学校里、教室里真正发生的变化却并不大。这样的变革停留在表面抽象的措辞表达和东拉西扯的例证上，停留在简单肤浅的短期项目上，而关于学生、学习、教师、教学、评价等方面的学校内部的假设却没有发生变化。"[1] 为什么学校变革如此难以推行？到底是什么因素具有如此大的阻抗作用？学校变革到底存在怎样的内在机制？当前我国基础教育学校变革机制存在哪些问题？怎样完善现有的机制才能更好地促进学校发展？在管理学界，人们经常用一句话来激励成员："人类都可以把自己送上月球，还有什么事情解决不了呢？"但是对于学校变革者而言，一个不争的事实是，人类可以在一段时间内把梦寐以求的、期盼已久的登月计划变成现实，但是却没有办法在等长的时间改变一所学校。

面对学校所处的尴尬境地，教育理论工作者应该有所觉醒和反思，到底能够做些什么，既不能一味地批评和失望中作壁上观，也不能不负责任地给学校变革开出几个无关痛痒的"药方"，随意提出几条时髦的变革建议就完事。学校变革已经成为当前我国基础教育领域的重要主题，已经成为当前社会人们关注的焦点问题和各级教育界人士所必须面对的紧迫问题。在这种环境下，我们应该反思研究者的责任，摒弃那些在学校发展变革过程中甚至连研究者都会出现的急功近利的问题，真正坐下来静心思考学校发展变革问题的症结所在，以丰富学校变革研究的理论并服务于实践。

一、研究的意义

（一）变革的时代要求学校全方位的变革

学校作为一个开放的整体系统，需要不断地与环境进行物质、能量和

---

[1] 季萍，张文清.学校文化的自我诊断《中国教育管理评论》（第1卷）.北京：教育科学出版社，2003：149.

复杂中的适应：基础教育学校变革机制

信息的交换。环境发生变化会对学校系统产生一种微妙的但却实实在在的压力，这种压力导致学校组织系统内部产生一种紧张关系，环境的压力和学校系统内部的紧张关系恰恰表明了学校系统的一种无序状态。为了消除这种无序状态，学校系统就需要逐步减小这些压力和缓解紧张状态。因此从系统论角度看，基础教育学校变革是基础教育阶段的学校组织对于外在环境的压力和内部紧张状态的调适过程。学校作为教育的主要服务机构及实现各方教育改革理想的交汇点，一直处于巨大的变革压力之中，以往那些被人们称作"自由的基础，未来的保证，富裕和权力的根源，安全的堡垒，明亮耀眼的灯塔……智慧启迪的源泉"[1]的学校形象已有所改变。于是"每隔一段时间唾弃而不是赞扬学校已经成为更为时尚的做法了，并且以往的抨击已经形成一片批评的讨伐声"[2]。因此在这种变幻莫测的社会环境中，学校不得不去关注和思考这样一个问题，那就是学校应该怎样进行相应的变革，才能更好地利用社会所提供的一切资源，使学校与社会之间形成一个相辅相成的良性循环机制。但遗憾的是，传统学校往往缺少这种应对变革的自我更新机制，学校经过一段相对比较平稳的发展期后，就会产生一种故步自封的倾向，当面对新情况、新问题时，往往坚持已有的做法，以不变应万变。即使有一些学校在强烈的变革意愿驱使下提出了学校变革发展的战略，明确了学校未来发展的方向，也由于缺乏科学理论的指导而使学校变革流于形式。虽然学校变革更多的是由外部环境变化所引发，但是学校能否适应这种变革取决于学校内部各要素的活力，取决于学校是否具有发现外部环境变化的敏感性，取决于当外部环境发生变化时学校是否具有寻求发展机会的自觉性，最重要的是取决于学校为了适应这种外部发生的变化而作出的自我更新的勇气。因此，学校对于这种外部环境的变化应该自觉、主动去适应，提高自我变革和自我更新的能力。对此哈佛大学教授科特曾指出，"对今天的学校组织来说，变革不仅仅是为了获

---

[1] 约翰·I. 古德莱德. 一个被称作学校的地方. 苏智欣，胡玲，陈建华译. 上海：华东师范大学出版社，2007：3.

[2] 约翰·I. 古德莱德. 一个被称作学校的地方. 苏智欣，胡玲，陈建华译. 上海：华东师范大学出版社，2007：2.

得成功，更是为了在日益激烈的竞争环境中获得生存"①。可以说变革已经成为 21 世纪的重要的生存法则，正如英国前首相哈诺德·威尔逊的断言，拒绝变革的人是腐朽的建筑师，人类唯一拒绝变革的机构是坟墓②。

当前，我国的基础教育学校变革的实质是使学校组织系统形成一种适应社会转型带来的不断变化的运行机制，从而消除基础教育与社会发展之间的不协调以及基础教育内部发展的不平衡。在学校变革实践中，一个观念正在变得越来越清晰和明确，那就是没有学校层面的变革，就不可能有真正的教育变革。因此，在这样一个社会急剧变革的时代，学校为了适应社会发展的要求和获得自身的长足发展，就必须形成一个良性循环的内在发展机制。

（二）学校变革需要进行机制研究

自从"机制"一词被引入社会科学研究领域以来，人们似乎越来越青睐对它的研究，"机制"的应用也就由最初的机械领域迅速扩展到生命领域，再到社会科学领域，它已成为一个延伸性较强的概念。随着在不同研究领域的应用，其内涵越来越丰富、生动和深刻。"机制"原本是指机器的构造和工作原理，后来生物学和医学领域通过类比的方式借用该词，用它来指生物机体的结构及其构成部分之间相互关系，与其他领域不同的是，生物学和医学领域的"机制"的内涵还包括构成要素之间发生的各种变化过程的物理、化学性质和相互关系，当然这是由于学科性质不同所致。当被广泛应用于自然现象和社会现象的研究后，"机制"主要用来指其内部组织和运行变化的规律。可以说在任何一个社会组织系统中，机制都起着基础性的、根本的作用。在理想状态下，良好的机制甚至可以使一个社会系统接近于一个自适应系统——在外部条件发生不确定变化时，系统能自动地迅速做出反应，调整原定的策略和措施，实现目标优化。因此，学者也开始从"机制"的视角尝试研究学校变革，使当前我国基础教育阶段的学校变革能够形成一种良好的运行机制。

---

① Kotter J P. Leading change. Boston，Mass：Harvard Business School Press，1996：18-19.
② 转引自李志强. 基于价值重构的企业变革研究. 上海：复旦大学博士学位论文，2004.

"机制"一词的广泛应用为学校变革的研究提供了一个全新的研究视角和切入点。现代社会的转型与教育结构的变化对学校变革的研究提出了更高的要求,尤其在当前我国正在进行新基础教育课程改革的大背景下,学校变革机制的研究已经成为一个急需解决的难题。李政涛指出,"变革实践表明,当学校变革推进到一定程度后,仅有制度意识已经难以满足变革的需要,我们必须将对问题的把握提升到机制意识的层面"[①]。基础教育阶段的学校是实施包括课程改革等在内的各种变革的重要阵地和场域。在这种改革的背景和形势下,基础教育学校该如何更有效地实施变革,就成为一个需要人们深入、细致研究的重要课题。随着研究的深入开展,越来越多的学者开始从不同的视角对基础教育学校变革进行研究,当然也就得出了关于学校变革的不同的研究结论。

但是反观现实,我们不仅缺乏关于学校变革机制的理论研究,而且变革的实践也往往是盲动的。一方面,"机制"一词的滥用导致人们在设计和管理学校变革的过程中,往往更习惯于或倾向于建立或者形成某种机制,而很少去思考这些机制存在的价值,当然更少去深入探讨其背后隐藏的理论基础;另一方面,在学校变革实践中,即使建立了某种具体的学校变革机制,学校变革者也不能从系统运行的角度来认识和把握各种机制之间的相互关系及其运行原理。正是缺乏机制理论的研究导致了学校变革的盲目性,进而使变革者错失了变革良机。从这个意义上来讲,如何从机制的视角去思考、设计和规划学校变革就显得十分必要和具有很强的实践价值。

二、研究的价值

"机制"的实质是事物在动态发展过程中所呈现出来的某种带有规律性的稳定和平衡,而学校变革的实质是在学校变革过程中打破原有平衡状态的同时,又要建立一种新的平衡状态,也就是说,使基础教育学校系统形成一种适应不断变化的机制。学校变革者只有清晰地认识到这种变化的

---

① 李政涛. 为学校变革寻找"机制之魂". 中小学管理,2009(4):1.

缘由和意义，才能提高学校变革的自觉性，而认识到这种变化并及时进行相应的调整，则依赖于学校变革机制研究的最终成效。因此，有学者指出，"机制的研究，是使变革走向稳定、走向成型的关键路径。机制的探索与发现，在学校变革过程中具有特殊的意义"[①]。

（一）理论价值：丰富和发展学校变革研究

通过研究分析已有的文献我们不难发现，学术界在学校变革理论研究方面已经取得了大量的、数目可观的研究成果。这些研究成果更多的是从学校变革构成要素的角度来研究学校变革理论，他们关注更多的是学校变革的主体、动力、过程、模式等问题。虽然随着"机制"在不同学科研究领域的广泛使用，研究者取得了大量的研究成果，但是将"机制"的研究及其成果引入教育领域还是最近的事情。在本书中，笔者将尝试把"机制"作为研究的切入点，从机制的角度对我国基础教育学校变革进行研究，以系统的方法为指导，从整体的角度出发，对当前我国基础教育学校变革的机制进行比较深入的分析和探讨，在某种意义上来说，它为进行基础教育学校变革机制的研究引入了一个新的研究视角。

另外，学校变革机制的研究还可以推进学校变革理论的发展。正如叶澜教授所讲，"整体机制的探索，是对前期组织、制度探索的集约式的聚焦与深化，这将使学校管理层面的变革走向系统和深入"[②]。但是，目前学者对于学校变革机制的研究还很缺乏，因此笔者在借鉴其他领域关于"机制"的相关研究成果和教育学者关于学校变革的研究成果的基础上，尝试构建一个分析和研究基础教育学校变革机制的理论框架，并以此反思当前我国基础教育领域正在进行的各种学校变革，揭示变革实践中存在的深层次问题，这对于学校变革理论的发展将起到推动作用。

（二）实践价值：设计和规划、调整和改进学校变革

学校变革是一个持续的、需要不断完善的系统工程，因此需要研究者

---

① 杨小微.当代学校变革中运行机制的探寻.教育研究与实验，2008（2）：31-34.
② 叶澜."新基础教育"成型性研究报告集.桂林：广西师范大学出版社，2009：173.

从整体的、动态的视野出发，寻找出学校变革的内在规律和外在的支持系统，只有这样，才能够使学校变革的目标真正达成。一方面变革机制的研究可以帮助我们理清基础教育学校变革机制系统的构成要素，以及它们之间的相互作用关系；另一方面，学校变革机制的研究还可以使我们从整体上系统把握学校变革的运行方式和基本规律。要想更好地促进变革机制的建设，我们还需要更加深入地去研究和探讨机制设计理论，因为变革机制和机制设计理论的研究能够帮助变革主体深入地、系统地认识和了解学校变革的整体系统，避免研究过程中的片面性。所以变革机制的研究，可以使我们对学校的变革方案进行更加合理的规划和设计。

学校变革机制的研究不仅能够帮助我们合理地规划和设计学校变革方案，还可以调整和改进学校变革的实施。首先，学校变革机制的研究可以使学校变革的主动性和自觉性得到提高。对机制的构成要素及其相互之间作用方式的分析和探讨，有助于加深学校变革主体对于学校变革中的要素及其相互之间作用关系的了解，在变革实践中更好地去挖掘当前基础教育学校变革过程中的内在动力，从而增强学校变革的自觉意识，促使学校变革目标的最终达成，实现学校的良性运行和可持续发展。其次，学校变革机制的深入研究还能够"探索发现新的学校变革机制，修正和转换错误的变革机制，调整和完善已有的变革机制"[①]。最后，在分析学校变革机制的理论框架的基础上，笔者反思了当前我国基础教育学校变革中存在的各种变革机制，试图找出变革中存在的问题并提出相应的对策，对于调整和改进学校变革机制建设进而改进变革的实践具有借鉴意义。

第二节　基础教育学校变革机制研究的概况

学校变革历来是教育界关注的焦点问题，中外学者对此进行了大

---

① 孙绵涛. 教育机制理论的新诠释. 教育研究，2006（12）：22-28.

量的相关研究，取得了丰硕的成果。俗话说，他山之石，可以攻玉。作为后续研究者，我们要充分吸收前人已有的研究成果和智慧，这不仅能够为我们的研究提供有益的研究材料和研究思路，还可以使自己的研究更有价值和针对性。正如人们所说，只有站在前人的肩膀上，才能看得更远。

一、国外研究概况

自20世纪80年代以来，国外对学校变革理论的研究和实践探索呈现出一派繁荣的景象，产生了一大批有影响的研究成果。在此期间，加拿大多伦多大学的迈克尔·富兰教授被公认为研究学校变革的权威代表，他身体力行参与了多个国家的教育改革项目，先后出版了《为什么而奋斗》三部曲、《变革的力量》三部曲及《教育变革的新意义》（已修订了三版）、《学校领导的道德使命》、《变革文化中的领导艺术》等著作，对教育改革问题进行了多角度、全方位的深层探讨，尤其对教育变革的动力、变革过程的复杂性进行了系统阐述。此外，具有代表性的著作还有本杰明·莱文的《教育改革：从启动到成果》、波·达林的《理论与战略：国际视野中的学校发展》、吉纳·E.霍尔与雪莱·M.霍德的《实施变革：模式、原则与困境》、斯蒂芬·J.鲍尔的《教育改革：批判和后结构主义的视角》、藤田英典的《走出教育改革的误区》、杰夫·惠迪等的《教育中的放权与择校：学校、政府和市场》、斯特林费尔德等的《重建学校的大胆计划：新美国学校设计》、丁·芬克的《好学校/真学校：为什么学校改革不能持久？》、拉瑞因的《延续学校改革：一所学校生命周期中的一年》、萨拉松的《学校文化与变革问题》，以及劳特利奇·法墨公司编辑出版的"教育变革与发展丛书"，其中包括《再教育的社会》（Re-schooling Society）、《教育变革的性别政治》（The Gender Politics of Educational Change）、《学校革新的规则》（The Rules of School Reform）、《它到底是谁的学校？权利和政治》（Whose School Is It Anyway? Power and Politics）、《发展性教师：终身教育的挑战》（Developing Teacher: The Challenges of Lifelong Leaning）、《变革的压力：结局》（*Change Forces：The Sequel*）、《教学的风格》（*The Color of Teaching*）、《教育变革的前沿：教学、领导和革新的真实》（*The Sharp Edge of Educational Change：Teaching and the Realities of Reform*）等8册书。其中，《教育变革的前沿：教学、领导和革新的真实》一书包括教育变革的背景、过程和未来展望等不同主题不同作者的11篇论文。另外，该公司还在其出版的《变革领导和学校改进》一书中，对学校变革场景中领导和领导者的变革进行了深入细致的研究。

除此之外，还有很多产生重大影响的专著和报告，如《教育改革的限度》（*Limits of Educational Reform*）（Dalin，1991）、《学校变革的人力维度：改进、阻力和革新中的现实问题》（*The Human Side of School Change：Reform，Resistance and the Real-life of Innovation*）（Evans，1996）、《重建学校的大胆计划：美国新学校设计》（*Bold Plans for School Restructuring：The New American Schools Designs*）（Stringfield，1996）、《教育变革管理理论》（*Management Theories for Educational Change*）（Keith Morrison，1998）、《管理学校系统变革：革新的框架》（*Managing School System Changing：Charting a Course for Renewal*）（Sims，2003）、《实施变革：模式、原则和困境》（*Implementing Change：Patterns，Principles and Potholes*）（Hall and Hord，2004），等等，这些专著和报告都对学校变革的目标、内容、过程、步骤、方法等方面进行了深入细致的研究。马歇尔·萨什金与约翰·埃格迈耶还在其撰写的《学校变革模式与过程：研究与实践的回顾与综合》（*School Change Model and Process：A review and Synthesis of Research and Practice*）文章中详细回顾和总结了美国30年学习变革的研究进程，并对这些研究从理性 科学视角、政治视角、文化视角和综合重构视角进行了归类。

综合已有的文献不难发现，关于学校变革的研究主题有七个方面。

（一）学校变革理论的研究

关于学校变革的理论，有学者进行了系统分析，并将其分为三大类：一是强调以人为中心进行变革的理论；二是强调以组织为中心进行变革的理论；三是强调情境互动的变革理论[①]。强调以人为中心进行变革的理论代表是库尔特·勒温的力-场分析理论。勒温借助物理学的概念指出，人是一个场（field），个体及其情境构成了心理场，人的心理活动是在一种心理场或生活空间里发生的。团体和团体的情境构成了社会场，团体的行为主要由团体的社会场中各区域的相互关系所决定。勒温的力-场分析理论的贡献在于强调人的变化是变革的决定因素，但也会期待团体的改变，因为通过使个体所属的团体发生变化来影响和改变个体的行为的方式，远远要比直接去改变个体更好。反之，如果个体所在的团体价值不发生改变，要想改变个体的行为就很困难。

强调以组织为中心进行变革的理论代表是彼得·圣吉的学习型组织理论。他认为，学校变革的方向就是把学校变成一个学习型学校或者学习型组织，因此他特别强调要把人的价值观、渴望、行为等内在改变与策略、结构、系统等外在改变结合起来。在此基础上，他提出了建立学习型组织的"五项修炼"：自我超越、改善心智模式、建立共同愿望、团体学习和系统思考。就学校变革而言，他认为基本的反思与学习过程是组织发展的动力。[②]

强调情景互动变革理论的代表是20世纪70年代罗宾·斯特克兹提出的组织变革的情景模式理论。他认为，组织变革的方式是由组织成员的技术能力和人际关系能力的组合方式来决定的（图1-1）。由于组织机构中技术能力和人际关系之间的组合方式不同，组织变革可以分为四种不同的变革型态：自然性变革、指导性变革、合作性变革和计划性变革。自然性变革适用于组织成员是低技术能力和低人际关系的组合方式，这种组合方式采用自然性变革策略最有成效，其他变革策略都不会取得成效；指导性变革适用于组织成员是高技术能力和低人际关系的组合方式，这种组合方式采用指导性变革策略最有成效，其他方式的变革策略不是要花太多的时间，就是管理者要具备多方面的技术，因此成效甚微；合作性变革适用于组织成员是高人际能力和低技术能力组合方式，这种组合方式采用合作性变革策略最有成效，其他变革方式成效甚微；计划性变革适用于组织成员

[①] 张立新. 当代西方学校变革理论评述. 吉林省教育学院学报，2006（7）：4-8.
[②] 转引自张立新. 当代西方学校变革理论评述. 吉林省教育学院学报，2016（7）：4-8.

是高技术能力和高人际关系能力的组合方式，这种组合方式采用计划性变革策略最有成效。

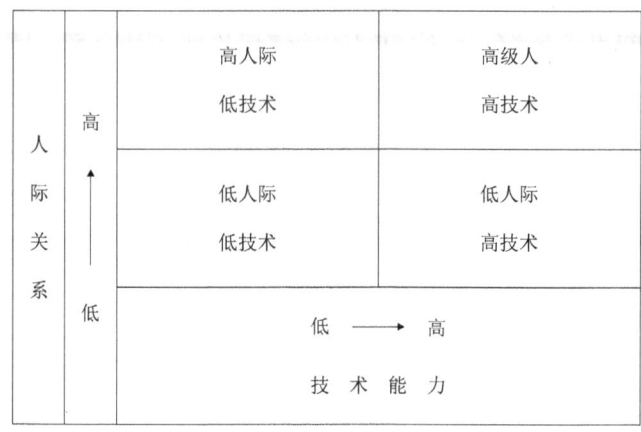

图 1-1　情景变革模式中技术能力与人际关系的组合方式

（二）学校变革价值取向的研究

价值取向（value orientation）是价值哲学的一个重要范畴，是一定主体基于自己的价值观在面对或处理各种矛盾、冲突、关系时所持的基本价值立场、价值态度以及所表现出来的基本价值倾向。人们生活在社会之中，家庭、朋友、老师、群体乃至组织等都会影响每个人的价值取向。价值取向具有实践品格，它的突出作用是决定、支配主体的价值选择，因而对主体自身、主体间关系、其他主体均有重大的影响。人的价值取向是在生活和工作环境中学习和经历的产物，因而也就有了不同类型的价值取向。关于价值取向的分类方式，影响较大、最具有代表性的是美国心理学家米尔顿·罗克奇在其著作《人类价值观的本质》（*The Nature of Human Values*）中的分类。在该书中，他把价值取向分为终极价值和工具价值两大类。终极价值是指反映人们有关想要达到最终目标的信念，而工具价值是指物品或观念自身所具有的工具性作用，它反映了人们对实现既定目标手段的看法。工具价值的实现是服务于终极价值实现的，工具价值的实现不能够以牺牲终极价值为代价。人们在工作中的各种决策判断和行为都有一定的指导思想和价值前提，因此，罗克奇提出了终极价值和工具价值各包含的18个成分。此外，美国心理学家奥尔波特则提出了有关价值取向的另一种分类，他把价值取向分为理论取向、经济取向、审美取向、社会取向、政治取向和宗教取向六类。

学校变革的价值取向是指学校变革中所表现出来的基本价值立场、价值态度和价值倾向。由于参与学校变革主体的多元性，不同的变革主体也就有了不同的价值取向，但是不论发动学校变革的主体是谁，其都不能以个人的价值取向取代实施主体的价值取向。学校变革是一个整体性变革的过程，学校变革的价值取向应该是社会、学校、人的发展等多维价值取向的整合。这就要求学校变革主体整合政府、学校、教师、学生和家长等价值取向，达成学校变革价值共识，进而使其成为指导学校变革的价值取向，避免价值取向冲突情况的出现。

依据罗克奇的价值分类标准，我们也可以将学校变革的价值取向分为终极价值与工具价值。学校变革的终极价值就是要促进学生的全面发展与可持续发展，提高学生的能力，对此哈佛大学理查德·埃尔默就曾提出，"学校变革和发展的终极目的就是学生学习水平的进步、成就与发展，而不是其他"[①]。这种思想在我国学者的著述中也得到了印证，有学者认为，"所有这些变革与发展，归根到底是为了学习者——学生的发展。因此，衡量学校组织变革与发展的终极标准在于学生的全面发展、个性发展、健康发展与持续发展"[②]。学校变革的工具价值是指学校变革本身或学校变革观念所具有的工具性作用，它反映了变革主体对实现学校变革终极价值手段的看法，包括特色学校建设和学校文化变革等价值追求以及实现这种价值追求的手段，如教师专业发展水平、校长专业发展水平、学校教学质量的提升，等等。

美国社会学家欧内斯特·豪斯明确指出，学校变革研究应持有包括技术的观点、文化的观点和政治的观点三个价值取向。挪威学者波·达林在其著作《理论与战略：国际视野中的学校发展》一书中，对这三种观点进行了详细的阐述和比较（表1-1）。[③]

[①] 王天晓. 教学改进：艾尔默对学校改进理论的深化. 比较教育研究，2009（3）：86-89.
[②] 范国睿. 多维视角中的学校及其变革. 教育发展研究，2004（10）：37-42.
[③] 波·达林. 理论与战略：国际视野中的学校发展. 范国睿译. 北京：教育科学出版社，2002：117.

表 1-1　学校变革价值取向

比较项	技术的观点	政治的观点	文化的观点
焦点	创新即焦点、要素和效果	权力和影响力	条件和情境，意义与价值
价值观	共同的价值观，预设的目标，发现达成目标的最好方法	人人并非共享价值观，协商使人达成共识	群体之间价值观冲突，可以在更小的群体中共享价值观
伦理观	权威主义的伦理观	仅仅具有契约性的约束力	相对主义的伦理观
总体印象	产品导向	冲突导向	意见导向
基本原则和假设	系统的理性过程，效率和责任是基本的。假设有共同的利益和价值观	零散的经验冲突与妥协，权力发挥主导作用。合法性是基本的，合作存在问题	从文化的角度看待参与者，合作性不清晰，自治性重要。可能存在价值和利益冲突

技术的观点研究取向的最大特点就是与生产相联系，考虑更多的是产品。变革的过程中人和人之间的联系是由技术的因素决定的，变革过程也就成了一个机械的东西，变革的主要目的就是追求更高的效率。受技术的观点研究取向的影响，一些人认为解决学校问题的方法应基于技术的合法性。

政治的观点研究取向强调更多的是，学校变革的过程是一个权力、利益、权威聚焦的过程。因此，在学校变革过程中要思考谁将会在变革中受益、谁会支持变革、谁要对变革发展过程负责任等关键问题。

文化的观点研究取向考虑的是决定变革过程的组织、社区的价值与标准。学校组织的一个基本准则就是要维持与保护组织的标准和价值，因此在进行学校变革时，需要思考的关键问题就是价值和标准是怎样形成的，以及一个变革的新观念在学校里是如何被认识的。

（三）学校变革模式的研究

所谓模式，是指解决某一类问题的方法，简单地说，就是从不断重复出现的事件中发现和抽象出的基本规律，是解决问题的经验总结。学校变革模式就是学校在不断的变革过程中形成的规律性的变革方法。学校变革模式通常被分为三种，每种模式背后都隐含着学校变革理论的哲学假设和演变的逻辑，因此它们又衍生出许多不同的模式。

第一种模式是过程取向模式。这种模式强调从变革的宏观过程或阶段来研究学校变革，代表性的理论有勒温的平衡模式、利皮特的计划性变革模式和弗朗斯的行动研究模式。^① 勒温的平衡模式认为，变革要经历解冻（学校在变化的环境中，感受到变革压力，要求进行变革，解冻是变革的前奏，也意味着要打破现有的平衡或稳定状态），变革（按预定计划实施变革，达到预期状态）和再冻结（巩固学校通过变革形成的新文化和价值观等成果，寻找新的稳定平衡点）。利皮特等在勒温研究的基础上，将其理论发展为计划性变革模式，并将变革过程划分为七个阶段。弗朗斯的行动研究模式则强调变革过程的连续性，强调要系统搜集和分析资料，进而确定变革目标。

第二种模式是系统取向模式。该模式强调要把学校当作一个系统，以此作为研究学校变革问题的出发点。系统取向模式又可以划分为三种类型：机械系统模式、有机系统模式和生成系统模式。机械系统模式是将学校看作一个封闭的、确定的机械系统，具有稳定性、可预测性和可重复性的特点，以此反观我们的一些传统学校，教室就像工厂里面的车间，教室里的学生就像生产流水线上等待被加工的产品，在固定的时间通过机械记忆的方式学着确定的知识。因此，机械系统模式是一种简单的线性思维，它将学校看作一种机器，强调通过技术的改变来进行学校变革，而这种变革是一种被动的过程，就像机器一样只能被设计、被修理，无法实现自我发展；有机系统模式将学校看作一个综合、复杂的、开放的有机系统，注重系统内部各要素之间的关联性，以此来促进学校变革，相对于机械系统模式，有机系统模式在观念上发生了较大的转变，认识到了学校组织的整体性、关联性和综合复杂性，但是这种转变还仅仅是停留在观念层面，没有落实到学校变革的实践中去；生成系统模式以复杂性理论为基础，既强调组织系统所处的内外部环境的复杂性，又强调组织系统内部各要素之间的无序、混乱和不平衡的状态是组织变革的内动力。因此，相较于前两种模式，生成系统模式的最大贡献在于对学校组织的生成性有了新的认识，实现了学校变革动力由依靠外部资源转向依靠学校系统内部各要素之间的动态关系。

---

① 转引自李琛琛. 当代西方学校组织变革模式的三大取向与趋势. 教学与管理，2017（3）：55-57.

复杂中的适应：基础教育学校变革机制

第三种模式是策略取向模式，该模式强调从变革的计划、管理和控制等策略角度来研究学校变革问题。钦、本尼斯等的研究是在不同的人性观的基础上，依据变革力量的不同，提出控制学校变革的策略。

通过以上三种模式的分析我们可以看出，每一种学校变革模式都基于不同的哲学假设和变革理论，要想更好地促进学校发展，就需要深化对学校本质及其变革的认识，转变传统线性的简单思维方式，以复杂性思维方式更新和完善学校变革的理论。

（四）学校变革内容的研究

受布鲁姆和科尔曼等研究成果的影响，[①] 人们对学校问题产生了巨大的研究兴趣，试图打开学校问题的"黑匣子"，由此以学校变革与发展为对象、旨在提高学校效能和增进学校适应能力的各种学校变革研究在西方国家兴起，到20世纪80年代，美、英等国发起了声势浩大的有效学校改革运动，最有影响力的当属由美国在1983年出版的《国家在危机中》（A Nation at Risk）引起的学校变革运动，它成为美国历史上为改变学校而做出的最持久和最巨大的努力的标志。这些运动的最终目的在于"寻找改革和改组学校的某种魔术般的方法，我们尝试过——现在仍然在尝试——所有的灵丹妙药，期望它能将沉闷的学校变成黄金之地（schools of educational gold）"[②]。

在这些声势浩大的学校变革运动中，主要的研究内容集中在两个方面。

一方面是对学校变革的市场化机制的研究。也就是说，要把市场竞争的某种形式作为学校变革的基础，在这一新的理论框架下重建学校，其策略主要有通过推行校本管理（school-based management）来建立特许学校

---

① 1964年本杰明·布鲁姆的著作《人类特性中的稳定与变化》和1966年詹姆斯·科尔曼的报告《教育机会平等》认为，学生的成绩差异主要受制于其家庭背景，与学校质量和学生学习质量并没有什么必然的关系，也就是说，学校并不很重要，这一结论激起了人们对学校问题的研究兴趣。20世纪80年代以后，数百项的学校效能与学校成功的研究证明了学校教育与学生学习质量之间确有关系，反证了科尔曼报告的片面性，指出了学校发展变革的必要性。由此，以学校效能研究为主体的学校改进研究得以在西方国家兴起。

② 罗伯特·G. 欧文斯. 教育组织行为学（第7版）. 窦文霖，温建平，王越译. 上海：华东师范大学出版社，2001：245.

（charter school），通过自我管理学校（self-management school）来实行学校选择（school choice）。主要的观点集中在约翰·E. 丘伯和泰力·M. 默所著的《政治、市场和学校》一书中，"该书在政治学制度理论的基础上，通过揭示公立学校教育的现实危机与公立学校制度本身的内在联系，建立了一个分析学校治理状况的独特理论视角，并据此提出了只有通过制度变革（指建立以择校、竞争和学校自主权为基础的中小学制度模式）才能从根本上提高美国教育质量的结论"①。该书最大的贡献在于深刻批判了学校受之控制并赖以生存的科层体制，因而其被看作美国中小学择校运动的主要推动力量。此外，埃文斯·克林奇在其著作《创建新学校：小型学校如何转变美国教育》中，提到了可能代表人们盼望看到的未来潮流的两个学校的教育系统，即要形成一批各异的、全新的、小型的、严格公立的、有相对自主权的学校，供家长、学生和学校教育系统职业人员进行挑选。②

另一方面是对学校效能与改进的研究。对学校效能与改进的研究是围绕解决某一学校改进的实际问题而开展的研究，其研究成果既可以为政府的决策提供服务，又可以直接服务于基层的学校改进的实践，其目的在于"从内部对学校进行变革，以便使学校和教师有技巧、有办法、有条件、有习惯，使学校更具有应变能力、更具有挑战性，成为学生学习的更好场所"③。这种研究起源于 20 世纪 60 年代詹姆斯·S. 科尔曼等的《科尔曼报告》，该报告指出学校对学生的成就几乎没有影响，家庭、邻里、同伴环境的不同是儿童学习成就差异的主要原因。在这种背景下，针对《科尔曼报告》中"学校教育无所作为"的论断，埃德蒙兹等研究者对有效学校④进行了深入的研究和探讨，提出了有效学校的基本特征应包括以下五个方面："对学生的成就有较高的期望；强有力的教学领导；有序的学校氛围；强调基本技能；对学生的进步做细致而持续的监控"⑤。同时，埃德蒙

---

① 康永久. 当代公立学校制度变革研究述评. 比较教育研究，2004（11）：16-20.
② 杨小微. 转型与变革：中小学改革与发展的方法论研究. 武汉：湖北教育出版社，2004：91-93.
③ 罗伯特·G. 欧文斯. 教育组织行为学（第7版）. 窦文霖，温建平，王越译. 上海：华东师范大学出版社，2001：174.
④ 有效学校即高性能学校，是不断改进的学校，是指各方面均有良好绩效的学校。它强调学校的内涵发展，渗透着教育服务的理念。
⑤ 冯大鸣. 美、英、澳教育管理前沿图景. 北京：教育科学出版社，2004：214.

兹还指出，有效学校的研究在很大程度上转变了人们的传统观念，同时使人们相信，学校在改变学生行为和提高学生学习成就方面完全可以大有作为。对于这些有效学校的研究，虽然研究者罗列了很多有效学校应该具备的基本特征，但是对于如何改进现有学校以提高其效能，这些研究者并没有给出相应的改进策略和方法。也正因如此，人们对"应当如何"和"怎样改进"的期盼促成了"学校效能和学校改进"（School Effectiveness and School Improvement）运动的兴起。这场学校改革运动席卷美、英、澳等许多国家，其关注的焦点在"学校改进"方面，人们认为"学校改进"的关键在于学校管理，"人们开始相信，如果想要提高教育的质量，就必须将着眼点由课堂层面转向组织层面，并着力改善学校系统和学校管理"[1]。在这样的背景下，有关全面质量管理、学校战略规划的制定、促进学生成就的管理对策等主题成为研究的热点。尽管围绕学校效能与学校改进的研究在当时对西方教育与教育管理的理论与实践、改革与发展做出了较大的贡献，但是因为这些研究过于强调学校变革中校长的作用，尤其是过于强调校长的领导职能而遭到了众多的非议。

此外，值得关注的是，这个时期有学者开始从文化的角度研究学校变革。彼得斯和沃特曼的研究发现，组织的成功和他们组织文化的核心价值紧密联系在一起，核心价值观也是检验有效学校的一个重要的标准。瑟吉奥万尼则认为，学校中的文化生活是在现实中通过学校的教工、学生、内外的环境等构建起来的，其文化特征就在于它是能将一所学校区别于其他学校的综合性因素，正是这些综合因素决定了一所学校的特质，而使其区别于其他学校[2]。

（五）学校变革策略的研究

为了提高学校变革的效率，西方学者尝试提出了多种不同的变革策略。钦、本尼斯等在不同的人性观的基础上，依据变革的力量的不同，提出了三种控制学校变革的策略，即经验—理性策略、权力—强制策略和

---

[1] 冯大鸣. 沟通与分享：中西教育管理领衔学者世纪汇谈. 上海：上海教育出版社，2002：98-99.
[2] 李春玲. 理想的现实建构：政府主导型学校变革研究. 杭州：浙江大学出版社，2007：44.

规范—再教育策略①。经验—理性策略强调变革个体和群体的理性和经验，也就是说，当认识到变革的合理性和预期的结果时人们便会进行变革，因此并不一定受政治的或者行政的力量制约；权力—强制策略强调利用政治的、法律的、行政的和经济的干预来发起变革，是一种自上而下式的变革策略；规范—再教育策略强调人的理性和智慧，重视发挥作为改革对象的系统内部的各种变革力量的积极性，要使"各方面的力量，诸如教育行政机构、学校领导人及教师在对待改革的态度，对相互关系的认识等方面彼此协调一致起来，共同研究和实施变革，而不仅仅是由诸多力量中的一种统领改革的进行，使本来属于同一层次的要素出现等级之分，从而破坏了要素之间的协同性。为此，在对改革进行规划时，就必须制定统一的规范，统一参与改革的各种力量的认识。要做到这一点，需要首先对各种改革力量进行规范性的再教育"②。在这三种策略中，它们的侧重点各有不同，经验—理性策略重点考虑理性的价值，依赖以往的经验和合理性来进行变革，忽视了人们的情感、意志等非智力因素对于变革的影响，这种策略把科学地创造新知识及其在生活中的运用视为变革的关键，因此也被称为"知识生产和利用"（knowledge production and use，KPU）。为了执行经验—理性策略，人们提出了很多实践模式，如"研究、开发和普及"（research，development and dissemination，RDD）模式，研究指的是发明和发现新知识，开发则是指将新知识转化可以利用的产品，普及主要指的是市场活动。权力—强制策略重点考虑的是政治或经济等权力因素，往往忽视理性的价值和人们的情感等因素。国家或者地方政府在推行某项改革措施时，会在不同程度上使用这种策略，采用这一策略实施的教育改革包括从教育目标、教育结构到课程设置的改革③。规范—再教育策略重点考虑的是重视人们的情感因素和理性的价值，在关注变革目标的同时关心人的情感和价值观，因为学校变革的关键是要实现人的态度和价值观的转变，但又忽视了权力对于变革的影响。因此在变革实践中，只有综合使用

---

① 转引自李春玲. 理想的现实建构：政府主导型学校变革研究. 杭州：浙江大学出版社，2007：44.
② 吴忠奎，张俊洪. 教育改革的理论模式. 成都：四川教育出版社，1998：136-137.
③ 吴忠奎，张俊洪. 教育改革的理论模式. 成都：四川教育出版社，1998：136.

这三种策略才能取得良好的变革效果。

波·达林在《理论与战略：国际视野中的学校发展》一书中探讨变革的策略时，首先提出了几个值得人们思考的问题：为什么有的变革在某种情况下会取得成功，在其他情况下就以失败告终？变革背后的假说是什么？其结果又会如何？达林给出的答案是，变革是一项极为复杂的系统工程，既受到政治的、社会的不同因素的影响，又与千百万不同的人有千丝万缕的关系。这就使得很多的变革的理论家和实践家陷入单一形态分析的局面。因此，达林指出，在制定变革的策略时，必须要处理好改革的性质、环境的性质、教育制度的性质这三方面要素的关系，他还明确指出，影响学校变革的因素所处的位置差异也就产生了不同层次的策略，因此，学校变革的策略应该包括个体策略（individual strategies）、组织策略（organizational strategies）和系统策略（system strategies）三个层次。[①] 个体策略主要是指通过影响个体来引起学校变革，因此，学校中的教师、校长等管理人员的素养以及变革的愿望是至关重要的，要加强对教师和学校领导者的有计划培训；组织策略是指通过影响单个的学校组织来推动学校变革，培训的重点是组织发展与专任教师的角色发展；系统策略是指以学校系统为单位进行的变革，是推进学校变革的工具，这种变革策略与整个学校系统密不可分。

与波·达林观点相似的还有沙思金的观点。沙思金把变革策略分为着眼于部分的策略（目的在于变革学校中的某一部分）、着眼于人的策略（目的在于改变人的态度、知识和技能）、变革作为机构的单个学校（常用的方法就是组织发展）和着眼于系统的策略（目的在于改变整个学校系统的运行方式）。[②]

哈夫洛克在分析和探讨了4000多项关于学校变革和社会改革的研究的基础上，总结出了变革的三种基本策略，即研究发展推广策略（research, development and diffusion model）、社会互动策略（social interaction model）

[①] Dalin P. School Development: Theories and Strategies. An International Handbook, Cassell, 1998: 133-252.

[②] 杨小微. 转型与变革：中小学改革与发展的方法论研究. 武汉：湖北教育出版社，2004：109.

和问题解决策略（problem-solving model）（主要是教师对实际问题的解决）。研究发展推广策略强调的是在研究的基础上设计变革方案，经过调整和修正加以推广，研究发展阶段由政府选定的相关专家来完成，依靠的是专家的学术权威，推广阶段则由有关政府部门来完成，依靠的是政府的权力权威；社会互动策略强调的是变革主要动力来自于人际关系的变革和人的情景因素的推动，而非权威的、行政的干预；问题解决策略强调的是学校中一线教师自行设计与实施变革，其目的在于教师对实际问题的解决。在变革实践中，哈夫洛克所提出的很多模式和策略都得到人们的验证，对当今的学校变革产生了巨大的影响。为了对这三种策略有一个更清晰的认识和把握，可以通过表格的形式对其进行比较（表1-2）。

表1-2 三种变革策略的具体内容

策略类型	理论基础	变革目标	变革需要的条件	变革程序	主要评价
研究发展推广策略	理性主义权威主义	教育体制、义务教育	政治、经济、权威	自上而下	常模参照评价、终结性评价
社会互动策略	社会互动主义、人际关系理论	调整、情意等因素的培养	畅通的互动机制和气候、环境等	横向扩散	形成性评价、同级评价
问题解决策略	实用主义自由市场理论	教育个别的、部分的改革	个人的改革能力与有关的支持	自下而上	目标参照评价、自我评价

需要指出的是，在现实情境中学校变革的策略，要比上述经过理论抽象出来的模式复杂得多，往往兼取多种策略之长，以更加综合的方式进行变革。这种综合性一方面表现在学校变革过程中时常会采取多种不同的策略；另一方面表现为在变革的全过程中鼓励多方面人员的共同参与，尤其是强调大学研究者、行政人员和学校教师、领导者在整个变革过程中的协同配合。

（六）学校变革过程和阶段的研究

著名的英国比较教育学家埃德蒙金在《比较研究和教育决策》一书中，对学校变革的一般过程进行了深入的分析和研究，他将学校变革过程划分为现实危机阶段、决定阶段、实施阶段和反馈调节四个阶段。[①]

---

① 转引自黄志成，程晋宽.现代教育管理理论.上海：上海教育出版社，1999：188.

复杂中的适应：基础教育学校变革机制

①现实危机阶段。主要是指学校意识到了现实中存在的问题，同时也感受到了变革的迫切性和必要性，并做好了相应的准备工作，包括创造变革必要的人力和物力资源等条件，以及根据现有的条件来设计变革的蓝图。②决定阶段。其首要任务是广泛宣传学校变革的重要意义，使变革参与者充分了解学校变革的基本设想；其次要提出具体明确的变革方案，其中包括变革的目标以及要实现变革目标应采取的方法和技术；最后是验证变革设想的可行性范围或限度，根据变革实施的程度对变革方案进行适当的调整和修正。③实施阶段。其首要任务是深入分析和探究影响变革的因素到底有哪些，要协调好这些因素之间的相互关系；其次就是要把变革的方案转化为可以具体操作的程序；最后是为了提高变革的效能，要对相关人员进行培训。④反馈调节阶段。其主要任务就是把学校变革方案的实施情况和实施的结果，及时地反馈到决策部门或者管理机构，使其可以根据变革执行的结果来对变革方案进行相应的调整。

莱文在《教育改革：从启动到成果》一书中，把变革的过程划分为启动、采纳、实施和成果四个阶段[①]。启动阶段所要考虑的主要问题是变革的起因，既包括政府最初的主张，也包括不同变革参与者最初的各种愿望。采纳阶段主要是把最初的关于变革的建议或想法变成最终的变革政策或方案。实施阶段主要考察变革过程中采取了哪些策略，以及利用了哪些政策来推行变革。成果阶段主要考虑的是变革取得的结果，即其中哪些是政策制定者想要得到的结果，哪些是不想要的结果。

克拉克则认为，学校变革的应按照六个阶段推进[②]：第一个阶段是研究当前变革所处的内外环境，明确变革的方向和目的；第二个阶段是对变革过程可能存在的阻力和障碍的预判；第三个阶段是在学校组织中达成分享的意愿；第四个阶段是征得变革参与者的同意和承诺；第五个阶段是变革过程中的计划安排与人员之间的沟通；第六个阶段是变革的持续推进。

学校变革的前提是针对学校出现的问题而展开，因此一些学者从问题解决的步骤和方法的角度对学校变革过程进行了阶段划分。例如，布坎南

---

① 莱文.教育改革：从启动到成果.项贤明，洪成文译.北京：教育科学出版社，2004：21.

② 转引自 Morrion K. Management Theories for Educational Change. London：Paul Chapman Publishing Ltd.，1998：29.

和博迪提出了学校变革的九个阶段[①]：识别学校存在的问题、搜集相关数据、分析数据、提出各种可能的变革方案、选择变革方案、考虑实施变革的方法、实施变革、评价变革实施情况和结果、变革的持续改进。罗伯特·H. 帕莱斯蒂尼在《学校变革的十个步骤：促使变革发生》(*Ten Steps to Educational Reform：Making Change Happen*)中，将变革过程分为十个步骤：营造变革氛围、评价变革的需求、制造紧迫感、评估优势和阻力、挑选方案、授权、提供人员发展、实施变革、评价变革和变革制度化[②]。

更有价值的是，普拉哈拉德强调从人的维度去研究和思考学校变革的过程，因为学校变革能否得以顺利展开更多的是依靠学校变革过程中的人的力量。据此，他把学校变革过程分为四个阶段[③]：培育（观念、需求、见识、任务）、发生变化（识别满足变革的可能方法）、权力转移（地位的不稳定）和重新聚焦（更新或者重新冻结）。培育阶段的主要任务是转变人们的观念，了解学校变革的需求，设计规划变革的方案。发生变化阶段的主要任务是找到使变革得以发生的方法或条件。权力转移阶段的主要任务是把外在的学校变革目标转化为内部的学校变革的动力。重新聚焦阶段的主要任务是当变革展开后，更新原有的规范和做法，重新思考变革存在的问题，对已有的变革方案做出调整或修正，进入新一轮的变革。

（七）学校变革复杂性的研究

迈克尔·富兰深受后现代主义思潮的影响，在其所著的《变革的力量》《变革的力量·续集》《变革的力量：透视教育改革》三本书中，他利用复杂性思维对教育变革进行了分析和解释，这也成为运用复杂性科学分析框架讨论学校变革问题的代表性著作。他认为，变革是非直线性的，充满了不确定性。在当代中国的教育变革中，无论是宏观层面的体制变革，还是微观层面的课程与教学改革都取得了较大的成绩，但对于以学校为主的中观层面的改革，由于其具有的独特性、丰富性，学校变革过程具有了复杂

[①] Morrion K. Management Theories for Educational Change. London：Paul Chapman Publishing Ltd.，1998：20.
[②] Palestini R H. Ten Step to Education Reform：Making Change Happen. Landam，Maryland：Scarecrow Scarecrow Press Inc.，2000：43.
[③] Morrion K. Management Theories for Educational Change. London：Paul Chapman Publishing Ltd.，1998：29.

复杂中的适应：基础教育学校变革机制

性，学校的变革也因此变得艰难。面对这样一个复杂的实践活动，就需要一个具有复杂性品质的学校变革理论去解释、指导学习变革者，使其能够更好地开展学校的变革。因此，我们就必须去分析学校变革的复杂性。

学校变革的复杂性不仅表现在学校变革过程中的复杂的关系状态，还表现在学校变革中的复杂的变革主体。就学校变革中复杂的关系状态而言，它既包括学校变革综合着学校与外部的复杂关系，也包括学校内部的复杂关系。学校与外部的复杂关系主要表现在学校与教育行政部门、教育科研部门和周围社区之间的复杂关系。在变革中，校长拥有了越来越多的权力并且发挥着独特的作用。每所学校的变革也会得到不同教育行政系统的支持，加之学校所处的社区的环境、文化生态等，使得每所学校的变革都具有独特性和丰富性。除此之外，被很多人所忽视的一个重要外部因素是学校变革所处的时代。当前，中国政治、经济的发展等不仅为学校变革提供了条件，也受到学校变革质量的内在制约，在这个过程中，学校变革与外部关系保持着一种多样、变动的复杂关系，这也成为当代中国学校变革的独特环境之一，学校不仅不能脱离这种环境，还必须时刻从中汲取营养。正如莫兰所言，"一个生命系统越是复杂，就越会从环境中汲取原始能量和组织的复杂性；生命系统越是变得复杂，越是有自主性，它就越是依附于生态系统"[①]。学校内部的复杂性主要表现在学校制度、文化和日常生活的多维关系上，因此，在某种意义上，学校变革的过程就是不断改变、完善现有制度、文化与日常生活的一个过程。就学校变革中的复杂的变革主体而言，学校变革的主体是"一"与"多"的关系。在学校变革这一大任务面前，每一位学生、教师、校长既可能成为学校变革的策划者和推进者，也有可能成为学校变革的破坏者和逃避者，他们的行为、态度等可能对学校变革过程产生不可忽视的影响。因此，要研究学校变革就不得不关注学校变革主体的多元性，正如富兰所言，每一个人都是变革的动力。正是多元的变革主体的存在，使得变革主体之间存在着复杂的相互关系。任何的学校变革既不能脱离这些变革主体而进行，也不能回避多元主

---

① 埃德加·莫兰.社会学思考.阎素伟译.上海：上海人民出版社，2001：78-83.

体对于学校变革的多元影响,因此,学校变革组织者要直面现实,在这种多元主体的互动过程中实现学校变革。这大大增加了学校变革的复杂性,要求学校变革在可能性向现实性转变的过程中,在复杂性提供的空间内,以独特视角、变革策略、思维方式等直面复杂性的挑战,生成智慧性的学校变革理论,成为智慧型的学校变革理论研究者。

二、国内研究概况

我国学者对于学校变革及其机制的相关研究经历了一个比较长的过程,大体可以分为以下两个阶段。

(一)起步阶段

从严格意义上来讲,在这个时期我国还没有出现与学校变革机制研究直接相关的研究成果,因此我们只能借鉴其他领域的一些研究成果。理论的移植为我们进行学校变革机制的研究提供理论上的支持。这个阶段与变革机制相关的研究表现在以下两个方面。

1. 社会学领域中对社会机制和组织变革机制的研究方法和结论,对于研究和探讨学校变革机制具有启发和借鉴作用

孙绵涛在《社会机制理论的新探索(上)》[①]和《教育机制理论的新诠释》[②]中分别对机制的基本含义及其相关范畴、研究机制的意义等方面作了深入的分析和探讨。他认为,机制的本义是机器的构造和动作原理,当把机制的本意引申到不同的研究领域时,就会形成不同的机制,但无论是引申到社会领域还是教育领域,机制都包含了三个基本的内容,即层次机制、形式机制和功能机制。

(1)层次机制

层次机制从层次范围的角度来考察组织各部分之间的相互关系及其

---

① 孙绵涛.社会机制理论的新探索(上).沈阳师范大学学报(社会科学),2007(6):28-34.
② 孙绵涛.教育机制理论的新诠释.教育研究,2006(12):22-28.

运行方式所得出的机制。它又包括宏观机制、中观机制和微观机制。宏观机制是指从组织的高层和整体出发，运用整齐划一的形式把组织的各个部分统一起来，从而使组织得以运行和发展，如从国家角度，把组织的各个部分统一运行起来使其发挥作用。宏观机制不仅强调层次高、范围大，还强调组织各构成部分之间在一定层次和范围内的统一，因此，不论是在哪个层次和范围内，只要采用整齐划一的方式就可以被看作宏观机制。中观机制观是从组织的中层入手，用统一的方式将组织统整起来使之运行和发展，如相对于地区而言，从学校层面将这一地区教育的各个部分统整起来。相对于学校而言，从班级入手将学校教育的各个部分统整起来都可被看作中观机制，它强调的是这些层面构成要素的统一性。微观机制是从组织的基层构成部分入手，通过调动各基层构成要素的积极性来使之运行和发展，如相对于一个地区而言，调动每一所学校的积极性就属于微观机制，它强调的是这些层面构成要素的独立性。

（2）形式机制

形式机制包括行政—计划式、指导—服务式和监督—服务式三种模式。行政—计划式机制主张用行政和计划的手段来统整组织的各构成要素并使之运行发展，如发放红头文件、拨款等。指导—服务式机制主张用指导和服务的手段来统整组织的各构成要素并使之运行发展，管理者只提供建议和信息服务给被管理者，供他们参考，没有强制性。监督—服务式的机制主张运用以上两种机制来统整组织的各构成要素并使之运行发展。

（3）功能机制

功能机制包括激励机制、制约机制和保障机制。激励机制强调发挥精神与物质的激励功能来调动组织各构成要素的积极性，使组织能够运行与发展。制约机制强调发挥行政、法律等制约手段的制约功能，使组织能够运行与发展。保障机制强调发挥物质条件、精神条件、管理服务等手段的保障功能，使组织能够运行与发展。

以上三个方面的基本内容也是我们考察事物或现象运行方式的三个基本视角，体现了人们认识事物或现象各部分内在联系及其运行方式的应然逻辑，孙锦涛的研究在为我们厘清机制概念的同时，也为我们进一步分析和探讨机制问题搭建了基本的理论分析框架。

2. 教育学者关于当代中国教育及学校变革相关问题的研究及其在理论及实践上取得的研究成果为基础教育学校变革机制的研究提供了帮助

从20世纪80年代开始，人们由重点关注宏观的教育体制的改革研究，转变为越来越重视和关注中观层面的学校变革，开始着眼于学校内部微观的课堂教学和课程改革的研究现状。针对这种转向，有学者指出，"我国基础教育改革的重点已经从外部体制改革转向学校内涵发展，通过学校管理改革推动学校发展是当前基础教育改革的主要目标"[①]。另有学者提出了要把"学校改革必须从教室教学层面提升到学校组织层面，学校结构系统、管理风格及相应类型成为改革对象"的倡议[②]。这个时期的研究主题主要包括以下方面。

（1）学校变革走向的研究和探讨

孙联荣等总结了学校变革的四种可能的发展方向[③]。

1）开放型学校。根据美国社会学家帕森斯对开放型组织特征的研究，学校属于一种开放性组织，因而不能脱离其生存的环境而独立存在，这就需要学校有较强的适应性以应对环境中突变的境况和事件。但是，当前学校的"家养"[④]性质使其一直生存于保护性的绝缘层中，不用为了适应外部环境的变化而建立相应的变革机制，这就导致了学校缺乏动力机制的尴尬局面。

20世纪90年代以来，随着科学技术的日益革新和社会发展的突飞猛进，影响学校发展的因素越来越多，学校生存的外部环境也由简单变为复

---

① 教育部人事司组织.管理创新与学校发展.西安：陕西师范大学出版社，2004：9.
② 毛亚庆.应注重以学校为主体的校本管理.教育研究，2002（4）：78-80.
③ 孙联荣等.校本视导的理论与实践初探.上海：上海三联书店，2009：18.
④ 卡尔森（Richard Carlson）把与环境保持着明显不同关系的组织划分为两种不同的类型：一种是"家养型"组织，该类型的组织无须为生存而斗争，也不必为日常的需要而担心，其生存有保障，其资源投入与其质量没有关系，受到为之而服务的社会的保护，这类组织包括公立学校在内；另一种是"野生型"组织，这类组织为了争夺资源和市场而相互竞争，时刻为生存而斗争，其生存没有保障，其生存与其质量密切相关，经常面临被淘汰的危险，大多数私营组织如商行、私立学校均属此类。转引自孙联荣等.校本视导的理论与实践初探.上海：上海三联书店，2009：18.

杂。其一，表现为学校管理中政府职能的转变。从1985年我国"地方负责，分级办学，分级管理"政策的确立到1993年"校长负责制"政策的确立，学校办学自主权明显增强，政府由原来的微观管理、直接管理转变为宏观管理、间接管理，政府部门将更多地在政策指导、咨询服务、标准监督等方面发挥作用。这一转变使得学校外部的保护层渐渐消失，也为学校变革提供了一定的条件。其二，表现为教育运行机制的转变。社会经济的发展对教育提出了多样化的要求，即将教育这种公共产品经过转化进入市场，通过市场运作再提供给社会，"目前，在世界范围内，教育与市场机制的结合已经成为一个不争的事实，在教育领域中引入市场机制已经成为世界教育发展的一个重要趋势。美国、英国、新西兰、澳大利亚、瑞典等国家在重建其公共教育的过程中，都不同程度和不同方式地引入了市场机制"[①]。其目的在于"在公立学校系统内引入市场机制，以提高公立学校的竞争能力和办学效率"[①]。其三，表现为教育市场竞争加剧。学龄儿童人口减少导致生源市场的萎缩，这不仅加剧了国内生源的竞争，同时由于全球化进程的加速，还带来了国外的竞争力量。在这种多元化的竞争格局中，学校不得不提高自己的生存能力。在这种背景下，构建开放型学校已成为学校变革的基本走向，开放型学校不仅能维持学校的动态平衡，增强学校的适应能力，还能够更好地促进学校的生存与发展。

2）学习型学校。自德国社会学家马克斯·韦伯提出科层制这样一种社会组织结构及管理方式后，其具有精确性、稳定性、纪律性和可靠性等特征，被广泛运用于现代企业管理中，它最大的优点就是可以推动、保障组织和机构的顺利运行，有效地实现组织目标。我国自20世纪70年代末恢复高考以来，各级各类学校普遍推广实施科层制的管理模式，使得追求整齐划一的批量化、标准化的工厂生产模式延展到学校管理中。追求效率成为每个学校的发展目标，升学率等成为评价一个学校办学好坏的标准。虽然科层制的工具合理性和非人格性满足了现代社会对效率的追求，但是由于其管理的行政化、上下严格的等级性，其弊端日益凸显，严重损害了

---

① 刘复兴. 教育民营化与教育的准市场制度. 北京师范大学学报（社会科学版），2003（5）：12-21.

个人的积极性和创造性，降低了学校的效力。因此，有学者提出运用学习型组织理论，构建学习型学校来实现学校变革的策略。

学习型学校概念的提出源于彼得·圣吉对学习型组织的界定。学习型学校主要是指以培养全面发展的创新型人才为目标，通过培养教师的自主学习和团体学习，努力营造学校的学习气氛，激发教师的内在价值，进而充分发挥教师的创造性思维能力，为实现学校的共同愿景而创造性工作的学校。其与传统的学校管理思想和模式最大的区别在于，在学习型学校中，每个教师充分理解并认同学校的发展目标，全心全意地为学校的发展做出自己的贡献。学习型学校的构建不仅增强了学校对于外部环境的适应能力和竞争能力，更重要的是激发了教师的积极性和创造性。

3）发展型学校。所谓发展型学校，就是通过自我定位办学理念、自我调配资源以及自我约束机制的建立而形成的自主发展的学校。这种学校变革的发展方向特别强调的是作为社会组织的学校的独特性和相对独立性。发展型学校奉行绩效导向、组织导向的领导模式，能够有效增强学校校长、中层管理者和教职工在变革中的准备力，师生自主发展是发展型学校的职责和最终目的。它既强调学生的自主发展，让学生各得其所、各尽其能地发展，也强调教师的自主发展，使学校成为每一位教职工自我价值是实现的场所。

4）现代型学校。叶澜教授对于学校变革走向进行了密切的关注，并进行了深入的研究和探讨，她从学校的基本形态、内在基质和实践过程三个维度对学校变革的应然走向进行了分析，她指出学校变革的基本走向是由"近代型"向"现代型"的转变，这种转变应该表现为价值提升（即学校的存在价值从满足于传递继承已有的知识提升至努力为社会的更新性发展和个人的终身发展服务），重心下移（教育对象从精英教育转向大众教育、教学内容从学科知识转向职业领域、管理重心下移），结构开放（一指学制的开放性和弹性，二指学校向社会外界的开放和向学校内部的开放），过程互动（改变传统学校教育中教师向学生单向传授知识的现象，使教育教学过程中的师生关系呈多元、多层、多向、多群的互动状态，把互动贯穿于学校生活的方方面面），动力内化（学校形成自己内在的发展需求、动机和动力机制)[①];范国睿、张兆芹等学者也提出了学校变革应然走向的设想。范国睿认为,"随着教育事业的发展以及学校管理改革的不断深入,走向学习型组织将成为我国基础教育学校发展的趋势之一。学习型组织的构建,将使我国学校不断开发组织潜能,形成团体优势,提高教育质量、办学效益以及总体办学水平。当然,每个学校又都有其自身的文化与'校情',每个学校在构建学习型组织过程中所采用的策略自然会各不相同,进而形成富有个性的学校特色,而这一点也正是学习型组织的追求所在"[②]。张兆芹认为,"学校变革和发展最终是要归向于学习的层面、管理架构的改善和学校文化的培育,把发展的重点集中在建立本土化的学习型学校上"[③]。

(2) 学校变革策略的研究

学校变革既可能得到变革参与者的支持,也可能会遇到来自各个方面的压力和阻挠,因此在学校变革理论的指导下,学校变革者需要采取一些策略来推进学校的变革。而每一种学校变革策略都具有一定的理论基础和出发点,都与其特殊的学校文化或生长状态相适合。在对学校变革理论研究的基础上,张兆芹针对我国学校实际提出了八条学校变革的策略:以学校变革和发展的理论为指导(理论可以帮助学校变革实践者找到规律性,掌握理论的专家可以提供咨询、观念引导);学校要建立清晰的共同愿景(教育变革的实质就是改造更新教育理念,只有清晰地共同愿景才能促进学校的发展);多水平的领导构建,给教师授权和行动的民主(强调教师在变革中的领导力,给教师赋权和行动的民主,不仅让教师有变革的权力,还要充分发挥其创造性);教育领导者要确立角色意识(学校变革的关键是教育领导者,其在不同的变革环境中扮演者教育变革者、设计者、教育者的角色);建立分享反思的组织学习文化(建立分享反思的学习文化系统,培养教师的合作精神,使每个人成为变革的动力);构建高效能的组织学习,促进专业发展(建立团队,发挥集体智能,促进专业发展);政府的

---

① 转引自孙联荣. 校本视导的理论与实践初探. 上海:上海三联书店, 2009:21.
② 范国睿. 走向学习型组织的现代学校. 教学与管理, 2001 (1):3-7.
③ 张兆芹. 学校变革与发展的理论和策略分析. 教育发展研究, 2004 (11):9-13.

问责评估、社会市场评估和学校自我评估相结合；以学习型组织理论为指导，建立本土化学习型学校（每个学校的发展历史和背景不同，构建学习型组织的策略也就各异，形成了特色化的学校）。①

（3）学校变革模式的研究

马健生从组织行为学的研究角度出发，指出学校变革过程中存在三种模式，即渗透模式、政策模式和自愿模式②。渗透模式是指变革"缓慢地进入"学校组织当中，在这个过程中人们往往搞不清楚变革始于何处，甚至谁发动了变革也不清楚，渗透模式在很大程度上说明了一个问题，那就是学校在变革过程中受到了更大的社会进化活动的影响。而政策模式恰恰是与渗透模式相反的一种类型，在政策模式的影响下，变革更多的是强制性的，更确切说学校是被动变革的。政策模式主导下的这种强制的（主要通过教育立法等形式来推行，我们不能忽视的一点就是，强制性的变革措施往往会带来一些的负面效应，主要表现为情感和价值方面的反感，导致人们对于变革政策或者方案的没完没了的争论，人们争论往往集中在学校的变革到底需不需要行政部门的指示上）或被动的（政府或教育主管部门通过提供额外的资源来促使学校发生变革）改革起源于各级政府颁布的有关教育的政策。如果说政策模式是通过外部命令或其他因素促使学校改革被迫得以进行的话。自愿模式的改革动力则主要来自于学校组织内部，也就是说，在这种模式中学校是自愿进行或者自发参与某种形式的教育改革。当然对于具体的学校变革行为，人们很难精确地确定哪个是更主要的模式，因为这三种模式通常交织在一起而构成一个综合性的改革模式。

（4）学校变革过程的利益主体及其相互关系研究

学校变革过程中的利益主体包括校长、中层管理者、教师以及学生等，他们在变革中因扮演的角色不同而承担了不同的责任。在学校变革不断深入推进的过程中，由于变革利益主体在变革过程中各自扮演了不同的角色，变革中的相关利益主体也就会面临一个相应的角色调适与重构，

---

① 张兆芹.学校变革与发展的理论和策略分析.教育发展研究，2004（11）：9-13.
② 马健生.学校改革的机制与模式：组织行为学的观点.比较教育研究，2003（3）：41-46.

其目的在于能够更好地适应甚至超越学校组织变革发展所带来的价值诉求[①]。李家成对学校变革中校长的理想角色进行了深入的分析和探讨,他指出在复杂的学校变革过程中,我们应当特别关注学校校长角色的情境性和关系性[②]。有研究者从学校变革的视野对中层管理者的成长进行了探讨,认为中层管理干部的培养应该通过三种途径,即要在学校制度变革中培养、要在具体的工作实践中以及要在群体交流中培养[③]。还有研究者指出,学生的成长需要是学校变革实践的逻辑起点,因此学校变革应关注学生的成长需要,促进学生成长是学校变革的基础性价值追求[④]。这些研究更多探讨的是关注学校变革内部的利益主体,而在很大程度上忽视了外部的变革利益主体,其实在变革实践中也同样需要外部的相关人员参与进来。

（5）学校变革过程中的阻力研究

学校变革是一个系统的、复杂的、持续推进的过程,变革过程不可能是一帆风顺的,它必定会受到来自于学校系统内、外部的各种因素的影响。具体来讲,这些影响源主要包括变革的外部环境、变革主体和变革本身三个方面。一些研究者从社会环境的复杂性、学校文化以及学校制度等外界因素方面进行了探讨。范国睿认为,教育作为一种社会性活动,不可避免地会受到社会政治、经济、文化等多种要素的影响[⑤]。谢翌和张释元以一所县级重点中学为个案对学校变革的阻力进行了研究和分析,他们指出,学校变革的阻力主要是来自行政文化的弊端（包括非道德领导、行政控制、扭曲的校长负责制和形式主义的检查）,消极的人际关系（包括竞争、小圈子、憋屈与不安全的师生关系）以及低层次的职业取向[⑥]。刘国艳则指出,制约学校变革的因素主要包括正式制度文本的公平失衡、人文关怀和激励性不足、执行制度中的敷衍现象和非正式制度中的人情、关系的滥用等[⑦]。

---

① 徐金海.我国学校变革研究现状与反思.教育学术月刊,2010（2）:28-31.
② 李家成.学校变革中校长的角色理想重建.河北教育,2006（7-8）:25-27.
③ 李家成.学校变革视野下的中层管理者成长.人民教育,2007（24）:22-24.
④ 李家成.学校变革应关注学生的成长需要.人民教育,2005（18）:2-5.
⑤ 范国睿.从时代需求到战略抉择:社会转型期的学校变革.教育发展研究,2006（1）:1-7.
⑥ 谢翌,张释元.学校变革阻力分析:一所县级重点中学的个案研究.教育发展研,2008（8）:62-67.
⑦ 刘国艳.学校变革中的内部制度缺陷.当代教育科学,2007（2）:10-12.

一些研究者认为，变革主体对变革的种种不良反应会对学校变革形成阻力。李春玲认为，当"教师不知道为什么要进行变革，不知道何时何地、如何进行变革，变革是否会影响到自己的利益，对学校和个人有什么好处等问题的答案时"，就会引发教师对变革的担心和不确定感，进而对变革产生排斥和阻抗①。另外，学校变革本身的一些特性也会对变革形成阻力，如变革方案的有限性、变革资源的缺乏等②。

（6）学校变革路径的研究

关于学校变革路径这方面的研究，其基本研究思路是通过分析学校变革所处的社会转型的背景，梳理出学校变革中存在的问题与经验，然后就未来的变革所依赖的路径提出自己的见解。杨小微从学校变革运行机制中寻求变革的路径并指出，学校变革的基本策略和发展的路径，是以"新基础教育"探究中所提出的"治校机制"、"实施机制"、"发展机制"和"动力机制"③。盛冰指出，解决学校变革的路径仅仅依赖市场是远远不够的，因为用市场机制来促进学校之间的竞争，在很大程度上有助于提高学校的效率，但要想解决学校变革中的关键问题，还需要综合考察多方面的关系。④ 正如普特南（Putnam）所言："择校的批评者认为选择可能会扩大既存的教育不平等，而支持者则认为，将学校教育置于'看不见的手'的操纵之下，会迫使学校之间的竞争，从而提高每一个人受教育的质量。然而，现在来评论哪一方是正确的还为时过早。我们有证据表明，如果择校要成功运作的话，在更大程度上要依赖于社会资本的魔力而不是市场的魔力。"⑤ 他进一步指出，在市场机制指导下的改革就像一把双刃剑，它在让所有的人享受制度变迁所带来的好处的同时，也可能会使社会不公正进一步加重，使社会中的强势群体与弱势群体之间的差距进一步拉大。从世界其他国家的改革经验来看，研究者已经不再一味地单纯地强调市场的作

---

① 李春玲.学习型学校变革的阻力及其化解.浙江教育学院学报，2006（5）：1-7.
② 李春玲.理想的现实建构：政府主导型学校变革研究.杭州：浙江大学出版社，2007：157.
③ 杨小微.当代学校变革中运行机制的探寻.教育研究与实验，2008（2）：31-34.
④ 盛冰.社会资本、市场力量与学校变革.北京师范大学学报（社会科学版），2005（1）：40-47.
⑤ Putnam R D. Bowling Alone. New York：Simon and Schuster，2000：305.

复杂中的适应：基础教育学校变革机制

用，而是开始寻找"第三条道路"，也就是要创建学校的社会资本，这也是对市场力量的一种平衡[①]。杨天平和陈光祥则认为，学校变革要从重新定位学校与政府的关系（转变政府职能，实现政校分离；激活学校自主办学权）、改革学校内部治理结构（建立校本管理机制、改革学校领导制度、改革学校人力资源管理制度），以及重建学校与社会、家庭的关系（学校要努力将社区和家庭纳入学校管理的框架之中，建立三位一体的学校教育体系和有效、互动机制）三个层面出发，把构建学习型学校作为学校变革的基本路径[②]。刘国艳则指出，正是因为学校变革的复杂性与不确定性，人们对于学校变革的路径的选择存在着各种认识上的模糊问题，导致现实中学校在选择变革与发展路径时的盲目性，因此她指出，构建合作型学校可能为有效解决这些问题提供一种很好的借鉴[③]。

从以上文献的分析我们不难看出，正是因为研究者基于不同的研究目的，对学校变革概念的理解不同、分析的背景不同、解释逻辑的不同，学校变革被赋予了不同的内涵，也就形成了学校变革研究的多维视角性的特征。

归纳起来，这些研究基本是基于"人""组织""环境"三个不同的视角来展开。

第一，基于"人"的视角的学校变革研究。庄西真认为，"学校组织变革是指学校组织根据其外部环境和内部情况的变化，及时改变自身的内部结构，以适应形势发展的需要，为此必须对一个学校组织内部成员的态度、行为、价值观和各自的需要等进行重塑"[④]。持这种视角的研究者认为，学校是一个由人组成的组织性的存在，对学校进行的的变革也就是对人的改变。在以"人"为中心的学校变革过程中，学校变革是通过对人的教育达到人的习性上的改变的过程。在这个过程中，学校组织变革的成败更多是由人的行为、态度、知识、技能和人际关系等方面因素决定的，这

---

① 盛冰.社会资本、市场力量与学校变革.北京师范大学学报（社会科学版），2005（1）：40-47.
② 杨天平，陈光祥.学校变革：现代学习型学校制度建设研究.学术研究，2006（5）：125-128.
③ 刘国艳.学校变革中的若干问题与合作型学校的构建.广西师范大学学报（哲社版），2006（2）：96-99.
④ 庄西真.从封闭到开放：学校组织变革的分析.教育理论与实践，2003（8）：20-25.

就需要我们把变革的重点放在改变人的这些因素上面来。

第二，基于"组织"视角的学校变革研究。杨小微认为，"学校变革是学校作为一种社会机构和教育组织，在受到外力（如社会转型）或/和内力（如学校自主发展的强烈愿望）的推动下发生的组织形态、运行机制上的更新与改造"[①]。李家成则认为，"学校变革是学校层面的综合变革，是当代中国教育变革有机的构成……我们所言的学校变革，就特指在当代中国教育改革背景下，以一所所学校为单位而主动开展的、自觉的、综合而富有深度的变革，就是我们在当前教育变革情境下可以感知、可以体验的学校自我变革'这件事''这个活动'"[②]。柏成华认为，"学校变革是指当学校发展的外部环境和学校资源的内部结构发生变化时，学校寻求并确定一种能够提高学校自身竞争力、促进学校长远发展的管理模式和方法体系。实施学校变革，其研究的起点是把学校看作一个复杂完整的教育组织和学术系统"[③]。基于这种视角的研究者认为，人们在某一组织中业已形成的习惯是很难改变的，要想使学校组织变革取得成功，只有去改变组织的结构、环境、规章和制度等要素。因为作为组织性存在的学校，是基于组织的机构和其内在的运行机制而存在的，所以从组织的视角来看待学校变革，也就意味着对组织机构及其运行的规则和机制的改变。

第三，基于"环境"视角的学校变革研究。王加强认为，"学校变革肇端于学校与其生态环境，特别是社会生态环境之间的紧张关系。学校变革的目的是通过改变学校生态流量和调整学校生态格局，提高学校效能，改善学校与其生态环境之间关系。因此，成功的学校变革是学校组织面临社会生态环境中的现实或潜在危机时，通过学校成员的学习改变学校文化，实现学校内部教育教学行为和学校组织结构的协同转变，以适应、超越或引导社会生态环境变革的过程"[④]。他进一步指出，"学校是一种生态学有机体。它身处复杂、多维、动态的生态环境，其生存、发展与变革都离

---

① 杨小微.全球化进程中的学校变革：一种方法论视角.上海：华东师范大学出版社，2004：19.
② 李家成.透析学校变革的复杂性：当代中国学校变革理论建构的起点之一.教育理论与实践，2006（11）：21-24.
③ 柏成华.新公共管理视野下的学校变革.教育理论与实践，2008（10）：29-32.
④ 王加强.学校变革的生态分析.上海：华东师范大学博士学位论文，2008：106.

复杂中的适应：基础教育学校变革机制

不开与生态环境的物质、能量、信息交换与交流。因此，理解学校变革，先要读懂学校生态环境。因为学校变革不是学校'独善其身'，而是学校与其生态环境的协同共变"①。研究者之所以将学校看作生态意义上的有机体，主要是因为学校自身带有的"有机特征"。这种"有机特征"主要表现为作为组织机构的学校，能够根据外部生态环境的变化，通过学习机制，调整自身和外部生态环境之间的关系，以此谋求自身的生存和发展，从而达到组织变革的目的。基于这种视角的研究者认为，作为组织机构的学校来说，是生存在一定的环境系统之中的，必然要受到内外环境的牵引或制约，学校为了处理与内外部因素的关系，求得自身的发展，就必须使其内部各构成要素及其功能进行变化与调节，因此内外环境的指向是学校变革要达到的目的，学校变革发生的原因就是环境的改变而引起的变化。当然，需要特别强调的是，学校变革的过程也可以说是学校与其所生存环境的协同共变过程。一方面，学校变革需要得到其所生存的环境特别是社会环境的支持，"因为变革是一种复杂、动态且消耗资源的行为。没有哪一个组织，比如学校或一个国际性公司，能够完全拥有变革获得成功所必需的专业知识、技术和资源"②。另一方面，社会也需要通过学校变革来实现自身的革新。正如杜威所言，"我认为教育是社会进步和社会改革的基本方法……改革仅仅依赖法规的制定，或是惩罚的威胁，或仅仅依赖机械的或外在的措施，都是暂时的，无效的。我认为教育是达到分享社会意识的过程中的一种调节作用，而以这种社会意识为基础的个人活动的适应是社会改造的唯一可靠的方法"③。国际 21 世纪教育委员会也曾指出，"教育在人和社会的持续发展中起着重要作用。教育并不是能打开实现所有上述理想之门的'万能钥匙'，也不是'芝麻，开门吧'之类的秘诀，但它的确是一种促进更和谐、更可靠的人类发展的一种主要手段，人类可借其减少贫困、排斥、不理解、压迫、战争等现象"④。

---

① 王加强. 学校变革的生态分析. 上海：华东师范大学博士学位论文，2008：111.
② 霍尔，霍德. 实施变革：模式、原则与困境. 吴晓玲译. 杭州：浙江教育出版社，2004：17.
③ 杜威. 学校与社会·明日之学校. 赵祥麟，任种印，吴志宏译. 北京：人民教育出版社，2004：13-14.
④ 联合国教科文组织总部. 教育：财富蕴藏其中. 联合国教科文组织总部中文科译. 北京：教育科学出版社，1996：1.

梁云和陈建华根据劳伦斯·克雷明的教育生态学理论，从系统化、动态化的角度，提出了解决学校变革中问题的对策[①]。生态学主要是一门研究生物体与其周围环境之间相互作用关系的科学，它认为任何生物体都不可能是孤立存在的，都会时刻与周围的环境（非生物环境和生物环境）产生相互影响。劳伦斯·克雷明首创将生态学理论应用到教育研究中，提出了教育生态学的理论，强调重视研究教育机构与社会环境之间的关系。从生态学的视角来看待学校，作为社会组织的学校不可能游离于环境之外单独存在，要想生存下去，就必须持续不断地与其所生存的环境进行各种能量的交换。因此，学校变革过程也就具有了多样性、系统性、动态性的特征。多样性主要是指学校变革的过程从有序走向多样，纵览西方学校的发展历史不难发现，随着班级授课制的确立，学校也从封建社会时期的混乱状态走向有序化，在固定的班级，同样的教师讲授着同样的内容进行着同样的考试。然而，这种共性化的教育忽视了学生的个性化发展，最终导致学校日益僵化与枯燥，让人感到失望与沮丧，进而引发了进步主义学校改革运动，学校变革的多样性也就逐渐凸显。系统性主要是指学校变革应该坚持"整体有计划"的原则，着眼于学校变革的整体思路，既要考虑学校变革的综合性（变革应该考虑所有的教育机构），实现学校变革范式的整体转型，又要考虑机构之间的联系性，从整体、系统化的角度来规划与设计学校变革。动态性一方面强调要创新学校变革机制，由传统的自上而下式的运行机制转变为自下而上式的运行机制；另一方面强调学校变革的自主创新，因为在变革中每个人都可能是变革的原动力，变革主体在变革的规划和设计中，会不断反思和重构变革方案，优化学校变革的运行机制，从而使变革成为一个动态的、持续的不断调整和修正的过程。

总之，这个时期对于学校变革机制的研究还处于萌芽时期，没有出现与学校变革机制研究直接相关的研究成果，但是其他相关领域的一些研究理论与实践为学校变革机制的研究提供了理论基础，尤其是教育学者对于学校变革的模式、策略和利益主体等问题的探讨，对建立和分析学校变革

[①] 梁云，陈建华. 劳伦斯·克雷明教育生态学视域下的学校变革. 外国中小学教育，2016（6）：30-35.

机制的理论框架具有重要的参考价值。

（二）学校变革机制的专题研究阶段

查阅相关文献发现，虽然数量较少，但是这个时期出现了关于学校变革机制研究的成果。这说明我国学者逐渐意识到学校变革机制研究的重要性，他们开始尝试将其他相关领域的理论和研究成果通过移植应用于学校变革研究中，这个阶段研究的成果主要体现在对学校变革的发生机制、动力机制以及学校变革机制的模式等专题研究上。

1. 关于学校变革发生机制的研究

对于学校变革的发生机制，张东娇认为，学校变革发生的机制主要包括嵌入机制、濡化机制、博弈机制和平衡机制四种类型[①]。

所谓嵌入机制，就是指异质元素或者新的元素进入学校，打破了学校原有的同质文化环境，从而引发了学校部分或者整体的变革，这也是学校变革的首要发生机制。学校变革的过程也就是外力嵌入的过程，变革也就意味着增加或者合并。Granovetter 把嵌入分为关系嵌入（relational embeddedness）和结构嵌入（structural embeddedness）两种类型[②]。关系嵌入主要是学校变革行为主体之间的关系，主要包括专家的嵌入、学校之间组织关系的嵌入以及政府、政策等权力的嵌入，也被称为人际嵌入；结构嵌入主要是学校空间结构的变化和变革内容结构的嵌入。在学校变革的过程中，课程和学习材料、教学实践与行为等新的元素会通过某种方式进入学校文化环境中，这也就意味着新理念新方法新内容的增加、新人员的增加、变革主体的增加，所有这一切都需要嵌入机制来完成。在这些新理念、新方法、新内容嵌入学校成员的心理和行为过程中，还需要与原有的学校文化进行整合，这就有了第二种发生机制——濡化机制。

所谓濡化机制，就是指学校原有的文化对于新嵌入的元素的选择和整合的过程，在这个过程中关注更多的是新力量的融入。

---

① 张东娇.学校变革压力、机制与能力建设策略.教育研究，2015（10）：47-56.
② 黄中伟，王宇露.关于经济行为的社会嵌入理论研究述评.外国经济与管理，2007（12）：1-8.

博弈机制主要是指在学校变革过程中，原有的稳定的文化力量与异质嵌入的变革力之间的对抗与整合过程。学校变革的过程也可以说是变革的力量与之前的学校稳定的力量之间的博弈过程，它关注更多的是力量的角斗。在学校变革过程中，变革的利益主体各方为了争取自己的目标与利益的最大化，要考虑对手的各种可能的行动方案，进而选择对自己最有利的方案。学校现有变革主体的认知和行为、学校原有的文化等构成了学校的稳定的力量，而新成员、新理念与新方法技术的加入形成了新的变革力量，两者在一段时期之内会展开交锋，进而也会对学校变革的坚强程度和成果质量进行检验。如果学校变革失败，那也就意味着濡化能力较弱，说明在第一个阶段异质的嵌入不能被完全或者无法融入，也就最终影响了学校变革的目标达成。

平衡机制主要是指因为异质的不断嵌入打破了学校文化原有的平衡状态，这种不平衡状态在博弈的过程中又会达成新的平衡状态。在这个过程中，它关注更多的是变革新旧力量的临界点，平衡意味着两种或者多种力量处于临界状态，处于相对统一的状态。异质的嵌入打破了学校原有的平衡状态，但是这种不平衡如果持久坚持下去，就可能导致学校成员文化忠诚和身份认同的迷失。经过变革主体的多次博弈，无论是稳定的力量占据上风，还是变革的力量处于优势，学校都会形成新的平衡或者恢复原有的平衡状态，也就是大家认可的认知水平和管理行为的平衡。

任琳琳从社会学、心理学、医学以及法学的学科角度对发生机制进行了深入的分析，对学校变革发生机制进行了概念的界定[①]。她认为，无论是从哪个学科角度出发，发生机制在很大程度上就是原因分析、规律分析、因素及其相互作用的分析，发生机制就是某一现象或事物得以形成的根本原因，即稳定的因果关系，发生机制可以体现多变量的多样性，可以体现为环节或过程。具体到学校变革中，学校变革发生机制就是学校变革得以形成或发生的根本原因，是对学校变革得以发生的规律性探索。研究者在论文中主要借助建构主义的理论视角，通过对皮亚杰发生认识论基本

---

① 任琳琳.学校变革的发生机制研究.东北师范大学硕士学位论文，2011.

原理的分析，阐述和分析学校变革的发生机制，认为学校变革的发生是学校依据自身结构（内在图式），通过对组织环境的适应机制（顺应）和选择机制（同化）使学校发生改变，据此她把学校变革的发生机制分为适应机制和选择机制两种类型。

所谓学校变革的适应机制，即学校为应对内外环境变化使主体得以改变的运作过程。学校变革发生过程中的内外环境资源对学校组织变革具有重要的意义，学校为了获得更多的资源以求得自身发展，势必要对自身行为做出调整以达到规则/利益制定者的要求，以便获得额外的发展力量。因此，"顺己于物""主体改造"便成为学校变革适应机制的基本特征。学校变革的适应机制，在一定意义上代表了学校在外部环境刺激下的被动改变，在很大程度上是一种"刺激—反映式"的变革模式，因而这种适应机制的学校变革存在一定的被动特征。

所谓学校变革的选择机制，即学校组织依据自身图式对外部环境刺激的选择性吸收和改造，并使自己得到有意义的改变的过程。例如，学校在执行地方政府的政策过程中，在很大程度上是依据自身的利益诉求予以执行的，也就是说，社会的每个主体都有自己的利益、偏好和信息，每个人在追求自己利益的时候都在利用政策，而不是执行政策。在这一过程中，学校内部"在场人"的能动性发挥了更大的作用，并以对他们有意义的方式来建构环境。如果说适应机制是一种被动模式的变革，那么选择机制则偏向于主动模式的变革。

总而言之，学校变革的适应机制和选择机制是基于学校内外环境之间的相互作用而形成的变革发生机制，但无论是适应环境的机制还是主动改造环境的机制，都是基于学校内在图式——"在场人"的情感和能力以及对改变的需求而发生作用的。

2. 关于学校变革的动力机制的研究

杨炎轩指出，学校变革的动力机制是指影响学校变革发生和发展的诸动力因素及其相互之间作用的方式或过程，学术界对学校变革的诸动力因素进行了分类和分析，而对学校变革诸动力因素相互之间作用的方式或过程等深层动力机制缺乏研究①。他认为，在学校变革动力的主体之间存在着一种非线性的相互作用方式，也正是它们之间的这些正负反馈作用决定了学校的变革（虽然人们越来越意识到学校是变革的核心地带，同时也坚信它与学校系统和外部世界之间的密切关系）。富兰也多次强调了学校变革应该渗透到学校系统的方方面面，但是在我们所见到的关于学校变革的概念中却没有明确阐明这一点。

学校生存于由家长、社区、学区、其他教育机构以及政府等构成的大环境中，这些组织或者机构都有自己的"势力范围""议事日程"，都有自己的利益需要保护，它们也想在学校和学生的发展中起到作用。因此，学校面对此情此景，可以选择将自己孤立起来以保持内部控制和避免外部批判，事实上很多学校也是这样做的。但是这种做法不仅将学校的潜在伙伴拒之门外，也使学生的生活被人为地割裂。因此，学校变革必须伸向学校围墙之外，使学校的外部力量相互支持，发挥它们的作用。在这个过程中，"学校就像是一张张蜘蛛网一样，每一张蜘蛛网和每一个学校共同体在规模、背景和构造方面都是独一无二的，所有蜘蛛网的目的最后都是一样的：捕捉粗心的昆虫；所有学校的最终目的也是一样的：促进学生的学习。因为大多数学校都是社区的中心机构，它们在创建社区的伙伴关系之网方面有独特的作用，这种伙伴关系网能将社区的所有个人、团体、组织和机构容纳进来，让大家共同为学生的成长和发展分担一部分责任"②，"特别是变革动力主体之间的'正反馈'作用，在某种程度上可以将那些微小的、令人难以觉察的、貌似随机的扰动或行为，经过学校变革动力主体之间的非线性传递和放大，进而成为推动学校变革的最终决定力量或主导力量"③。

总之，学校变革诸多动力因素在学校变革过程中起着一种综合互动的作用。同时，有学者提出了差异概念化、概念文化化和文化制度化是学校变

---

① 杨炎轩.学校变革的动力机制探析.教育发展研究，2008（8）：58-61.
② 路易斯·斯托尔，迪安·芬克.未来的学校：变革的目标与路径.柳国辉译.北京：北京大学出版社，2010：153.
③ 杨炎轩.学校变革的动力机制探析.教育发展研究，2008（8）：58-61.

革诸动力因素相互作用的过程①。所谓差异概念化,就是指把新提出的不同于原有推动学校变革的观念或学校教育法则,用少数的概念及其命题表达出来。历史上任何一场影响的学校变革实践都会提出有意义差异的信念并将之概念化,例如杜威的学校变革始于他的有意义差异的概念化信念——"教育即生活"、"学校即社会"和"做中学";陶行知的学校变革始于他的有意义差异的概念化信念——"生活即教育"、"社会即学校"和"教学做合一";叶澜教授的"新基础教育"学校变革始于她的有意义差异的概念化信念——"把课堂还给学生,让课堂充满生命活力","把班级还给学生,让班级充满成长气息"。所谓概念文化化,是指将刚开始只是由个别或少数学校变革的动力主体所持有的概念化有意义差异的信念传播给更多学校变革的动力主体的过程。简单地说,它就是指更多的学校变革动力主体接受、认同和内化那种概念化的有意义差异信念的过程,通过这个过程形成学校变革的新文化。所谓文化制度化,是指按照学校变革新文化的信念和要求创新学校制度,它有利于保障学校变革的各动力主体决策、规划、实施和监控学校变革。

沈玉顺在探讨了学校变革的内外动力来源基础上,建构了学校变革的动力机制并提出了优化措施②。他指出,学校变革外部动力的生成主要通过发布命令、建立规则和提供利益交换这三种机制。学校变革的内部动力主要通过外部驱动生成机制(学校实施变革是为了满足外部的变革要求)和内部驱动生成机制(学校在没有遭遇外部压力或外部压力较小的情况下主动寻求变革)来生成。激发学校变革行动只是学校变革的必要条件,要使学校变革活动能够深入下去,重要的是要维持学校变革的动力供给。基于这种认识,笔者从教育系统和单个学校两个层面,提出了建构学校变革的动力机制的设想的具体策略和途径:形成适度的外部压力,提供有效的专业支持,营造良好的舆论氛围,培育高素质校长群体。

3. 关于学校变革机制的模式及其运行要求的研究

马健生从组织行为学的研究视角出发,结合美国学者的研究成果指

---

① 杨炎轩. 学校变革的动力机制探析. 教育发展研究, 2008 (8): 58-61.
② 沈玉顺. 学校改进动力机制的建构与优化. 上海教育科研, 2011 (11): 45-48.

出,学校组织的变革机制主要是其组织的适应性和选择性。所谓适应性是指学习、从事比较新的或者是更加适当的教育活动的能力,它是一个组织健康而有效的重要特征,是学校组织与其环境之间进行理性与技术的交换的结果。适应性要求学校组织变革自身以便与其周边环境相协调。而选择性研究者则是从人口生态学角度对其进行了深入的探讨,马健生认为,组织变革问题在很大程度上与环境选择性有关,选择性主要强调的是组织的惯性以及组织本身对环境的被动而导致的盲从倾向性。而决定组织选择性的重要因素。一是组织的生存期(相对来说,年久的组织已经拥有比较固定的模式、过程和很强的可再生性,它们能够克服新生事物所具有的不利条件,因此它们不容易消亡。在某一既定的社区,越是历史悠久的学校往往就越能够得到社区的支持,但是,如果在一所新学校推行新计划则通常会遭到社区的拒绝)。二是组织的结构惯性(结构的可再生性越大,惯性也就越大,但生存期越长越缺乏活力)。三是组织的规模(大型的组织比小组织更适应生存)。马健生进一步利用选择性观点分析了为什么学校作为一个特殊的群体难以革新的原因,因为从人口生态学角度讲,环境并不会选择那些与传统学校不同的小型的、新型的学校,相反环境会选择那些与传统的"真正的学校"仍然相像的学校。在分析了以上两种学校变革机制的基础上,马健生指出学校变革过程有三种模式,即渗透模式、政策模式和自愿模式[①],并对这三种类型做了深入的分析。

代建军从课程运作的角度提出了学校变革机制模式的三种类型,即政府控制—学校执行模式、政府监督—学校自主模式、政府引导—学校领导模式。[②] 在政府控制—学校执行模式中,学校变革的决策权集中在政府手中,在学校变革决策和机制设计方面,学校只是被动的旁观者和忠实的执行单位,其结果可能是变革政策的异化和实施的走样。在政府监督—学校自主模式中,学校在变革过程中拥有较大的自主权力,可以自主设计变革方案,这种情况会导致改革的盲目性和随意性。政府引导—学校领导模式主要是通过对话和协商,在各种变革主体之间寻求利益平衡,调动各种

[①] 马健生.学校改革的机制与模式:组织行为学的观点.比较教育研究,2003(3):41-46.
[②] 代建军.论我国当前中小学课程运作机制的转变.上海:上海师范大学博士论文,2007.

群体参与变革的积极性,这种模型突破了前两种模型单向的线性运作的特征,体现出一种交互型的特点,决策与实施、政府与学校之间不再是对立与割裂的关系。

4.关于新型学校机制系统的组成及评价标准的研究

参加"新基础教育"成型性阶段研究的基地学校在多年的研究性变革实践中,逐渐形成了一系列有利于自主运行和发展的变革机制。[1] 其根据机制运行的层次不同,分为以校长为第一负责人的"学校自主决策、策划、运行和反馈调控机制"等。根据机制运行的功能不同,其分为"校长负责与自主参与的治校机制、分工负责与协作推进的实施机制、评价反馈与激励完善的发展机制、常规保证与研究创新的动力机制"四个方面。通过实践发现,这些新机制的形成一方面能够有效地挖掘学校内在的积极力量,另一方面也可以使变革得以全面、持续和深入开展。另外,"新基础教育"课题组还提出了评估学校机制是否形成以及运转成效如何的标准,第一个标准看是否有全体成员对发展规划及重大决策等的知情、参与的民主机制;第二个标准看是否有以研究推进学校发展与鼓励创新的动力机制;第三个标准看是否具有监督执行和调控的保障机制;第四个标准看是否有协调校内外力量的集聚辐射机制。[2]

三、国内外研究的不足

纵观国内外学校变革及其机制的相关研究,我们会发现存在以下几个方面的问题。

(一)研究的数量不足

学校变革研究一直是教育学、社会学等领域的热点问题之一,纵览国内外的研究文献我们会发现,自 20 世纪以来的有关学校变革的研究成果,

---

[1] 叶澜,等."新基础教育"成型性研究报告集.桂林:广西师范大学出版社,2009:173.
[2] 杨小微.当代学校变革中运行机制的探寻.教育研究与实验,2008(2):31-34.

关注更多的是学校变革的理论、价值取向、模式、内容、策略以及过程与阶段等主题,对于学校变革的主要构成要素以及学校变革要素之间的关系的研究成果涉及较少,也就是说很少涉及学校变革的机制研究,这一点在国内研究文献中表现得更为突出。截至 2019 年 9 月,笔者以"学校变革机制"为篇名查阅中国期刊网,查阅到 4 篇相关文章,篇名涉及"学校变革"与"机制"文章共计 18 篇。在以"学校变革"为篇名的 336 篇文章中,涉及"机制"的研究文章有 24 篇。在中国博士学位论文全文数据库和优秀硕士学位论文库中,以"学校变革"为关键词的论文有 58 篇,也没有关于变革机制的研究内容。[①] 由此可见,目前国内外关于学校变革机制的研究起步比较晚,研究成果非常少,因而有必要增加学校变革机制研究的数量。

(二)研究的理论深度不够

分析已有的关于学校变革研究的文献可以看出,虽然已有关于学校变革机制的相关研究(如杨炎轩对学校变革动力机制的研究、杨小微对学校变革机制的层次的研究等),但这些研究缺乏对学校变革机制根本性问题的系统全面阐述,还没有触及学校变革机制本身的核心问题,所有这些问题的根源可以归结为人们对于机制概念理解的混乱和学校变革机制研究理论框架的缺失。

正如前文所言,"机制"是一个不同学科领域共同关注却又众说纷纭的一个概念,以至于在使用中人们经常把它泛化为"制度""机构""方法"等概念。当然,把"机制"引申到学校变革研究当中,也必然会出现人们对于学校变革机制认识泛化的现象。另一个主要的原因,就是人们还没有建立起一个关于学校变革机制研究的理论框架,因此,在某种意义上,我们可以这样说,如果没有建立起一个用来分析和检视学校变革发生和发展运行情况的、合理的理论框架的话,那么机制的研究对学校变革就没有任

[①] 查阅结果截至 2011 年 6 月,相关文献如下:杨小微.当代学校变革中运行机制的探寻,教育研究与实验,2008(2):31-34;李政涛.为学校变革寻找"机制之魂",中小学管理,2009(4):1;杨炎轩.学校变革的动力机制探析,教育发展研究,2008(8):58-61。当然这些研究成果虽然篇名中没有涉及,但不排除正文中有相关论述。截至 2019 年 9 月,出现了以"学校变革机制"为主题的研究,如范敏.学校变革机制:构成要素、结构特点与建设思路,教育科学研究,2012(1):38-42.

何指导作用，因为机制建设是学校变革的首要前提条件。机制的研究可以从整体上来设计、规划和引导学校变革。在目前的文献中，杨小微、孙绵涛等指出学校变革机制的层次和类型，并没有深入阐述学校变革机制的核心要素以及它们之间的相互关系，但其对于我们建立分析和探讨学校变革机制的理论框架还是有一定的启发和借鉴。

（三）研究的类型及方法单一

从目前的研究成果来看，学校变革机制的研究更多的是在探讨机制建设的原则、类型等外围性问题，很少涉及学校变革机制的构成及其运行方式和实践中存在的问题等方面。另外，研究方法也比较单一，更多的是借鉴相关学科的研究成果来进行理论的阐释，如王有升从社会学的理论视野和研究方式，对作为一种"社会事实"的基础教育学校变革过程进行研究，目的在于探讨学校教育的现实存在与发展变革的内在机制是什么，新的教育理念在学校变革过程中发挥什么样的作用，又是如何发挥作用的，改革又是如何具体进行的。[1]杜育红从制度经济学视角，分析了教育组织及其变革低效的制度根源，教育组织自身所固有的一些制度特性决定了教育组织及其变革的低效，教育组织在制度构造上确实存在一些先天不足，这些先天不足导致了全球性的长时间持续的教育变革的低效，要想提高教育组织及其变革效率的关键是重构教育与教育制度，尤其是政府与学校之间的关系[2]。盛冰从制度、关系和认知三个理论层面，研究了社会资本与学校变革之间的关系，指出当前学校变革的关键在于社会资本的重建、创造或提升，以此促进学校发展以及其他教育改革的成功。[3]马健生从组织行为学的角度，研究了作为一种组织的学校，其改革过程的适应性和选择性机制，也正是因为这种机制的存在，学校变革表现为渗透模式、政策模式和自愿模式三种模式。[4]这些研究更多的是借助其他学科的研究成果进行的

---

[1] 王有升. 学校改革的社会学研究简论. 青岛大学师范学院学报，2005（1）：98-102.
[2] 杜育红. 论教育组织及其变革低效的制度根源. 北京师范大学学报（人文社会科学版），2002（1）：68-74.
[3] 盛冰. 社会资本与学校变革. 北京师范大学，2004：61.
[4] 马健生. 学校改革的机制与模式：组织行为学的观点. 比较教育研究，2003（3）：41-46.

理论思考，缺少实验研究。在这一方面，以叶澜教授为代表的"新基础教育实验"做出了很好的表率作用。

第三节 基础教育学校变革机制研究的方法与逻辑

一、研究的方法

本书开展研究的前提是，学校是一个开放性的、复杂的社会组织。任何组织都不可能游离于环境之外而单独存在，它一定会与所处的环境不断地进行物质、能量和信息的交换，学校也不例外。所以，应将学校放置在整个大环境下，运用系统、动态的观点来探讨和解决学校变革问题。研究方法在很大程度上关系着研究内容的质量及其科学性，尤其是对研究成果的价值有着极为重要的影响。学校变革本身属于教育管理学的研究范畴，但具体到研究内容的时候，又要涉及教育哲学、教育原理以及教育政策学等领域，因此需要采用多学科综合的研究方法。

（一）文献分析法

文献分析法是本书展开研究的主要方法。这种方法主要是根据一定的研究目的或课题，通过搜集文献获得资料，对前人研究成果进行总结分析，提炼出有关的研究结论，是进行理论推理和演绎的基础。通过相关专业论文、学术专著和研究报告等文献资料检索，笔者梳理和评析国内外基础教育学校变革机制研究的发展情况，在总结归纳、去伪存真之后，为本书中理论框架的建构提供帮助。

（二）比较法

比较法是根据一定的标准，对某类教育现象在不同国家、不同地区的不同表现进行比较研究，找出教育的普遍规律及其特殊本质，力求得出符合客观实际结论的方法,能够克服教育研究过程中的狭隘性。本书中,笔者比较、借鉴了国外关于学校变革和学校改进的重要举措和取得的基本经验,以期对构建我国基础教育学校变革机制起到推动作用。

(三)理论移植

本书主要是将社会学、经济学和系统论等相关研究领域的理论和方法,应用或渗透到教育学研究领域中,这些研究领域的相关成果对于学校变革机制的研究将提供启迪和帮助。在此基础上,笔者建构了分析学校变革系统的内在结构和运行方式的理论框架,并在此理论框架下反思当前我国基础教育学校变革机制存在的问题,进而提出具有可行性的策略。

二、本书的逻辑

社会的急剧转型对当今学校提出了更高的要求,学校为了适应社会的要求和获得自身长远的发展就不得不进行相应的变革,因此学校变革成为当前基础教育领域的强势话语。作为一种社会机构和教育组织的学校,其变革主要是指它在受到外力(如社会转型)和/或内力(如学校教师自主发展的强烈愿望)的推动下发生的组织形态、运行机制上的更新与改造。然而我们发现,当基础教育学校变革推进到一定的程度后,其原有制度就很难保证变革的深入进行,这不得不让我们去思考:学校变革到底是怎样运行的?内部结构是怎样的?运行的规律是什么?怎样才能更好地推动学校变革的深入进行?所有这些问题的思考和研究都属于学校变革机制的研究范畴,也就是说,学校变革机制就是研究和探讨学校变革系统的构成要素及其之间的运行方式,其目的在于揭示学校变革运行过程中存在的规律。

为了突出研究的典型性,本书的研究对象主要是基础教育阶段的公立中小学校。本书的总体思路是从系统论的角度来分析,探讨基础教育学校变革系统的构成要素及其要素之间的相互关系,在此基础上建立起分析和研究基础教育学校变革机制的理论框架,然后依据建立的理论框架,分析当前我国基础教育学校变革机制存在的问题，进而提出具有可操作的策略。

本书的逻辑如图 1-2 所示。

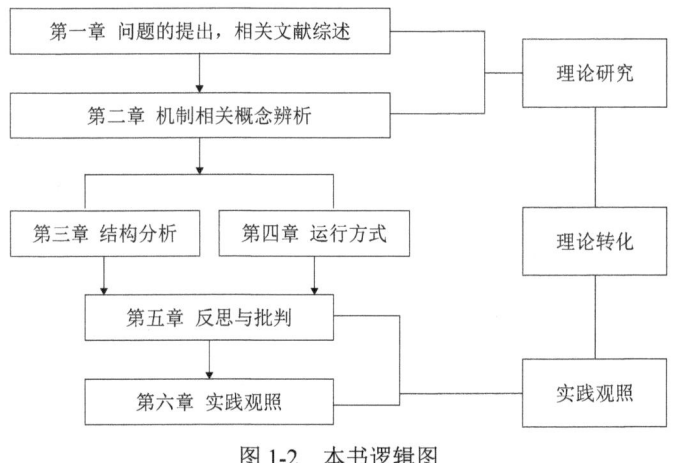

图 1-2　本书逻辑图

第二章
基础教育学校变革机制的内涵解读

第二章
基础教育学校变革机制的内涵解读

概念作为构建理论体系的重要组成部分,通常在科学研究中起着至关重要的作用:一可以作为同行交流的基础,从而引入一种观察的视角;二可以作为看待外部世界的方式;三可以作为一种分类和一种总结的方法。① 基于行文的需要,笔者在这里不是对本章中所涉及的重要概念进行重新定义,而是作为研究的基础有必要对这些概念的内涵进行比较清晰的界定。但是基于概念本身的抽象性以及教育领域概念的模糊性,当人们讨论术语的定义时,估计没有一个人能像《艾丽丝漫游奇遇记》中的毛毛虫那样站起来说:"一个词完全意味着我希望表达的意思,不多不少,恰恰正好。"笔者对术语的解释同样达不到这样的境界。

第一节 变革、教育变革与学校变革

一、变革

关于"变革"的最早词源可以追溯到古法语词"changer",它的原义是弯曲或转动,就像是寻找阳光的向日葵或者常青藤。② 在英文当中,"变革"(change)泛指所有事物的变化和改变,包含两个层面的含义:一是指使引起不同,即"cause to be different";二是指以一种完全不同的形态或

---

① 转引自余东慧.企业流程变革管理影响因素及其动态机制研究.复旦大学,2005:11.
② 转引自李春玲.理想的现实建构:政府主导型学校变革研究.杭州:浙江大学出版社,2007:7.

复杂中的适应：基础教育学校变革机制

面貌出现，即"to give a completely different form or appearance"。从英文解释中我们可以看出"变革"包含两个层次：一是一般的变化；二是彻底的变化。在现代汉语词典中，"变革"是指对本质的改变（多指社会制度而言），即这种改变是根本的、本质上的变化，而不是一般的变更或者变换。这种解释和理解与英文中的第二种解释如出一辙。在日常生活或者学术研究当中，很多人常常把"变革"（change）一词与变化（transmutation）、演进（evolution）、改革（reform）、革命（revolution）、变迁（transition）、发展（development）和转型（transformation）等词语混用。"如果不要求完全对应，只求基本相符，那么，change 可译为'变革'。这个词较为广义，凡自然的认为的变、变更均可视为变革。"[①] 在本书中，"变革"包含两种含义，既包含一般的变化，又包含彻底的变化。

需要说明的是，自 20 世纪 70 年代末我国提出"改革开放"以来，"改革"便成为一种官方词汇，被赋予了极强的政治合法性意涵，话语一旦被赋予了权力便成为一种权力话语，"改革"就是这种于最近几十年来先后出现的众多强势话语之一。那么"变革"与"改革"之间有什么区别和联系？在英文中，两个词语是一样的。对于它们之间的区别，《现代汉语规范用法大词典》做出了解释，"改革"是指对现状有目的的改变，也就是说把事物当中旧的不合理的部分改造成新的能适应客观情况的部分，一般指性质上的部分的改变，并且一般是针对人类的社会行为和制度安排而言的，是"一种从微观到宏观、从短期到长期都可进行的除旧布新和变差为优的行动"[②]。改革与社会革命不同，改革的实质是对既定的制度进行相应的调整，它并不否定现存的制度，而只是对现存制度加以改良，目的在于使其能够尽量适应不断变化的时代所提出的要求，它的对象既可以是技术、工具，也可以是方针、方法、制度和体制等。而"变革"则是指"改变事物的本质"，它的对象多为社会制度和管理体制等，变革的过程就是用一种新秩序取代一种旧秩序的过程。[③] 在本书中，研究和探讨的变革主

---

① 杨小微. 转型与变革：中小学改革与发展的方法论. 武汉：湖北教育出版社，2004：6.
② 扈中平. 现代教育理论. 北京：高等教育出版社，2000：415.
③ 周行健，余惠邦，杨兴发. 现代汉语规范用法大词典. 北京：学苑出版社，1997：338.

要是指那些对基础教育学校的成长和发展有重大影响的根本性的、整体性的变革，更多涉及的是学校的体制层面和管理层面的根本性的内容。

二、教育变革

"教育变革"是教育领域中的强势话语，基于教育在社会中的敏感地位及其与社会变革之间的复杂关联，它已经成为社会关注的焦点问题，并且是各级教育界人士所必须面对的紧迫问题。不管教育领域的实际变革状况如何，"教育变革"的确被广为提及。在国家所做的有关教育改革的决定与制定的政策中，它更多的是指教育体制的改变及办学条件的完善，对于学校内部的教育教学活动本身的改革虽有所论述但往往不占主要部分。随着近几年"素质教育""创新教育"等概念的提出以及新课程改革的实施，对教育教学内部的关注逐渐增多。因此，发生在学校层面或以学校为单位的教育改革日益引起人们的重视，甚至被视为关系到学校的生存与发展的大问题。这一方面反映了教育改革重心的下移，另一方面也反映了社会变化对基础教育学校提出越来越多的挑战。

对教育变革含义的理解总会涉及以下几个方面的问题：谁来进行变革？为什么要进行变革？变革什么内容？如何进行变革？几乎所有有关教育变革概念理解上的分歧，都与人们对上述问题的回答不同有关，正如富兰所说，"教育变革，从技术上讲简单，从社会性上讲复杂。从来没有药方，有的总是复杂"[1]。自从教育变革成为这个时代一个较为常见的社会现象之后，对教育变革的理性思考也随之出现。尤其是20世纪80年代以来，教育理论工作者开始从不同的立场和角度出发，来探讨教育变革问题，并出版了一系列的论著，但是他们对于教育变革的理解还是存在很大差异的。

王宗敏和张武升在其所著的《教育改革论》中认为，"教育变革是对落后的教育状况或教育思想乃至教育理论进行有计划有目的的变革，使其获

---

[1] 迈克·富兰. 谈教育改革. 李茂编译. 江西教育, 2004（18）: 20-22.

复杂中的适应：基础教育学校变革机制

得预期的进步与发展的过程"[①]。这种定义着眼于过去与现实的比较，指出了教育变革的前提与组织特征。教育现实的不合理性是教育变革的前提，也是教育变革的对象，而"有计划有目的"则表明了教育变革的组织特征。但是由于这种理解包含着众多的价值取向，因而造成了语义上的模糊，例如根据什么样的标准来看，某种教育思想或教育状况是落后的呢？袁振国在《教育改革论》中认为，"教育改革可以理解为按照某种预期的目标以改进实践的有意识的努力，它包括制定同旧目标无关联的新目标、新政策，或赋予过去的教育以新的职能。教育改革的实质是对未来的反应"[②]。按照这种解释，教育改革就是有意识地改进教育实践以努力适应未来的发展。可以说当下与未来的紧张仍然是目前教育改革不可逃脱的符咒，新与旧的对比也总是出现在人们对教育改革的理解之中。但是教育中旧的东西必须通过人们的自觉努力和理性的扬弃或重构，否则它是不会自动地从教育历史舞台中退出的。人们的理性并非是单个个体的理性，而是具有总体特征的类主体的理性，能够解决人们在主观上看到的所有的教育问题。在这样的教育改革观中，教育改革的主体看起来是内隐的，然而它实际上又是以一种非常彰显的方式而存在着，具有教育改革主体资格的，是那些代表着历史进步方向的一类人，他们所具有的理性足以认识到什么是正确的，什么是错误的，什么是先进的，什么是落后的。

以上两种观点都认为教育改革是以改进现实适应未来的，而有学者认为教育改革是对不断变化着的社会之适应。吴忠魁在其著作《教育变革的理论模式》中指出，"相对于教育长期变化的过程而言，教育改革只是一种相对短暂的人为变化。在任何一次改革之前和之后，教育都有一个相对稳定的渐变过程……当教育的内在规律运动受阻时，如教育不适应社会需求时，教育改革必将发生"[③]。这是从教育变化的规模、程度与发生的性质来讲教育变革的，教育总是在发生着渐渐的变化，只有人为引发的变化才是教育变革。引发变革的根本原因就是"教育的内在规律运动受阻"。不管学

---

① 王宗敏，张武升．教育改革论．郑州：河南教育出版社，1991：1．
② 袁振国．教育改革论．南京：江苏教育出版社，1992：24．
③ 吴忠魁．教育变革的理论模式．成都：四川教育出版社，1988：9．

者是如何理解"教育变革"这一概念的,教育变革总是与某种变化联系在一起。正如张人杰所指出的,人们通常总是把教学上的革新以及教育的观念、目标、发展战略和优先抉择等方面的根本变化(简单地说就是在教育政策和教育规划范围内诸要素的变化)视为教育变革。[①] 教育的变化总是在发生的,但并非正在发生变化的教育就是教育变革,因此,教育变化的目标性和计划性成为教育变革的重要的特征。

上述关于教育变革的界定从不同的方面指出了教育变革在某一方面或若干方面的特征。归纳这些特征不难发现,一项教育实践之所以被称为教育变革,应该满足以下条件:教育现实的不合理性是教育变革的前提与出发点,目的性和计划性是教育变革的组织特征,适应社会、适应未来是教育变革的主要目的,教育变革可能会涉及教育的各个方面,教育变革总是一种基本制度架构内的改变与变化。[②]

关于教育变革的基本内涵,西方教育变革理论界已基本达成共识——教育一直处于不断的变革之中,变革一方面被视为教育得以延续的一种"基本法则",另一方面也标志着教育是动态发展的而不是静止的。国际著名教育变革理论专家哈维洛克(R. G. Havelock)在概括了以往的观点基础上指出,教育变革就是"教育现状所发生的任何有意义的转变"[③]。"有意义的转变"在这里意味着教育的最初状态与今后状态的不同,更多的是指教育变革有着显见的具体效应或具体结果。

对于教育变革的结果是否都是积极的,法国学者黎成魁(Le Thanh Khoi)在1981年进一步指出,教育变革的结果有可能是"正向的",体现的是教育的进步,也有可能是"逆向的",反映了教育的后退。[③]

对于教育变革类型的划分,在教育变革理论界有着很大的争议,最具有代表性的分类是由哈维洛克和古德等学者提出的。哈维洛克和古德着眼于变革推行的方式,把教育变革分为两种类型:一是有计划的教育

---

① 张人杰.现代教育改革论.外国教育资料,1985(5):1-4.
② 周兴国等.基础教育改革论.合肥:安徽师范大学出版社,2010:11.
③ 转引自王万俊.略析教育变革理论中的变革、改革、革新、革命四概念.教育理论与实践,1998(1):10-11.

变革（planned change of education），二是自然的教育变革（natural change of education）。有计划的教育变革主要是指凭借一定方案推行的蓄意的（deliberate）教育变革。它是教育变革的主导取向，包括教育改革、教育革新和教育革命等概念，对于这类教育变革来说，其最大的特征在于它不仅有明确的变革目标，更重要的是它还有一定的变革方案或变革策略。此外，哈维洛克强调有计划的教育变革更多的是"借助蓄意的过程而发生的"；而古德则强调，有计划的教育变革不仅是被设计的变革，而且是某些方案或活动体系的结果。自然的教育变革的一个主要特征是变革过程中没有专门的变革方案，另一个重要特征是没有明显的教育变革的蓄意性。[1] 就像学校里的教师，在课堂上对自己教学方法的随意变换或调整就属于这一类型的教育变革。

三、学校变革

前文中我们对变革的含义做了解释和说明，需要进一步说明的是，当我们提到变革时，其更多暗含的是组织变革。所谓组织变革，是指组织根据内、外部情况的变化，有目的、有计划地改变组织活动的方式和形态，适时地改变组织的内在结构、行为和技术等，以促成某种新的平衡状态的形成，适应客观发展的需要，从而更好地实现组织目标的组织活动过程。鉴于学校本身的特性，本书将学校看作一个社会组织来进行研究。在组织意义上的学校是为了实现一定的目标、按照一定的结构方式组合起来的、与外界环境相互适应保持动态平衡的人群集合体。为了突出研究的典型性，本书中的研究对象主要是基础教育阶段的公立中小学校。进一步而言，作为一种社会机构和教育组织的学校变革，主要是指学校在受到外力（如社会转型）和/或内力（如学校教师自主发展的强烈愿望）的推动下发生的组织形态、运行机制上的更新与改造。[2]

---

[1] 转引自王万俊.略析教育变革理论中的变革、改革、革新、革命四概念.教育理论与实践，1998（1）：10-11.

[2] 杨小微.社会转型时期学校变革的方法论初探.上海：华东师范大学博士学位论文，2002：6.

第二章
基础教育学校变革机制的内涵解读

在教育实践当中，学校变革所涉及的是"学校整体"的变革，绝不仅仅是微观的课堂教学、班级建设、校园环境等具体变革，应该是涵盖了以上各个方面并超越其上的整体性的变化，是学校范式的整体转型。对于这种认识正如经济合作与发展组织国际学校改进计划实施中所形成的看法那样，"学校改进的目的是学校作为一个整体的变革（单纯的人事变革或单独在一个教室内部的变革都不会有效）——计划必须是系统的，并持续一个时期的。变革涉及学校的所有方面。变革必须考虑到与具体的教学变革相关的许多因素"[①]。因此，"学校变革是一个独特的层面，是对微观领域的统筹，也是与更大的外界系统交互作用的界面，是教育改革由外部向内部、由宏观向学校、由创造条件向改造实践转换的关键层面，是教育变革走向升华的和成熟的重要部分"[②]。

本书所探讨的学校变革是教育变革的一个下位概念，在当今的社会语境中更多的是指一种有计划的教育变革，区别于那些无专门变革方案、无明显意图的"自然变革"，主要是以学校作为载体，变革者（即变革的主体，既包括国家政府机关，也包括学校自身、团体、个人）对现有的落后的教育状况、教育思想或者理论与实践，进行有目的、有计划的变革过程，它是学校发展的重要手段。需要研究者和变革实践者进一步明确的是，学校变革是一个过程，是一个不断调整、不断尝试解决新问题的过程，而不是一个事件，正如管理学大师彼得·圣吉所言："所谓变革，就是促进变革的成长因素和阻碍变革的抑制因素之间的互动关系。"[③] 变革不是发表一次讲话或进行一次教师培训就能一蹴而就取得成功的，而是要制定有全局性和长期性的变革计划。

[①] 波·达林.理论与战略：国际视野中的学校发展.范国睿译.教育科学出版社，2002：100.
[②] 李春玲.我国学校组织变革研究的现状及展望.华东师范大学学报（教育科学版），2006（3）：31-36.
[③] 转引自李志强.基于价值重构的企业变革研究.上海：复旦大学博士学位论文，2004：10.

第二节　基础教育与基础教育变革

在我国，大家都知道中小学教育属于基础教育范畴，但对于"什么是基础教育"，还是有人讲不清楚。"基础教育"与"基础教育变革"是本书中两个相互关联的重要概念，但其在不同的时代和社会背景下被不同的研究者赋予了不同的内涵。

一、基础教育

（一）基础教育概念解读

要理解与认识"基础教育变革"，我们就必须弄清楚"基础教育"概念的含义。作为教育理论和教育实践领域经常使用的"基础教育"一词，人们并不陌生，但"基础教育"何时被提及并广泛使用却无从考究。1995年颁布的《中华人民共和国教育法》明文规定了我国实行学前教育、初等教育、中等教育、高等教育的学校教育制度，并未提及"基础教育"。但1985年颁布的《中共中央关于教育体制改革的决定》指出，"把发展基础教育的责任交给地方"。由此可以推断，我国普遍使用"基础教育"一词，应该是从20世纪80年代开始的。

基础教育顾名思义就是基础性的教育，基础性是其根本特征，也是基础教育区别于其他类型教育的根本所在。同时，基础性"不仅是一种事实陈述，也是一种价值选择；不仅是一种结构性特征，也具有质的内涵；不仅是针对青少年学生的个体发展而言的，也是针对整个社会乃至国家的发展而言的；不仅是有待实现的价值目标，也需要必要而充分的条件保障"[①]。对于"基础教育"含义的认识和理解也是随着时代的变迁而发生变化的。之所以产生含义的分歧，主要是由于在不同的时期与不同的语境下，不同的研究者对于"基础"的理解不同。

---

① 石中英. 如何理解基础教育的"基础性". 人民教育，2005（24）：11-12.

第二章
基础教育学校变革机制的内涵解读

查尔斯·赫梅尔认为,"基础教育"的"基础"应该"是向每个人提供的并为一切人所共有的最低限度的知识、观点、社会准则和经验",其目的在于"使每个人能够发挥自己的潜力、创造性和批判精神,以实现自己的报复和幸福,并成为一个有益的公民和生产者,对所属的社会发展贡献力量。基础教育应该使青年通过他们的工作有效地参加本国的经济建设,通过他们对社会的服务,在政治、文化和社会方面对民族团结做出贡献"①。我国学者孙喜亭认为,"基础教育应奠定好儿童、少年的健康身体的基础、公民品德素养的基础、专门人才的基础、从事劳动的基础。而这四方面基础的统一点就是文化科学知识。文化科学知识是基础教育的基础和轴心"②。黄济先生认为,"基础教育,在一个国家的教育体制中具有战略意义的基础地位,就是说它为一个人的一生发展打基础,为学生未来做个好公民打基础,为高一级学校准备合格生源打基础,也为青少年毕业后从事社会职业打基础,等等。总之,基础教育的作用,一是在个体全面发展中具有基础地位,二是在整个教育体制中具有基础地位"③。石中英认为,基础教育的"基础性"不仅是针对青少年学生而言的,也是针对整个社会乃至国家发展而言的。基础教育的基础性针对学生而言,既包括"基础知识"的掌握、"基本方法"的训练,也包括"基本态度与价值观"的养成,三者缺一不可。基础教育的基础性针对国家发展而言,在很大程度上决定了全体国民的"基本素质",从而决定了这个国家经济发展的后劲、政治生活的理性化水平以及文化创新的潜力,最终从总体上或根本上影响或制约这个国家的未来发展④。1990年3月9日,在泰国举行的世界全民教育大会通过了《世界全民教育宣言》,该宣言指出,基础教育是以人的发展为中心的基础,各国可在这一基础上建构其他教育,基础教育必须普及,其质量必须得到提高。顾明远主编的《教育大辞典》对基础教育的解释是:它亦称为"国民基础教育",是对国民实施基本的普通文化知识的教育,也是

---

① 查尔斯·赫梅尔.近日的教育为了明日的世界.王静,赵穗生译.北京:中国对外翻译出版公司,1983:130.
② 孙喜亭.基础教育的基础何在?(上).教育理论与实践,2001(4):19-23.
③ 黄济.基础教育战略意义浅议.集美大学学报,2004(4):3-7.
④ 石中英.如何理解基础教育的"基础性".人民教育,2005(24):11-12.

复杂中的适应：基础教育学校变革机制

提高公民的基本素质的教育，或者指为继续升学或就业培训打好基础的教育，一般指小学教育，有的包括初中教育①。

由此可以看出，人们对于基础教育的"基础"内涵的理解还是有其特定的语境的，在不同的时代，其内在规定性也有所不同。"且不说其中表述基础内涵的那一堆判断，到底反映了这种教育的什么属性，它们之间的关系如何，单就其表述的'基础教育'概念的外延来说，它撇开了高级中学教育，不知这是对哪个时代、哪个国家基础教育的界定？它至少同中国如今的'基础教育'概念有别。"②

1985 年颁布的《中共中央关于教育体制改革的决定》指出，"把发展基础教育的责任交给地方，有步骤地实行九年制义务教育。在实行九年制义务教育的同时，还要努力发展幼儿教育，发展盲、聋、哑、残人和弱智儿童的特殊教育"③。由此不难看出，基础教育不仅包括九年义务教育，还包括幼儿教育和特殊教育，在此意义上的"基础教育"，是与"高等教育""职业技术教育""成人教育"相对而言的。1986 年颁布的《中华人民共和国义务教育法》明文指出，"为了保障适龄儿童、少年接受义务教育的权利，保证义务教育的实施，提高全民素质，根据宪法和教育法，制定本法"。该法还规定国家实行九年义务教育制度。随着 1993 年《中国教育改革与发展纲要》的颁布，我国对基础教育含义的理解发生了巨大的变化，《中国教育改革与发展纲要》指出，基础教育是提高民族素质的奠基工程，必须大力加强。各级政府要把普及九年义务教育的目标落到实处。发展基础教育，必须继续改善办学条件，逐步实现标准化。中小学要由"应试教育"转向全面提高国民素质的轨道，面向全体学生，全面提高学生的思想道德、文化科学、劳动技能和身体心理素质，促进学生生动活泼地发展。办出各自的特色。普通高中的办学体制和办学模式要多样化。这也就意味着，基础教育概念的外延得到了扩展，由最初的幼儿园、小学、初中、特殊教育领域扩展到高中教育阶段，这在某种程度上也代表了人们对于基础

---

① 顾明远. 教育大辞典（增订合编本）. 上海：上海教育出版社，1998：627.
② 陈桂生. 回望教育基础理论：教育的再认识. 北京：北京师范大学出版社，2008：248.
③ 中共中央关于教育体制改革的决定. http://edu.people.com.cn/GB/8216/196960/12122912.html. [2018-05-21].

教育概念理解的主流观点，更体现了党和国家对于这项提高民族素质的伟大奠基工程的重视。

这个时期，无论国家的大政方针还是教育研究者，对于基础教育的概念都有了较为统一的认识。如有学者指出，"基础教育（包括九年义务教育和普通高中教育）是提高全民族素质的奠基工程，在整个教育中处于重点地位，是迎接 21 世纪挑战的基础工程；基础教育已成为全民的、全面的终身教育的最初阶段；学前教育是基础教育的外延；普通中小学教育是基础教育的主体部分"①。这种理解不仅准确认识了基础教育的内涵（是一种奠基工程）与外延（除了主体部分九年义务教育外，还包括学前教育、普通高中教育），还提炼出基础教育的基础性、全面性、全民性的基本特征。

需要特别指出的是，对于"基础教育"概念的理解更多的是基于不同研究者的认识和特定的环境和政策，如联合国教科文组织对于"基础教育"概念的理解和我国学者的理解存在很大的区别，"联合国教科文组织的有关文献在谈到基础教育时，主要是就世界范围来说的，它包括初等教育、扫盲及成人接受的初等的继续教育等。这里所说的基础教育是就我国而言的，包括中小学校的教育，尤其指九年义务教育"②。从文献中可以看出，联合国教科文组织是在更广泛的意义上使用"基础教育"这个概念，考虑更多的是世界各国教育发展之间的不均衡性。

总之，通过上述相关文献的分析，我们可以看出，"基础教育"是一个动态变化的概念，从概念内涵上讲，人们之所以有不同的理解是源于对"基础"一词的含义的认识不同，是因为有的人认为是为了学生今后的生活与发展打基础，有的人认为是进行以后专业（或职业）教育的基础，还有的人认为是国家与社会发展的基础。从概念外延上讲，人们之所以有不同的理解是源于对基础教育所包含的阶段与形式的界定不一，有的人认为是专指九年义务教育阶段的学校教育，有的人认为是包括普通高中之前的学校教育，还有人认为是包括大学之前的所有教育形式。"在当代中国，人们

---

① 郭福昌，吴德刚. 教育改革发展论. 石家庄：河北教育出版社，1996：65-66.
② 徐玉珍. 可持续发展与基础教育的革新. 教育研究，1999（10）：66-71.

对'基础教育'并没有做出严格的界定,而只是在约定俗成的或政策语境的背景下来使用这一概念的,尽管人们在这种约定俗成的用法之外又加入了自己的理解与看法。"①

我们可以肯定地说,"基础教育"的本质是"基础教育"的规定性,这也是基础教育区别于其他类型教育的特性,是基础教育规律性的反映。如果不考虑概念外延的话,人们对于"基础教育"概念的内涵还是能够达成一致的。从内涵上讲,本书所涉及的"基础教育"是指为了提高全民素质、为学生终身教育做准备的奠基工程,它主要包括九年义务教育和普通高中教育,且重点指向九年义务教育。就学前教育而言,它是基础教育的延伸,基础教育的主体部分仍是中小学教育。

(二) 基础教育的基本特征

基础教育的基本特征是基础教育研究中非常重要的部分,因此在实施基础教育的过程中,要求教师必须抓住基础教育的基本特征,有针对性地开展教育教学活动,才能收到良好的效果。不同的学者因研究的立场和角度不同,对基础教育的基本特征的研究也就得出了不同的结论,对于基础性是基础教育的基本特征这一点争议不大,但是基础性并非基础教育的唯一特征,分析已有文献,对于基础教育基本特征的研究,大多是从基础教育的性质、培养目标、教育任务、教育对象和教育内容等角度入手。

1. 性质的公益性

对基础教育事业的公益性质,我国的法律法规做了明文规定。《中华人民共和国教育法》第八条规定:教育活动必须符合国家和社会公共利益。第九条规定:中华人民共和国公民有受教育的权利和义务。第三十八条规定:国家、社会对符合入学条件、家庭经济困难的儿童、少年、青年,提供各种形式的资助。《中华人民共和国义务教育法》第二条规定:国家实行九年义务教育制度。义务教育是国家统一实施的所有适龄儿童、少年必

---

① 周兴国,朱家存,李益江. 基础教育改革研究. 芜湖:安徽师范大学出版社,2010:9.

须接受的教育，是国家必须予以保障的公益性事业。实施义务教育，不收学费、杂费。国家建立义务教育经费保障机制，保证义务教育制度实施。第六条规定：国务院和县级以上地方人民政府应当合理配置教育资源，促进义务教育均衡发展，改善薄弱学校的办学条件，并采取措施，保障农村地区、民族地区实施义务教育，保障家庭经济困难的和残疾的适龄儿童、少年接受义务教育。国家组织和鼓励经济发达地区支援经济欠发达地区实施义务教育。从以上法律条文来看，公益性本身就是我国教育的一个基本特征，这一点在基础教育中体现得更为突出、更为明确，其原因就在于基础教育是为了实现和保证全民素质的提高。基础教育的公益性能否得到保证，可以说是衡量基础教育改革与发展成效的最重要的标准。

2. 培养目标的方向性

党的十七大、十八大、十九大都明确提出了新时期有关教育改革与发展的宏伟目标与任务。党的十七大报告《高举中国特色社会主义伟大旗帜 为夺取全面建设小康社会新胜利而奋斗》中明确提出，要全面贯彻党的教育方针，坚持育人为本、德育为先，实施素质教育，提高教育现代化水平，培养德智体美全面发展的社会主义建设者和接班人，办好人民满意的教育。优化教育结构，促进义务教育均衡发展，加快普及高中阶段教育。重视学前教育，关心特殊教育。更新教育观念，深化教学内容方式等改革，减轻中小学生课业负担，提高学生综合素质。坚持教育公益性质，加大财政对教育投入，规范教育收费……加强教师队伍建设，重点提高农村教师素质。发展远程教育和继续教育，建设全民学习、终身学习的学习型社会。[①] 党的十八大报告《坚定不移沿着中国特色社会主义道路前进 为全面建成小康社会而奋斗》中也明确提出，要坚持教育优先发展，全面贯彻党的教育方针，坚持教育为社会主义现代化建设服务、为人民服务，把立德树人作为教育的根本任务，培养德智体美全面发展的社会主义建设者和接班人。全面实施素质教育，深化教育领域综合改革，着力提高教育质

---

① 中国共产党第十七次全国代表大会. http://cpc.people.com.cn/GB/104019/.[2019-03-20].

复杂中的适应：基础教育学校变革机制

量，培养学生社会责任感、创新精神、实践能力。办好学前教育，均衡发展九年义务教育，基本普及高中阶段教育……完善终身教育体系，建设学习型社会。大力促进教育公平，合理配置教育资源，鼓励引导社会力量兴办教育。加强教师队伍建设，提高师德水平和业务能力，增强教师教书育人的荣誉感和责任感。① 党的十九大报告《决胜全面建成小康社会 夺取新时代中国特色社会主义伟大胜利》中明确提出，要全面贯彻党的教育方针，落实立德树人根本任务，发展素质教育，推进教育公平，培养德智体美全面发展的社会主义建设者和接班人。推动城乡义务教育一体化发展，高度重视农村义务教育，办好学前教育、特殊教育和网络教育，普及高中阶段教育，努力让每个孩子都能享有公平而有质量的教育……加强师德师风建设，培养高素质教师队伍，倡导全社会尊师重教。办好继续教育，加快建设学习型社会，大力提高国民素质。②

为实现这些宏伟目标与任务，党的十七大明确了新时期的教育方针，即"坚持育人为本、德育为先，实施素质教育，提高教育现代化水平，培养德智体美全面发展的社会主义建设者和接班人，办好人民满意的教育"。党的十七大报告中关于教育方针的论述体现了科学发展观以人为本的核心思想，从科学发展观的角度思考学校的发展和改革，这对于教育具有重要的指导意义。党的十八大报告提出的教育方针是，要坚持教育为社会主义现代化建设服务、为人民服务，把立德树人作为教育的根本任务，全面实施素质教育，培养德智体美全面发展的社会主义建设者和接班人，努力办好人民满意的教育。党的十八大报告把教育放在改善民生和加强社会建设之前的首要地位，从坚持教育优先发展、全面贯彻党的教育方针、深化教育改革创新、推动教育协调发展、大力促进教育公平、加强教师队伍建设等六个方面，明确提出了下一阶段教育事业科学发展的战略性目标和任务，充分体现了党中央对教育事业的高度重视和优先发展教育的坚定决心，为我国教育改革发展指明了方向，提出了更高要求。党的十九大报告立足实现"两个一百年"的奋斗目标，站在确保中国特色社会主义事业后

---

① 中国共产党第十八次全国代表大会. http://cpc.people.com.cn/18/.[2019-03-20].
② 中国共产党第十九次全国代表大会. http://www.gov.cn/zhuanti/19thcpc/.[2019-04-19].

继有人的高度，强调重视教育就是重视未来、重视教育才能赢得未来，建设教育强国是中华民族伟大复兴的基础工程，必须把教育摆在优先发展的战略地位，要深化教育改革，加快教育现代化，办好人民满意的教育。

这种方向和要求在《国务院关于基础教育改革与发展的决定》中做了明确的说明，那就是要使学生具有爱国主义、集体主义精神，热爱社会主义，继承和发扬中华民族的优秀传统和革命传统；具有社会主义民主法制意识，遵守国家法律和社会公德；逐步形成正确的世界观、人生观和价值观；具有社会责任感，努力为人民服务；具有初步的创新精神、实践能力、科学和人文素养以及环境意识；具有适应终身学习的基础知识、基本技能和方法；具有健壮的体魄和良好的心理素质，养成健康的审美情趣和生活方式，成为有理想、有道德、有文化、有纪律的一代新人[①]。由此可见，教育尤其是基础教育在培养目标上具有明确的方向性，这种培养目标既体现了时代发展的新要求，又体现了以学生发展为本的价值取向，这种目标取向反映在教育实践中，就是要求不同类别、不同地域的学校，在不同的学段、不同的学习领域开设不同的课程，例如，德育课程中，小学阶段注重从学生的行为习惯养成入手，重点强调社会公德教育，高中阶段的德育强调注重进行马列主义、毛泽东思想和邓小平理论等的教育。

3. 教育任务的全面性

基础教育任务的全面性不仅是世界教育改革与发展的主导思想和共同追求的目标，也是我国教育改革与发展的理想和追求。

"从联合国教科文组织 1972 年发表的《学会生存》到 1990 年发表的《学会关心》，都把促进个人的全面发展作为教育的使命和追求的目标。为了达到这样一种目标，教育必须是全面性的，在基础教育阶段尤其如此。"[②] 我国自 20 世纪 90 年代开始实施素质教育，素质教育就是依据人的发展和社会发展的规律，以全面提高全体学生的基本素质为根本目的，以尊重学

---

① 国务院关于基础教育改革与发展的决定. https://www.gov.cn/gongbao/content/2001/content_60920.htm.（2011-05-29）[2019-06-12].

② 黄济，王策三. 现代教育论. 北京：人民教育出版社，1996：382.

生的人性，培养学生创新精神为重点的教育。1997 年颁布的《关于当前积极推进中小学实施素质教育的若干意见》指出，素质教育是以面向全体学生、全面提高学生的素质为根本宗旨，以注重培养受教育者的态度和能力，以及促进他们在德智体等方面生动、活泼、主动地发展为基本特征的教育。由此可以看出，促进学生的全面发展是教育孜孜以求的理想，也是基础教育任务全面性的体现。对此马克思早已有丰富而详尽的论述，马克思关于人的全面发展的学说，也就成为我国制定教育目的的理论基础。要想实现学生的全面发展，就需要实施全面发展的教育，而作为其他类型教育基础的基础教育，就需承担起这个责任，德智体美诸育并举。

4. 教育对象的全民性

《中华人民共和国教育法》第九条明文规定：公民不分民族、种族、性别、职业、财产状况、宗教信仰等，依法享有平等的受教育机会。这就从法律的层面对基础教育的对象做出了界定，即必须面向全体国民，实施全民教育。

但在教育实践中，我们会发现，实现基础教育对象的全民化是一个很高的要求，也是一项刻不容缓的艰巨任务，"十余年来，世界全民教育虽然得到了极大发展，但要实现全民教育的目标，对于发展中国家来说，形势仍然相当严峻，面临诸多问题……尤其需要发展中国家依靠自己的政治意志和决心，建立具有普遍性、基础性和福利性的义务教育制度，以及国家法律制度的形式，保证人人都有平等接受教育的权利和机会"[①]。因此，教育者不仅要牢固树立尊重每一个受教育者的权利和义务，为他们提供受教育的公平机会的意识，还要提高教育质量，增强基础教育发展的可持续性。

5. 教育内容的基础性

"教育内容这一概念是指一整套以教学计划的具体形式（课表和课程）存在的知识、技能、价值观念和行为。它们是根据各种社会为学校规定的

---

① 李剑萍，魏薇. 教育学导论. 北京：人民教育出版社，2006：32.

目的和目标而设计的。按照不同教育层次、类型、年级和学科安排的这些内容是为某种教育目的而制定的，是构成一个具体过程学习的对象。"① 无论是基础教育在整个教育系统中的任务、所属类型，还是其层次和目标，都决定了教育内容的基础性，决定了其成为基础教育体系和结构中的基础和基本要素，因此，人们常常将这些要素冠以"基础知识""基本技能""基本能力""基本行为规范""基本学习生活习惯"等称谓。

教育是民族振兴和社会进步的"基石"，而基础教育又是整个"教育大厦"的"基石"，是提高中华民族素质、实现中华民族伟大复兴的奠基工程。因此，教育内容的基础性必然是基础教育的基本特征之一。

教育内容的基础性要求基础教育必须从基础抓起，通过德育、智育、体育、美育、劳动技术教育等途径，培养学生的各种基本素质，实现学生的全面发展，如良好的行为习惯与社会公德、读写算的基本知识与技能、健康的体魄、良好的生活与劳动习惯等。这种思想在我国进行的基础教育课程改革中也得到了体现，如"改变课程内容繁、难、偏、旧和偏重书本知识的现状，加强课程内容与学生生活及现代社会科技发展的联系，关注学生的学习兴趣和经验，精选终身学习必备的基础知识和技能"②。因此，在教育实践中，基础教育教学的内容应围绕学生应该具备的基础素质去选择与编排。

二、基础教育变革

（一）基础教育变革内涵解读

如前文所讲，基础教育最根本的特征就是基础性，它不仅要为未成年人当下的发展打好基础，使其掌握基础知识和基本技能，形成基本态度与价值观，还要为其未来发展打好基础，培养其自我学习能力、独立解决问题的能力和社会责任意识。随着时代的发展与变迁，人们对基础教育的要

---

① S.拉塞克,G.维迪努.从现在到2000年教育内容发展的全球展望.马胜利,高毅,丛莉,等译.北京：教育科学出版社，1996：124.
② 钟启泉，崔允漷，张华.基础教育课程改革纲要(试行)解读.上海：华东师范大学出版社，2001：4.

复杂中的适应：基础教育学校变革机制

求也在不断发生变化，这就需要基础教育不断地进行变革以适应社会政治经济发展的要求。

基础教育学校变革是当今基础教育改革发展的必然要求，也是基础教育改革与发展需要指向的最为重要的层面。对于教育变革（改革）前文已有涉及，人们对其内涵的理解也比较一致，这里不再赘述。但"教育变革"的类型划分却是多样的，如有研究者根据变革主体的不同以及组织与实施变革的方法的差异，将当代中国基础教育变革分为行政模式、专家模式、校本模式和共同体模式。

行政模式强调的是政治、经济、法律和政策在基础教育变革中的调控作用，认为权力是支配教育变革活动的核心力量，应重视发挥各级行政部门的强制行为对于教育的规范功能。该模式的教育变革往往规模较大，且一般是与教育行政部门的具体决策直接相关的综合性实验改革，如我国自2001年以来推行的"新课程改革"具有明显的"行政模式"的特征。专家模式强调的是教育理论对于教育变革的批判、创新和导向功能，重视以科学规律和科学方法引导教育变革实践。该模式的基本特征就是由专职研究人员提供学术支持，由一线教师按照既定的实验方案付诸行动，如叶澜教授主持的"新基础教育"研究。校本模式强调一线教师是教育改革的主力军，注重提升和引领一线教师的教育思想，注重激发、唤醒教师的教育理想和教育热情，注重教师职业态度、职业观念和职业情感的发展变化，重视发挥中小学教师的变革热情和参与程度，如江苏省洋思中学的"先学后教，当堂训练"课堂改革，山东省杜郎口中学的"预习·展示·反馈"三版块一体，以及"10＋35"模式（即教师讲课10分钟，学生活动35分钟）。共同体模式强调教育变革应该以人为本，关注教育生活中的教育者与受教育者，关注推动教育发展的行政主体、理论主体和实践主体，关注教育系统中的一切利益相关者，为其构建一种幸福美好的生活，这就要求各级变革主体在变革过程中打造一个动态、开放、民主的，具有共同理想目标和价值追求的变革共同体，如朱永新教授领衔的"新教育实验"。[1]

---

[1] 张荣伟.论中国基础教育改革的四种实践模式.河北师范大学学报（教育科学版），2010（12）：23-27.

对于教育变革进行较为全面分类的当属叶澜教授,她根据变革的性质把基础教育变革做了不同的划分:按变革涉及的面,可分为局部变革和全面变革;按变革项目之间的关联性,可分为多项、分散的变革和关联、综合的变革;按变革时间上的持续性和速度快慢,可分为短期变革和长期变革;按引起变革的动因和范式的来源,可分为外在引进式变革和内在生成式变革;按变革触及的程度,可分为外在环境变革和内在本体变革;按变革针对的问题及期望目标触及的深度,可分为改进完善性变革与整体转型性变革。①

简而言之,教育变革就是要"按照一定的目的要求,把教育活动中陈旧的不合理的部分改造成新的、能适应一定社会政治、经济需要的一种实践活动。教育改革包括对受教育者施以有目的、有影响的德育、智育、体育活动诸方面的改革,也包括对教育思想、教育制度、教育内容和教育方法的改革,而且教育思想的改革要先行"②。

基于以上对于"基础教育"与"教育变革"两个概念的分析,笔者认为,基础教育变革是指国家或者社会组织机构(各级教育行政机关、学校及其他教育机构),针对基础教育目前的状况,有目的、有计划地对基础教育中陈旧的、不合理的部分加以变革,其目的在于使基础教育更好地适应整个社会和教育发展的社会实践活动。在本书中,研究和探讨的基础教育变革主要是指由我国政府、学者或学校推动的对基础教育学校的成长和发展有重大影响的根本性的、整体性的变革,更多涉及的是学校的体制层面的和管理层面的根本性的内容,是一种全面的改革。

(二)基础教育变革的基本特征

在我国改革开放政策的影响下,基础教育经历了几十年的变革,取得了很大的发展。随着我国的基础教育变革,我国的教育事业也在不断地发展,教育变革的过程也是教育理想和现实之间的互动过程,变革是对教

---

① 叶澜."新基础教育论":关于当代中国学校变革的探究与认识.北京:教育科学出版社,2006:122-123.

② 张焕庭.教育辞典.南京:江苏教育出版社,1989:77.

复杂中的适应：基础教育学校变革机制

育现实的改进和对教育理想的追求，理想是变革的动力，现实是变革的根基。其过程虽极其复杂，但这一互动过程又表现出很多共同的特点。

1. 基础教育变革系统的复杂性

法国哲学家埃德加·莫兰在质疑西方社会传统的哲学、社会及科学观的基础上提出了复杂思维范式，从而成为当代最早提出复杂性方法的人。这种独特思想体系的目的在于批判西方割裂、简约各门学科的传统思维模式，通过阐述现实的复杂性，寻求建立一种能将各种知识融通的复杂思维模式。"他的复杂性方法主要是用'多样性统一'的概念模式来纠正经典科学的还原论的认识方法，用关于世界基本性质是有序性和无序性统一的观念来批判机械决定论，提出把认识对象加以背景化来反对在封闭系统中追求完满认识，主张整体和部分共同决定系统来修正传统系统观的单纯整体性原则，等等。"[①]

埃德加·莫兰认为，世界永远具有不确定性，"我们还没有把欧里庇得斯关于期待意外之事的启示纳入我们的头脑。但是20世纪末有利于使我们理解人类历史的无法避免的不确定性。前几个世纪一直相信一个或者是重复的或者是进步的未来。20世纪发现了未来的失落，即它的不可预见性"[②]。同时他指出，"意识到历史的不确定性是在今天关于进步的神话崩塌了之后达成的。进步肯定是可能的，但它是不确定的。在这之外还要加上由于我们全球纪元的复杂的和随机的过程的速度和加速度所引起的所有的不确定性，它们是无论人类精神、超强电脑还是任何拉普拉斯妖都不能把握的"[③]。

对于基础教育变革而言，有人认为变革是很简单的行为，因为在面对几种教育变革行动方案时，人们所要做的就是对于教育变革方案的选择和取舍。殊不知，对于变革方案的选择与取舍也是一个博弈的过程，存在着风险和不确定性，没人能在变革之初对变革过程及其结果做出最终

---

① 黄欣荣.复杂性科学方法及其应用.重庆：重庆大学出版社，2012：7.
② 埃德加·莫兰.复杂性理论与教育问题.陈一壮译.北京：北京大学出版社，2004：62.
③ 埃德加·莫兰.复杂性理论与教育问题.陈一壮译.北京：北京大学出版社，2004：63.

的预设。因此,"总的来说,就是要考虑到它所设定的复杂性,即随机因素、偶然性、主动性、决断、意外之事、不可预见性、对漂移和变迁的意识"①。

具体而言,基础教育变革系统的复杂性主要体现在变革目标、变革过程和变革的利益主体三个方面。

(1) 变革目标的复杂性

变革目标是变革实施的方向和预想要达到的结果,是教育变革的出发点和最终的归宿,因此在变革进行之前,首先要确立变革目标,而且最重要的一点就是,变革中不同的利益主体(学校与家庭、个体与社会、教师等),通过教育变革想要实现的目标也是千差万别的。

变革目标复杂性的一个重要表现是变革的近景目标和远景目标的选择问题,即变革是促进学生个体当下的发展使其获得基础知识和形成基本技能,还是满足个体和社会未来多方面的要求。另一个重要表现就是教育是面向人的活动,这更增加了变革的复杂性,学校变革目标的达成需要师生的共同主动参与,需要发挥教师的协助者角色能力和学生的自主发展能力,需要转变传统的自上而下的变革模式,否则,可能造成一部分师生游离于变革之外。"我国目前正处在社会转型时期,价值多元化对人才观的冲击极大,并直接影响到教育活动的正常开展,因此要特别关注变革系统中每一种正在逸出主体力量的因素,因为在教育的复杂大系统中,每一个负面的因素都可能会使整个局面发生彻底扭转。变革不可能一蹴而就,有成效的教育变革必须在教育发展过程中、在预期的或非预期的千变万化中,拥有清醒的自主意识和智慧的应对策略。"②为此,在变革中要建立相应的反馈机制,使变革过程中的细小变化和负面扰动都能及时反馈给变革目标的制定者,及时调整变革目标和实施过程。

(2) 变革过程的复杂性

正如富兰所言:"有成效的教育变革总是在过度控制和无序之间徘

---

① 埃德加·莫兰.复杂性理论与教育问题.陈一壮译.北京:北京大学出版社,2004:69.
② 金忠明,杨千菊.论我国基础教育变革的复杂性和转型性.南京师大学报(社会科学版),2009(1):76-80.

徊，为什么控制手段不起作用？其中重要的原因是变革过程复杂的难以控制。"[1]作为教育变革这样一项宏伟的工程，其变革过程是一个非线性[2]的、复杂的改革过程，在其实施过程中会受到变革主体、变革力量等因素的交叉、混合影响，这些因素既包括变革中校长的理念和价值取向及其在变革中行为、教师对变革的动机和信念及其在变革中的行为、家长对学校变革的认识程度及其对于变革的支持程度、学生在变革中的参与程度及其行为，等等。可以说，在变革过程中存在着太多的"不可知"的因素，只要是与教育有着直接或者间接关系的因素都有可能影响变革的进程，这种影响既有可能是阻碍变革的发展，也有可能为变革带来新思路、新突破。

因此，在变革实践中，要重视非主流因素，树立变革是非线性的、充满了复杂性的观念。"变革是一项旅程，而不是一张蓝图。"[3]

（3）变革利益主体的复杂性

变革的过程在本质上是一个利益重新调整和分配的过程，在很大程度上，变革的直接动力来自于变革主体对于利益的追求。教育变革的利益主体可以分为内外两个方面：从教育外部来看，政府是变革利益主体的首要代表；从教育内部来看，利益主体主要包括教育机构中从事教育工作的教职员工、学生本人及其家长。

在教育变革实践中，由于教育变革关涉不同的利益主体，这就需要协调与平衡不同利益主体之间的多重矛盾，兼顾社会主体和学校主体。在我国的教育变革实践中，我们不难发现，虽然有些变革是自下而上地展开的，但更多的是由政府主导的自上而下的变革。所谓政府主导型学校变革

---

[1] 迈克尔·富兰.变革的力量：透视教育改革.中央教育科学研究所，加拿大多伦多国际学院组织译.北京：教育科学出版社，2004：27.

[2] 由于人的认识的发展都是起始于简单事物，因此在科学发展的初期，人们是从线性关系来认自然事物，近代自然科学研究也是始于线性系统这种简单对象，如数学家首先研究的是线性方程、线性函数。线性是指量与量之间的正比关系，从结构上看，线性系统的基本特征是可叠加性或可还原性，部分之和等于整体，几个因素对系统联合作用的总效应，等于各个因素单独作用效应的加和；非线性是指整体不等于部分之和，导致叠加原理失效。从运动形式上看，线性现象一般表现为规则运动，非线性现象表现为从规则运动向不规则运动的转化，带有明显的突变性，正是非线性作用形成了物质世界的无限多样性、丰富性、曲折性、奇异性、复杂性、多变性和演化性。

[3] 迈克尔·富兰.变革的力量：透视教育改革.中央教育科学研究所，加拿大多伦多国际学院组织译.北京：教育科学出版社，2004：32.

是指"政府通过行政命令、自上而下地发动学校实施变革,对学校变革的过程施以监测和激励,并对学校变革的最终成果和收益予以评价"①的变革模式。这种变革模式的最大特点就是依靠外部力量的推动,教育内部的变革动力缺乏甚至缺失,学校和全体师生被动地卷入变革漩涡,导致整个基础教育变革缺乏内生性、全局性和系统性,"每一时期往往会形成改革热点,且常常采取运动的方式,借靠行政的力量来推行。处于教育变革一线的主体——广大中小学校长和绝大多数的教师则处于被动甚至只是应付的状态,或者还抱有抵触情绪"②。这种带有行政色彩的变革实施过程在变革中坚持的是国家利益为根本主体,有时容易导致利益主体的错位,使真正的变革难以到位,最终变革的质量大打折扣。

2. 基础教育变革理念的时代性

理念是行动的先导。纵观近代的世界发展史就是思想解放、理念变革引领发展的历史,世界发展进程中每一次发展浪潮的激荡,无不是以思想解放、理念变革为先导的,我国的发展历史反复告诉我们,理念变革引领发展潮流,关系着发展的成败。教育是人类的重要活动,其发展历程中的每一次变革并非凭空而生,都是建立在当时的经济和社会发展所提供的可能性的基础上产生的,是迎合了所处时代呼唤的。古今中外教育的历史发展已经证明,教育随着时代的变化而变化,带有很强的时代性。

我国自改革开放以后,面对不可阻挡的全球化浪潮的冲击,基础教育也走向了改革之路。在教育政策上,1985 年《中共中央关于教育体制改革的决定》的颁布标志着我国掀开了教育改革序幕,1993 年《中国教育改革和发展纲要》的颁布为 21 世纪教育改革与发展指明了道路。在教育实践中,从素质教育、主体教育再到基础教育课程改革,无不带有鲜明的时代特征。

究其原因,改革开放后,为了适应当时社会发展对人才的需求,我国在基础教育领域开始倡导实施以全面提高全体学生的基本素质、培养

---

① 孙翠香. 政府主导型学校变革:问题、成因及策略. 教育科学研究,2012(9):31-36.
② 叶澜."新基础教育论":关于当代中国学校变革的探究与认识. 北京:教育科学出版社,2006:119.

复杂中的适应：基础教育学校变革机制

学生的创新精神和实践能力为目标的素质教育，最终造就"有理想、有道德、有文化、有纪律"的、德智体全面发展的社会主义事业的建设者和接班人。到了 20 世纪 90 年代，随着社会经济水平的提高以及人们的思想解放运动，人们对于教育的要求也在逐步提高，人的"主体性"问题成了这个时期哲学界和社会科学界关注和研究的重要命题。我国著名教育家顾明远率先提出了"学生既是教育的客体，又是教育的主体"的观点[①]，引发了教育学界的大讨论，随后黄济、王策三等也发表见解，支持"学生是教育主体"的观点，进而形成了主体教育思想。这个时期教育变革的主题是强调以学生的主体性发展为改革的起点和依据，对传统教育理论与实践中严重忽视学生存在的不合理行为方式和思维方式进行变革，使学校及教师转变教育观念，逐步树立主体教育为核心的现代教育理念。进入 21 世纪，随着科学技术的迅猛发展和知识经济时代加速到来，国际竞争日趋激烈，我国现代化建设面临更伟大、更艰巨的任务，迫切需要基础教育加快推进素质教育的步伐，为提高国民整体素质发挥应有的作用和优势。但在当时，基础教育的质量及其在推进素质教育发展中的成效与 21 世纪社会经济发展的要求相比还存在很大的差距，基础教育存在的问题凸显：教育观念滞后，人才培养目标与时代发展的需求不相适应；德育实效性和针对性不强；课程结构单一，学科体系相对封闭，难以反映现代科技、社会发展的新内容，脱离了学生的经验和生活实际；课程管理的统一性导致课程难以适应当地经济、社会发展的需求和学生多样化发展的需求。在这种形式下，2001 年，《国务院关于基础教育改革与发展的决定》颁布，并将形成适应时代发展要求的新基础教育课程体系作为基础教育深化改革的主要目标之一。

纵观中外教育改革，无不把课程改革放在突出位置，无不把课程作为提高人才培养质量的关键来加以改革。课程改革被如此重视而又迫切地提了出来，其原因在于课程改革是整个基础教育改革的核心内容，它不仅体现了教育思想与观念，还是实现培养目标的施工蓝图。不论每次的变革成

---

① 顾明远. 再论教师的主导作用和学生的主体作用的辩证关系. 华东师范大学学报（教育科学版），1991（2）：69-73.

功与否，教育变革行为都是当时经济和社会发展的产物，是时代呼唤的结果，带有很强的时代特征。

3. 基础教育变革过程的渐进性

基础教育变革过程本身就是一个复杂的、漫长的探索过程，在其推进的过程中会受到各种因素的影响。因此，变革过程也是一个不断调整、不断探索并尝试解决新问题的过程，不可能通过一件事情完成所有的变革蓝图，更不可能通过发表一次讲话或进行一次教师培训就能一蹴而就，正如迈克尔·富兰所提到的，"变革是一个过程，而不是一个事件"[①]。

如前所述，基础教育变革就是指国家或者社会组织机构（各级教育行政机关、学校及其他教育机构），针对基础教育目前的状况和存在的问题，有目的、有计划地对基础教育中陈旧的、不合理的部分提出具有前瞻性建议的一种变革过程，其目的在于使基础教育更好地适应整个社会和教育发展的社会实践活动，而这种变革方案的提出更多的会受到当时的经济和社会发展条件所限制。变革之初，在规划与设计教育变革方案时，很多人总是竭尽所能，想设计出一套一劳永逸、完美无缺的实施方案，但往往是事与愿违。之所以出现这样的结局，一方面说明了人们认识的局限性，另一方面也说明了变革过程的复杂性。这就要求变革者必须根据变革推进的过程，不断调整变革方案和变革实施的思路与策略。在变革的实施过程中，学校作为教育改革的机构和试验场，教育变革的成效必然会受到学校以及师生等变革主体的影响。变革实施之初，教育变革的理念与学校的价值取向和办学理念可能会存在冲突，学校或多或少地会表现出对于变革的抵触，这就需要改革者不断地深入学校，了解学校实际，就教育变革的理念与学校进行积极的交流与沟通。作为学校变革中重要力量的教师，对于变革也会经历一个从改革之初的漠不关心、拒绝到改革中期的认可、再到改革后期的积极参与其中的漫长过程。事实上，在教育变革开始之前的一段相当长的时间里，作为处身于学校中的教师，已经意识到以往教育中存在

---

① 迈克尔·富兰. 教育变革新意义（第3版）. 赵中建，陈霞，李敏译. 北京：教育科学出版社，2005：54.

的问题，他们之所以还是普遍不愿意接受教育变革，一个重要原因就是对于教育变革可能会带来的麻烦以及既得利益的损失担忧。因此，基础教育变革是一个渐进的过程，也是一个博弈的过程，对于任何变革者来说都是一种极大的考验。没人能够在变革之初对变革过程及其结果做出最终的预设，这就需要变革者对教育变革过程中有可能出现的任何问题作出适当的调整并促进教育变革的顺利进行。

4.基础教育变革操作模式的自上而下性

教育变革并非天然地由政府来主导的。从我国的基础教育变革实践来看，虽然也有自下而上进行的教育变革的成功案例，但是我国的基础教育变革实践更多的还是通过自上而下的方式进行的变革，"教育的任何变革都不仅仅是考虑历史的推动及教育自发的诱致性变迁……政府主宰教育变革目标已是习以为常、根深蒂固，并且被大众所默认"[①]。这是因为在基础教育阶段的学校在长期的计划经济体制影响下，一直是由政府包办的一种公益性、福利性、非营利性组织，学校既无自主权也无实质性责任。基础教育阶段的学校主要任务仅限于教育教学，无需对社会、对人才的培养规格和对学生的需求等作更多的关注，学校成了行政组织的附属品。所以学校大多不愿意自主变革，甚至于有的学校管理者认为，权力还是集中在政府手中好一些，这样一旦发生问题，学校就可以免责。"事实上，如果下属甘居从属地位，并且认为这种从属是合法的，那么，统治的权威就成了强制的一种补充。"[②]在这种变革模式下，政府管理者处于变革的主导地位，拥有真正的变革话语权，在变革过程中依靠自己的权威来发布变革政策和指令进行改革，坚持以国家利益为根本主体。

基础教育变革是针对基础教育目前的状况，有目的、有计划地对基础教育中陈旧的、不合理的部分加以变革。其目的在于使基础教育更好地适应整个社会和教育发展的社会实践活动，是对基础教育学校的成长和发展有重大影响的根本性的、整体性的变革，一种全面的变革。变革涉及方方

---

① 转引自张慧洁.中外大学组织变革.上海：复旦大学出版社，2005：70.
② 李汉林.中国单位社会：议论、思考与研究.上海：上海人民出版社，2004：9.

面面的内容，需要包括教育管理者、专家、教师、家长和学生等不同角色参与其中。

自上而下式的变革模式带有很大的强制性，既可以通过政治力量给教育变革施加压力，又可以为教育变革提供各种机遇，促进教育变革的合法化。但是在教育变革实践中，我们会发现，这种带有强制性的、自上而下的变革模式容易引起人们尤其是一些教师的消极应对或者是反对，这种强制性变革的推行方式忽视了作为一线教师对教育问题的深切感受，使他们产生一种自己只是基础教育变革的对象或是执行者的错误认知。这极大地影响了他们参与变革的积极性，这种被动的或者应付的状态难以形成变革的自觉性。

5. 基础教育变革结果的不可预测性

如前所述，根据复杂科学和非连续性教育理论来深入考察和研究教育变革不难发现，教育变革从变革的启动到变革的实施以及变革的制度化，并非一个线性的过程，而是一个非线性、充满着不确定性甚至有时还可能会违背常理的过程。教育变革过程中的每一个阶段都存在着制约因素，并且每个因素之间通过相互作用产生新因素，这些因素会通过自我组合、自我学习等方式改善彼此的行为，在稳定与不稳定、有序与无序之间达到某种平衡与和谐。教育变革的非线性特征衍生了教育过程和结果的不确定性，"在教育变革的过程中，各种变革的力量竞争与合作，时而你强我弱、时而你弱我强，导致'混沌行为'的产生，从而导致了变革的不确定性。所以，人们不可能准确地预测变革的结果将在什么时候以及以怎样的形式发生。在变革的过程中唯一不变的就是变革的不确定性"[①]。

在基础教育变革实践中，首先，学校变革者要树立复杂性教育变革观。正如波尔·达林所说："我们一直没有把学校和教育过程当作复杂的社会系统的一部分，没有认识和考虑到这个系统各个不同部分之间的复杂的相互作用。我们还没有把教育作为一种社会系统而建立起教育的系统观。

---

① 何其宗，周益发.教育变革的新探索：迈克尔·富兰的教育变革思想述评.教育研究，2009（9）：86-91.

这个系统的最初部分和重要过程是如此之多,以至于我们一直倾向于在一种自欺欺人的线性关系交叉上争论不休。"① 在变革之初,人们总希望能够设定一个明确的、可预期的变革目标,以便教育变革能够沿着既定的目标前进。一旦变革开始,就如人们开始了一场旅行,虽然事先有了计划,但是不能预知后面将发生什么事情。面对出现的新问题,思维方式的转变、积极应对是最好办法。其次,要求学校变革者在教育变革的过程中,不仅具有把教育变革规划转化为教育变革实践的能力,还需要具有预测教育变革以及对不断发生的教育变革应付自如的创造性的能力。

(三)基础教育变革的价值取向

基础教育变革的过程是一个教育价值探索的过程。在这个探索过程中,不管人们是否意识到基础教育变革价值取向的存在,任何一次基础教育变革总是有其价值立场并以某种价值取向作为支撑的。

所谓基础教育变革的价值取向,是指在一定历史时期和时代发展过程中,基础教育在变革过程中所持有的基本价值立场、价值态度以及所表现出来的基本价值倾向。由于基础教育变革是一个整体性变革的过程,这就需要变革主体达成变革的价值共识,并使之成为指导基础教育变革的价值取向。

当前,有关基础教育的变革措施可谓层出不穷,正是因为某些变革设计者对教育的根本价值知之甚少,甚至一无所知。对于某些变革设计者而言,变革既不是为了教育的发展,也不是为了实现受教育者的平等受教育权。因此,当教育变革成为常态时,我们有必要去追问:基础教育变革的价值是什么?它能起到什么作用?基础教育变革的目的是什么?我们是否真地理解教育和教育变革?如果基础教育被迫依附于短期的功利,被迫放逐教育的根本性追求,那么基础教育也就失去了对教育价值的深切追求和探问。今天,变革设计者更需要冷静地思考基础教育变革的特征。

如前所述,基础教育是一个动态变化的概念,其在不同的国家、不同的时间、不同的语境以及面对多样的教育主体时,具有多样化的特征和不

---

① 波尔·达林.教育改革的限度.刘承辉译.重庆:重庆出版社,1991:11.

同的价值取向,正如有学者认为的那样,它不仅是一种事实陈述,而且是一种价值选择。"这些价值取向具有很强的时代针对性,是那个时代所特有的问题意识;这些价值取向并非研究者的自我设定,而是对时代精神的一种理性把握。这些价值取向既具有教育学意义的内在规定性,同时也是对那个时代社会发展的一种回应。"[①]这些价值取向的发展轨迹不仅反映了基础教育变革发展的一般特点,而且可以帮助学校变革主体反思为什么在不同历史时期会有不同类型的教育变革。

反观我国基础教育变革,曾一度过分强调追求社会价值而忽略了人本价值,这种价值偏差直到21世纪初才有所改观,在我国基础教育改革领域开始出现以对人高度关怀的价值取向为主导地位的局面。党的十七大确立了科学发展观,确立了坚持以人为本的教育理念,突出人在教育中的主体地位以及核心价值的教育价值取向。党的十九大进一步突出强调建设教育强国是中华民族伟大复兴的基础工程,要求全面贯彻党的教育方针,落实立德树人根本任务,发展素质教育,推进教育公平,培养德智体美劳全面发展的社会主义建设者和接班人;要求以培养担当民族复兴大任的时代新人为着眼点,发挥社会主义核心价值观对国民教育、精神文明创建、精神文化产品创作生产传播的引领作用。特别是以习近平同志为核心的党中央高度重视教育工作,对教育工作作出了一系列重要部署,发表了一系列重要论述,深刻阐释了"培养什么样的人、如何培养人、为谁培养人""办什么样的教育、怎样办教育、为谁办教育"等重大理论和实践问题,丰富和发展了中国特色社会主义教育理论。在这种教育价值引导下,教育领域围绕立德树人的根本任务,加强理想信念教育,坚持把社会主义核心价值观融入教育全过程,帮助学生扣好人生第一粒"扣子"。

对于教育变革者而言,最大的挑战不是如何推进变革,而是如何使教育变革的价值愿景在教育变革实践中具有生命力。可以说,没有生命力的价值愿景将导致教育变革的目标处于一种要么缺乏远见要么杂乱混淆的局面。教育变革应该以学校为其存在基础的。在教育变革实践中,许多教

---

① 李鹰.教师应具备的教育实验素养.河南教育学院学报,2014(2):48-50.

复杂中的适应：基础教育学校变革机制

育变革项目之所以会遭到学校的各种抵制，一个重要的原因就是教育变革的设计过于理想化，缺乏对于学校利益的思考，因为并不是所有的学校都以教育变革为其存在基础的。因此，"绝非轻飘飘地说'改革'就'改革'得了的，拍拍脑袋的所谓'改革'本质就是一种浮夸，同时也忽视了改革事实上的艰巨性"①。也正是因为对教育变革的深刻性和艰难性缺乏足够认识，以及变革缺乏正确的价值引领，诸多教育变革流于形式，使"本真的变革"消解在"头脑中的变革"中。因此，要想使变革的成效获得认定，根本的问题在于理解教育的历史性，要在历史的参照中认识到问题之间的历史性联系，否则，教育变革只能是一厢情愿的事情。反观历史我们会发现，那些能够被称为卓越有效的教育变革，并非像及时雨一样，能够立刻带来轰动效应，也并非变革一发生就能创造崭新教育图景，而是那些在漫长的历史长河中被逐渐认识到有价值的存在。

当前，我国基础教育变革如火如荼，涌现出一批以"个性""幸福"等为标识的变革实践。但由于变革过程中缺乏前瞻性、理性的价值选择与判断，教育变革的低效性问题比较突出，使基础教育变革面临着尴尬的价值困境。具体表现在：一是基础教育变革价值主题缺少突破、缺乏前瞻性。近几年，随着我国基础教育改革的不断深入，人们在不断地创新教育思想与理念，这不仅为基础教育阶段的学校探索个性化的变革价值主题提供了基础，也激发了学校教育创新的热情。但是在变革实践中，我们发现变革价值缺乏前瞻性、自主变革持续性动力不足等问题，如果这种片面的、急功近利的变革价值主导整个变革过程的话，不仅会制约变革质量的提升，也会导致自身价值追求的迷失。正如霍华德·加德纳所言："当前的学校教育主要还是按照以往的世界标准来培养和输出学生，没有很好地为将来可能出现的世界——如丘吉尔所说的'心智的王国'——做好准备。这或许是我们今天最应该反思的地方。"② 二是基础教育变革内在价值模糊。在教育变革实践中，一些变革精于表层设计，而忽略内在价值考量。变革追求特色和个性无可厚非，但很多让人耳目一新的变革却并不符合教

---

① 转引自王帅.学校教育改革低效性之多维辨析.教育理论与实践，2010（11）：24-27.
② 霍华德·加德纳.奔向未来的人.胡雅丰，杨娟译.北京：商务印书馆，2010：4.

育的正确价值取向,甚至会出现相悖于学生发展的现象。教育变革经验告诉我们,一些带有"轰轰烈烈"变革特征的教育创新反而有时会远离教育的根本价值追求,如近几年在我国基础教育界出现的"绿领巾""红校服"等把学生分为三六九等的"反教育行为"[1],从根本上背离了对教育价值的理解。因此,对于教育变革而言,要提高自身的价值抉择能力,应"关注做正确的事情而不只是把事情做正确,关注创造更好的事物而不是使事物更好"[2]。三是基础教育变革价值重当下轻未来。很多变革只是从当前教育面临的现实困境出发,变革者很少从政治、经济、文化以及未来人才成长趋势的角度思考教育变革的价值需求,那么变革中出现功利主义行为和缺乏自主创新的勇气也就在所难免。教育是面向未来的事业,"教育连接了我们社会的过去和未来。我们今天为其所做的一切,从根本上关系到我们所希望看到和发展的未来社会,关系到这一社会的价值观及其公民的物质和文化福祉。为了适应21世纪的学习要求,我们必须贯穿这样一种理念:未来的社会将会怎样?男人和女人应具有什么样的素质以为社会的建设作出贡献?由此看来,教育不仅要作出反应,而且要有所作为"[3]。因此,这就需要人们从未来的立场和角度审视当今的教育,需要站在一个长远的价值立场上去思考当今教育的未来走向。基于上述分析,一个不容回避且需要引起我们重视的现实是,"不是所有的教育改革最终都能促进学校的发展,更不是只要一'改革'就会有'发展'。我们必须反省以往异化的改革扼杀学校活力和教师热情的错误做法,消除'改革即发展'的简单等同论"[4]。鉴于此,从价值维度探讨基础教育变革的未来价值取向也就具有很强的现实意义。

---

[1] 顾明远.要与反教育行为作斗争.中国教育学刊,2011(9):卷首语。"绿领巾"是陕西西安某小学规定,学习、思想品德表现稍差的学生没有红领巾戴,所以该校为这部分学生发放绿领巾以资激励;无独有偶,内蒙古包头市某中学特意制作红校服以奖励优秀学生。这两件事情一经媒体报道,引发热议。

[2] 联合国教科文组织.为了21世纪的教育:问题与展望.王晓辉,赵中建等译.北京:教育科学出版社,2002:189.

[3] 联合国教科文组织.为了21世纪的教育:问题与展望.王晓辉,赵中建等译.北京:教育科学出版社,2002:32.

[4] 王帅.学校教育改革低效性之多维辨析.教育理论与实践,2010(11):24-27.

复杂中的适应：基础教育学校变革机制

1. 坚持"以人为本"的价值取向

"以人为本"作为我国治国理政的基本思想，不仅体现在社会生活的各个领域，而且已渗透到人们的生活之中。基础教育的变革与发展既面临适应国家社会发展对教育的要求，又面临教育自身适应社会发展新形势的要求。因此"以人为本"的教育变革也是国家、社会发展的应有之义。在基础教育变革过程中，必须坚持"以人为本"的原则，不管变革是涉及教育体制、学校体制和教育教学，还是与办学体制有关，都应当坚持以教师和学生为本，要时刻关注教师与学生的利益。人既是教育的出发点，也是教育的归宿。教育变革是否真正落实"以人为本"的思想，是否把人的发展放在教育变革的核心地位，是判断教育变革是否成功的主要依据和标准，这是经过历史检验而颠扑不破的真理。"以人为本"不仅是一种价值取向，也是一种思维方式。在教育变革中坚持"以人为本"的思想，最重要的就是要确立以人为中心的教育观，把尊重人、关爱人、培养人、发展人、塑造人、解放人贯穿在教育变革工作的全过程，在分析和解决一切问题时，既要坚持历史的标准，也要坚持"以人为本"。

"以人为本"中的"人"既包括教师，也包括学生，二者紧密联系、缺一不可。那到底是"以师为本"还是"以生为本"？我们知道，我国教育的根本任务和目标就是培养和造就社会主义事业的建设者和接班人，作为培养人的社会实践活动是教育区别于其他活动的本质特征，如果没有学生，那么教育也就失去了其存在的意义和价值。因此，"以人为本"中的"人"归根结底还是指学生，即要"以生为本"。作为教育变革存在基础的学校，在教育变革中面对的一个核心价值命题就是培养什么样的人，为学生准备什么样的人生。学校教育是一项为学生的未来美好人生奠基、面向未来的事业，"未来世界——及其无所不在的搜索引擎、机器人和其他计算工具——将要求我们必须具备那些现在还只是备选要求的能力。为了满足新世界的要求，我们必须从现在开始着手培养这些能力"[①]。

"以人为本"的教育变革的最终目的是实现学生的全面发展。马克思

---

① 加德纳·霍华德. 奔向未来的人. 胡雍丰，杨娟译. 北京：商务印书馆，2010：2.

曾说："人的全面发展意味着自己真正获得解放，外部世界对自己才能的实际发展所起的推动作用为个人本身所驾驭。"[①] 那也就意味着，只有获得了学生的真正解放，才能够实现学生的全面发展，当教育满足了学生内心深处的需求时，才能真正实现学生的全面发展。在实现人的真正解放以及全面发展的过程中，教育发挥着重要作用，因为"它的根本使命就是求得人的解放，就是让人真正成为人"[②]。

在人类文明的发展过程中，人类认识世界是从认识外部世界和认识人类自身开始的。反观整个人类发展进程史，在人类发展的最初阶段，人们很少反观自身，而是更多地把眼光投注到外部世界，"人类知识的最初阶段，百分之一百对付外在世界。就人的一切当下需要和实际理趣而言，人依赖于它的物质环境。如果不经常去适应周遭世界的情状的话，他根本不可能存在。那些最初走向人的理智和文化生活的步骤，可以描述为一些牵连及一种人对当下环境的心灵适应的活动。但随着人类文化的进步，我们很快地遭逢到人生的另一个正相反的倾向了。从人类意识的最初微茫中，我们已发展了一种生命的内向的观点，伴同并补足了这一个外向的观点。我们从这些最早的根源去追溯人类文化的发展，追溯得越远，这个内向的观点似乎就越走到前哨。人的天然的好奇心慢慢开始转移了它的方向"[③]。直到苏格拉底提出"认识你自己"的哲学宣言，人类认识世界的眼光才重回自身，对此，卡西尔指出，"认识自我乃是哲学探究的最高目标——这看来是众所公认的"[④]。在这个认识外部世界和人类自身的过程中，人不仅具有了把握自然的求真意识，而且形成了自我完善的意识。自我完善意识的形成不仅要满足社会发展的需要，更要满足人的发展需要，而这一切只有通过教育才能使人的发展变为可能，因为人"具有自然力、生命力，是能动的自然存在物，这些力量作为天赋和才能、作为欲望存在

---

① 马克思，恩格斯. 马克思恩格斯全集（第3卷）. 中共中央马克思恩格斯列宁斯大林编译局译. 北京：人民出版社，1972：286.
② 孙刚成，闫世笙. 马克思的人的全面发展学说探究. 延安大学学报（社会科学版），2007（6）：43-46.
③ 恩斯特·卡西尔. 论人：人类文化哲学导论. 刘述先译. 桂林：广西师范大学出版社，2006：5-6.
④ 恩斯特·卡西尔. 人论. 甘阳译. 上海：上海译文出版社，2004：1.

于人身上"①。教育必须把人的可发展性这种自然的天赋和才能发扬光大。作为教育对象,学生是有目的、有意识、有思想的人,具有主观能动性和可发展性,教育的作用就是去引导和帮助学生发现自己的可发展性。发展不仅是学生的要求更是一种权利,而这种要求和权利可以通过学校和社会得到满足。当我们的教育真正做到满足了学生的内心真实要求时,其"自由而全面的发展"也就实现了。在"以人为本"教育变革中,只有把人的解放与发展作为社会之根本,才能够说真正理解了教育变革的使命与责任,理解了教育变革的价值取向,诚如雅斯贝尔斯所言:"教育须有信仰,没有信仰就不称其为教育,而只是教学的技术而已。"②期待每一位教育变革的参与者都拥有坚定的教育信仰。

2. 坚持多元化的价值取向

我国是一个人口众多、地域辽阔的统一的多民族国家,而且各地各级各类教育发展不平衡。虽然我国进行了多方面、多层次的基础教育变革实践,取得了丰富的理论经验和实践成果,但是现实中的基础教育仍然面临各种困境。其原因在于基础教育改革缺乏一定的社会基础,阻碍了基础教育变革在基层的有效实施③。因此,在基础教育变革过程中,应当坚持多元化的价值取向和灵活多样的原则,根据不同地区基础教育发展的不同情况,适当采取灵活多样的政策。唯有此才能真正做到有的放矢、对症下药,从而使基础教育变革取得良好的效果。

在当前我国基础教育变革实践中,教育变革更多的是自上而下的由政府主导的行为,这种自上而下式的教育变革关注更多的是教育的整体蓝图,以国家意志为价值取向。对于我国这样一个地域辽阔,南北、东西差异极大的变革场域来说,这种变革很难兼顾各地区、各民族和文化之间的差异,同时也缺乏社会层面的广泛动员和多方参与,无法兼顾他们对于教育变革的价值预期,使得国家统一的教育政策和变革规划方案在某些地区

---

① 马克思,恩格斯.马克思恩格斯全集(第42卷).中共中央马克思恩格斯列宁斯大林编译局译.北京:人民出版社,1979:167.
② 雅斯贝尔斯.什么是教育.邹进译.北京:生活·读书·新知三联书店,1991:44.
③ 靖东阁.基础教育改革多元价值取向论.当代教育科学,2015(6):3-6.

难以贯彻落实。同时，这也就是很多发达国家进行大规模教育变革失败的主要原因，导致了政府在制定教育变革规划或方案时经常会面临着两难的尴尬境地。因此，教育目标在兼及整体层面要求的同时，又要具体化，具有可操作性。

我国地区差异大，由于一些制定的教育变革规划笼统化，曾出现"简单化变革""官僚式变革"等倾向。"简单化变革"倾向具体表现在基础教育变革规划的制定上，即忽视了各地区教育之间的差异性和复杂性，只在宏观上把控教育变革发展的方向，对于复杂的教育实践问题进行简单化处理，导致变革的决策者对于现实基础教育中的复杂问题不敏感。"官僚式变革"倾向的最大特征就是依靠行政力量自上而下地推行基础教育变革方案，作为教育变革实施场所的学校通常只能照章办事，"这种变革模式往往坚持等级式的管理和对低层人员的监管；确定和保持适当的垂直交流；制定明确的书面规章和程序以确定标准和指导行为；颁布明确的计划和日程以供参与人员遵守；在组织等级体系中增加监管人员和行政人员"[1]。这种变革倾向在基础教育变革伊始能起到很好的推动作用，但随着变革的深入，尤其是面对各地区教育的巨大差异和复杂性时，便失去了效力。这两种不良的变革倾向的共同弊端就在于忽视了教育变革的地域差异性和文化适应性。正是因为忽视了教育变革的地域差异性和教育实际，很多地区的教育要同时应对不同的教育变革任务，学校作为教育变革实践场所，在这种多重教育变革任务要求下只能疲于应付，最终教育变革也就只能流于形式。同样地，也正是忽视了教育变革的文化适应性，导致以国家为代表的主流文化和以地方为代表的非主流文化之间的文化冲突，使自上而下的教育变革方案在推行时遇到了"水土不服"的现象，最终成为基础教育变革的阻力。

基础教育变革是一个多元主体的多维互动过程，既包括政府主管部门、科研机构等外部变革主体，也包括校长、教师等内部变革主体。每一个参与教育变革的主体都持有自己的价值取向，要使基础教育变革方案落到实处，就需要持有不同价值取向的教育变革主体进行协商，通过价值协商，

---

[1] 潘新民. 基础教育改革渐变论. 北京：北京师范大学博士学位论文，2010.

复杂中的适应：基础教育学校变革机制

最终确立基础教育变革的多元价值取向。因此，在这种由多元主体参与的教育变革过程中，其价值取向也就必然地具有了多元化的倾向和特征。但是，"改革，尤其是重大改革，无论是社会的还是教育的，都不是全然自发产生、自然而成之事，它是一种由改革主体审时度势，研究现状、发现问题，分析原因、研究可能，明确目标，选择策略与设计方案，再逐步推进的过程，是需要策划的、人为的十分复杂和动态变化的社会实践过程"[①]。因此，我国作为一个地区差异较大的国家，在制定基础教育变革规划和方案时，必须充分考虑各个地区不同的教育诉求，充分考虑国家意志和地方心声，通过价值协商，确立基础教育变革的价值取向，因地制宜地推进教育变革的有效实施。需要强调：一是由于参与教育变革主体的价值取向的多元化，必然地会产生不同变革主体之间的利益冲突，这就需要教育变革主体之间在教育变革的推进过程中，凝聚变革共识，放大变革效应，形成变革合力，减少变革内耗。二是强调基础教育变革价值取向的多元化，并非是否定主流价值观的重要性。当前我国进行的以政府主导的自上而下的基础教育变革，尽管在实施过程中存在很多问题，但是这种国家主义价值取向的教育变革毕竟体现了大多数人民的利益需求。因此，所有的基础教育变革必须把国家主义的价值取向作为起点，并贯彻始终不能动摇。

要想实现基础教育变革的多元价值取向：第一，要对基础教育变革进行顶层设计。所谓顶层设计，就是"把要做的事情看作一项系统工程，着眼于把事物的整体性和可操作性有机结合起来，进行统筹思考和规划"[②]。具体到基础教育变革，就是"应当明确变革方向，划定变革边界，为来自第一线的变革探索留出空间，降低变革的风险"[②]。这是由我国的地区差异、发展程度不一、关系复杂的现状所决定的。面对这种现实，我们既不能期望制定一个在所有时期、所有情况下对全国所有地方都适用的详细规划，也不能期望对基础教育变革所面临的各种最复杂的关系、矛盾和因素都了如指掌，提出一一对应的问题解决方案。需要说明的是，很多人一听到"顶层"这个词，就以为是指最"高层"，误以为"顶层设计"只是中

---

① 叶澜. 中国基础教育改革发展研究. 北京：中国人民大学出版社，2009：44.
② 王长江. 莫让"顶层设计"走形. 中国青年报，2012-07-02（02）.

央政府的事情，地方政府或教育主管部门往往游离于基础教育变革方案的制定之外，这也是一些国家制定的教育变革规划得不到落实或出现"水土不服"现象的主要原因。第二，要充分调动教育变革实践场所学校的参与变革的积极性和主动性。我国的基础教育变革多是由政府主导的自上而下的单向度的"官方教育变革"，"政府将教育改革的设计者、指导者、管理者、监督者、调控者及评价者等多种角色集于一身，对教育变革实行全方位、全过程、高强度的管理与控制"[①]。在这种管理体制下，政府与学校之间是一种命令与执行的关系，造成了一些学校很难成为教育变革主体，丧失了主动参与变革的积极性和主动性的尴尬局面。因此，政府应对学校赋权，在规划与设计国家层面的教育变革政策时，为其变革实践留出自由空间，鼓励其根据自身实际情况进行本土的"顶层设计"，这是减少国家制定的教育变革政策"水土不服"的良方。

3. 坚持民主科学的价值取向

基础教育变革要坚持民主科学的价值取向，主要表现在两个方面：一是要充分发扬民主，广泛征求意见与建议，问政于民，取计于民；二是在制定基础教育变革方案时，要遵循科学原则与基础教育发展的基本规律。

首先，要坚持民主的价值取向。当前我国的基础教育变革处于一个复杂多变的社会环境中，参与教育变革的主体既有政府、社区等教育的外部变革力量，也有校长、教师等教育的内部变革力量，这些不同的变革利益主体因其对教育的不同的诉求，其价值取向也就呈现多元化特征。要使基础教育变革方案得以贯彻落实，就需要充分发扬民主，广泛征求民众的意见与建议，持有不同价值取向的教育变革主体之间相互协商，通过价值协商，达成共识，即基础教育变革一定要问政于民、取计于民。

在我国基础教育变革实践中，奉行的多是自上而下的政府主导型变革模式。学校变革的整个环节无论是学校变革规划的制定、学校变革规划的启动、实施与评估，还是学校变革目标的确定、变革路径的选择以及变

[①] 吴康宁. 政府部门超强控制制约教育改革深入推进的一个要害性问题. 南京师大学报（社会科学版），2012（5）：6-11.

复杂中的适应：基础教育学校变革机制

革策略的运用等都是出于政府的意志，是政府的管理和调控行为。这也就意味着变革方案是由政府提供给作为教育变革实践场所的学校，学校来付诸实施，在这个过程中学校扮演着变革政策执行者的角色。尽管这种政府主导型变革在很大程度上改善了学校的现状、提高了学校教育的质量，但在当前的学校变革实践中，政府主导型变革模式还存在一些问题，如学校变革政策的理念设计模糊、目标不明确、执行存在偏差以及评估和监测缺失等，这种现象类似于"诺斯悖论"[1]。因此，如果这种由政府主导的教育变革规划本身存在不合理性或者是与学校的实际情况不相符，就可能导致整个变革过程的失败。之所以会出现这样的局面，是因为计划的制订者往往将自己看得远比实际上更聪明和更深谋远虑。[2]事实上，不论是人类的思维还是变革方案制定者的思维都具有局限性，都会受制于社会的发展实际。如果政府在制定教育变革方案时，没有深入了解学校的实际情况和需求，就可能导致政府的反应落后于学校发展的发展需求，往往出现学校的变革主体（包括教师、学生和管理者等）消极应对甚至是阻抗情况的现象。尽管大多数变革主体认为政府应该主导学校变革，但是当政府真正要求学校实施变革时，一些教师采取消极应对或反对的态度，对由政府推出的某项变革方案的认知度和认同度都不理想。因此，作为变革实践场所的学校成员不认可政府所制定的变革方案也就成为常态，他们认为政府在制定变革方案时，没有预料或者调查地方社会和民众对基础教育改革的价值追求，没有考虑和了解学校的实际情况和想法，只是"想当然"地制定、实施教育变革方案，结果就是"抱着远大的目标，按照他们想象中的路线图，不管社会的现实是什么，要直达目的地，结果使他们陷入了窘地"[3]。但是，从总体上看，我国一些学校基础差、资源条件有限，而变革所涉及的面又广、内容又繁杂，因此要迅速实现学校组织形态的现代转型，达成

---

[1] 诺斯悖论：是诺斯在1981年提出的，它描述了国家与社会经济相互联系和相互矛盾的关系，即国家的存在是经济增长的关键，然而国家又是经济衰退的根源。

[2] 詹姆斯·C. 斯科特. 国家的视角：那些试图改善人类状况的项目是如何失败. 王晓毅译. 北京：社会科学文献出版社，2004：5.

[3] 詹姆斯·C. 斯科特. 国家的视角：那些试图改善人类状况的项目是如何失败. 王晓毅译. 北京：社会科学文献出版社，2004：10.

现代化的学校组织目标,需从根本上改变社会中教育资源的控制权和配置方式,这就要借助政府的力量,运用强有力的政治权威,发挥政府对学校的领导与组织功能。[①]因此,学校变革者必须对学校变革中政府行为的边界和尺度进行重新审视、反思和建构,对政府在学校变革中的角色进行恰当定位,使政府成为学校变革政策、变革目标和方向的"掌舵人"。

其次,要坚持科学的价值取向。在制定基础教育变革方案时,要遵循科学的原则、基础教育发展的基本规律以及育人的基本规律,实事求是,按教育规律办事,让教育回归本质、回归初心。纵观我国基础教育变革的历程不难发现,在变革中出现的问题与失误的主要原因是对教育规律认识不足,甚至是无视或者违背教育规律。

在基础教育变革实践中,按教育规律办事是起码的要求,也是基础教育变革展开的前提和依据,这更应该成为每一位变革参与者必备的品格,因为基础教育是直接面对亿万学生和家庭的重大社会民生事业,不仅社会关注度高,而且每个成年人都曾经有过多年的经历。基础教育变革也会涉及基础教育的方方面面,因此,变革在实践中真正落实并不容易,一是因为人们容易对基础教育产生认知上的简单化,从而忽视了其科学性和规律性;二是因为随着时代的发展,教育的内部也在发生社科的变革,人们对教育规律的认识还不够全面深入。

教育是一项专业性强的工作,基础教育变革更需要懂得教育基本规律的专业人士参与。只有尊重教育科学,敬畏教育教学规律,遵循教育规律,才能落实立德树人、德智体美劳全面发展的根本任务,才能守住教育公平底线,才能全面提升教育质量,让人民群众有更多的获得感。

第三节 机制与学校变革机制

"机制"是一个不同学科领域共同关注却又众说纷纭的概念。人们在

---

① 孙翠香,范国睿.学校变革成本分析:以政府主导型变革为例.教育发展研究,2008(19):21-26.

复杂中的适应：基础教育学校变革机制

机制面前所加限定词不同，机制所隐含的含义也就各异，例如"良性机制"（这种表述方式不是指"机制"的实体，而是一种侧重于对机制性质的评价性的语言），"自上而下的机制"（这种表述方式是在概念前面加上工作原理或者方式类的限定词，主要表达的是机制的特征和状态），"民主参与机制"（这种表述方式是把"机制"看作一个实体，根据其所属领域来对"机制"进行命名，同样的用法如经济学领域的"价格机制"、医学领域的"发病机制"等）。这些纷繁的用法直接与人们对于"机制"含义的理解有关，也就是说，由于机制一词存在的语境不同，人们对它的理解也就不同。当运用机制来研究社会问题时，人们很容易因为对机制本身的概念、范畴、特征等本体性问题缺乏恰当的认识，而在使用过程中出现混乱的现象。所以我们有必要从"机制"的概念和相关范畴上来梳理一下人们对于"机制"的认识，并在此基础上来对学校变革机制进行相应的分析。

一、机制及其相关范畴

（一）"机制"的词源学考究

"机制"一词最早来源于希腊文 mechane，是从"机器"与"制动"两个科技语中各取一个字组合而成的，原意是指机器的构造及其动作原理。[①] 对机制的这种本意我们可以从两个方面来把握：一方面是机器有哪些部分构成，以及为什么是这样构成的；另一方面的内容是机器如何进行工作的。把机制的这种本义引申到不同的研究领域，就会产生不同的机制。最常见的是生物学与医学运用类比的方法借用此词，因而我们会发现生物学和医学在研究一种生物的功能时常说研究它的机制。在生物学和医学领域"机制"喻指生物机体尤其是人体的结构和功能，其目的在于更好地探究其内在运行、调节的方式和规律，具体指有机体的构造、功能及其相互关系。当经济学领域引入"机制"一词后，人们用"经济机制"一词来表示一定经济机体内，各构成要素之间相互联系和作用的关系及其功能。从此以后，"机制"一词便跨越了历史的鸿沟，频繁出现在社会科学文

---

① 中国社会科学院语言研究所词典编辑室. 现代汉语词典. 北京：商务印书馆，2000：582.

第二章 基础教育学校变革机制的内涵解读

献和日常用语中，正是由于这种滥用导致了人们对机制含义理解的泛化。在现实生活中，这种泛化主要表现为人们常常把"机制"理解为"制度""机构""原理""方法"，等等。虽然这些术语之间有一定的内在的联系，但是它们之间的区别也是很明显的。我们可以通过表2-1和图2-1更清晰地看出"机制"一词含义的演化及泛化。

从已有的文献来看，大部分学者都把"机制"理解为泛指一个系统中，

表2-1 机制的相关界定

文献出处	关于机制的界定	相关的范畴
全国科学技术名词审定委员会	制度加方法或者制度化了的方法	方法
廖哲勋，田慧生（2003）[①]	促进和保证课程、教学、管理、考试协同运行的规章制度和领导机构	制度、机构
中国社会科学院语言研究所词典编辑室（2005）[②]	某些自然现象的物理、化学规律	规律
李以渝（2006）[③]	事物内在具有的原理、规律，它自发地对事物起作用	原理、规律

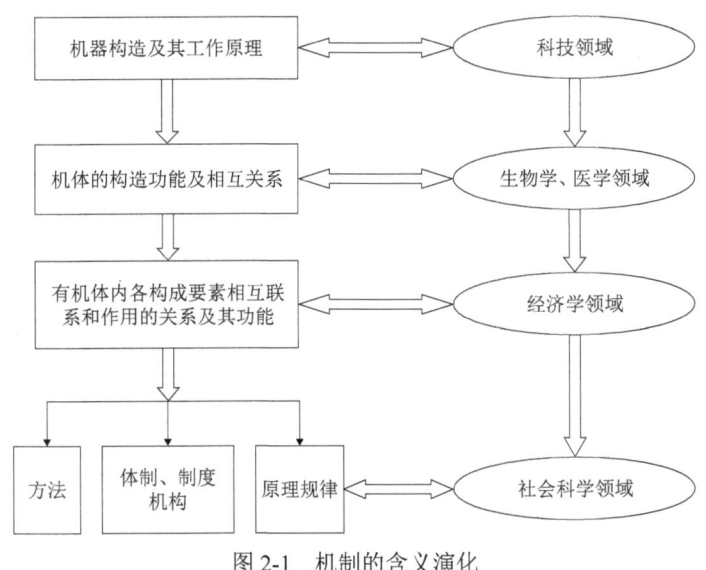

图2-1 机制的含义演化

---

① 廖哲勋，田慧生.课程新论.北京：教育科学出版社，2003：370.
② 中国社会科学院语言研究所词典编辑室.现代汉语词典.北京：商务印书馆，2000：582.
③ 李以渝.机制论：涵义、原理与设计.四川工程职业技术学院学报，2006（4）：56-59.

各要素之间相互作用的过程和功能。当然,由于研究和使用的领域的不同,人们对其的内涵认识也有所不同。这一点我们可以通过分析使用比较普遍的几个研究领域略见一斑。在自然科学研究领域当中,"机制"主要指"机体的构造、功能及相互关系",在某些情况下也指"某些自然现象的物理、化学规律";在社会科学研究领域当中,"机制"则泛指"一个工作系统的组织或部分之间的相互作用的过程与方式"。[1] 因此,不管是在自然科学领域当中,还是在社会科学研究领域中,对机制的理解主要应该从三个方面来把握,即构造、运行和功能这三个要素。构造涉及主要对象的组成及方式(事物各个部分的存在是机制存在的前提,因为事物由不同的部分构成,就有协调各部分之间关系的问题。组成方式则进一步决定了机制运行的情况和功能的本质,如石头放在阳光下不会发生光合作用,而树叶在阳光下发生光合作用,其根本原因是内部构造不同)。运行是指通过构造体之间的相互作用,体现的是一种特有的秩序。可以说任何机制必然有着某种功能,在这个世界上没有无谓的机制。结合上述分析,在本书中笔者将"机制"界定为一个工作系统的核心要素及其工作原理。

(二)"机制"的功能

在社会组织中,机制起着重要的作用,主要表现在如下几个方面。

1. 能够维持组织运转

任何社会组织运转的背后都有相应的机制在维持其正常的工作。如果没有机制,那么就没有办法使存在于组织中的机构、制度以及主体之间建立起相互的作用关系,进而影响组织的正常运转。对于组织而言,"机制是制约组织系统运行的一种规范化、制度化的程序,一旦建立了合理的运行机制,它就会保证该系统向着预定的目标顺利运行"[2]。

2. 提高管理效率

机制的研究目的就在于分析和探讨组织内部的构成要素和运行规律,

---

[1] 中国社会科学院语言研究所词典编辑室. 现代汉语词典(第5版). 北京:商务印书馆,2005:628.
[2] 廖哲勋,田慧生. 课程新论. 北京:教育科学出版社,2003:370.

它有利于组织管理者在看到组织内部的构成要素及相互关系的同时，能把握组织运行的规律，在实践中可以有针对性地制定方法和对策，从而提高管理的效率。

3. 促进组织变革

如上述分析，机制是任何组织正常运转的前提和基础，如果机制发生了相应的变革，那么势必会带来组织的相应变革，因为通过调整机制的内部结构的方式可以为变革提供动力。我们可以这样说，机制的变革是促进组织变革的重要手段。

二、学校变革机制

（一）学校变革机制内涵界定

"机制"一词在各个领域的广泛应用使得基础教育学校变革的研究者有了新的切入点。他们在从不同的层面和角度开展学校内部组织、机构、制度和文化研究的过程中，逐渐意识到学校变革过程中的机制问题，并给予高度关注。现代社会与教育的转型，对学校变革的研究提出了越来越高的要求，尤其是当前我国正在开展的基础教育课程改革，在这种背景下，学校变革机制的问题已经成为基础教育改革过程中亟待解决的重要课题。"机制的研究，是使变革走向稳定、走向成型的关键。机制的探索与发现，在学校变革过程中具有特殊的意义。"[①] 然而，研究者对于什么是机制，它与组织、制度、程序、活动方式等概念有何区别和联系，机制研究在学校变革中有何意义等问题还没有达成共识。

从对"机制"一词含义的考察中，我们可以看到，"机制"一词已经得到了广泛应用，从机械领域到生命领域，再到社会领域，它已成为一个延伸性比较强的概念，其内涵也越来越丰富、生动和深刻。尽管如此，它仍不外乎包括两层基本的含义：一是指系统的构成要素和工作原理；二是

---

① 杨小微.当代学校变革中运行机制的探寻.教育研究与实验，2008（2）：31-34.

指系统内在的本质联系，即必然性规律性，也称作运行方式。

基于以上的认知，我们可以对学校变革机制做出如下定义：学校变革机制是指学校变革系统的核心要素及其工作原理，这个工作原理主要探讨的是学校变革系统各构成要素之间的相互作用关系。我们知道，学校变革系统是由不同的要素组成的，各个要素具有不同的性能，且不同要素之间产生一定的联系。这种联系使这些要素之间形成一定的运行方式，即学校变革机制。这种机制把这些要素联系起来，使学校变革得以运行和发展。因此，本书对于学校变革机制的研究目的就在于通过探讨学校变革系统的构成要素之间的相互作用，揭示学校变革的运行方式及其基本规律。

在日常生活中，人们经常使用"运行机制"一词，这个词语的使用表明了"机制"概念对其他学科的影响。"运行机制"一词的使用更多地受到"机制"的本意的影响，即原意中"机器各组成部分之间的相互关系及其运行的方式"的影响得来的，但是在一般情况下，二者的含义是相同的。

（二）学校变革机制的基本特征

通过以上对"机制"和"学校变革"等概念内涵的解读和考察，笔者认为学校变革机制具有如下几个基本的特征。

1. 学校变革机制的动态性

所谓动态性，主要是指当学校变革机制体系形成之后，整个学校变革系统的构成要素、环节之间就如同有了一个无形的联动装置一样，把它们连接成为一个整体。"在其机制的作用下，一个要素（环节）的机制效应启动着另一个要素（环节）的机制，这一个要素（环节）的机制效应又启动另外一个要素（环节）机制的运行机制。"[①] 正是在这种连续不断的机制效应的作用下，一个循环往复的学校变革机制运行网络形成了，也正是在这种机制效应的作用下，整个学校变革"机器"周而复始地运转着。

在这种运转过程中，除非学校变革机制体系中某一构成要素、环节的内在机能遭到严重破坏，否则这种机制运行的动态连续性是不会停止的。

---

① 张建新. 社会机制的涵义及其特征. 人文杂志，1991（6）：27-29.

另外，不同的学校变革机制的运行也会出现不同的状态。一是良性循环状态：具体表现为学校变革机制的各构成要素和环节之间紧密配合，形成了一种环环相扣的、向前发展的链式反应，在这种良性循环状态下，其产生的最优结果就是整个学校变革结构功能的优化，进而带来学校变革的稳定、协调、持续健康的发展。二是低效循环状态：具体表现为学校变革机制的各构成要素和环节之间的功能的不完善，导致了学校变革运行的结果较差，降低了学校变革的整体性和协调性，影响了整个学校变革的发展进程。三是恶性循环状态：具体表现为学校变革机制的某些构成要素和环节背离了学校变革的目标，出现了逆向循环。当整个变革机制系统不能纠正和控制这些因素或环节时，这些因素或环节又会反过来影响、引起变革机制的其他要素或环节的更严重的恶变，最终导致整个变革机制系统的畸形发展。

2. 学校变革机制的连锁性

学校变革机制的连锁性主要表现在学校变革机制是一个极其复杂的网络系统。在这个系统中，它不仅包括学校变革机制的每一个元要素内部的，连接各个组成的因素之间的信息，并使之自动运行的机制，而且包括学校变革机制的元要素和元要素之间、子系统和子系统之间的信息，并使之自动运行的机制。这些具有不同的机制，就如同人的中枢神经与其他神经的关系一样，其相互之间紧密连接，互相配置，如果其中任何一个元要素或者子系统发生变化，都会引起其他元要素和子系统机制的连锁式反应。

3. 学校变革机制的回归性

学校变革机制的回归性是指学校变革机制的运行是一个循环系统，无论是学校变革机制各子系统的运行机制，还是整个学校变革大系统的运行机制，都具有反馈性的双向作用机制。其从出发点开始，经过一个连续运行的过程，最后在其终点上，将学校变革的结果和过程的状况又返回到出发点。当学校变革完成一个循环后，在学校变革主体的作用之下，经过一番扬弃和更新之后,新一轮的学校变革又开始,如此循环往复。

4. 学校变革机制的复杂性

学校变革的复杂性决定了学校变革机制的复杂性,而学校变革的复杂性是由于学校本身的复杂性所致。社会的转型以及全球化时代的来临,使人们处于一个空前复杂、不确定的环境中,正如管理学家比尔所言:"旧世界的特点是管理事务,新世界的特点是需要处理复杂性。"[①] 存在于复杂世界中的学校同其他社会组织一样,也是一个结构复杂、关系复杂、行为复杂的开放的、具有自组织能力的适应系统。因此,学校作为开放的、适应性组织,当面对变化的环境时,能够通过调整或重组做出灵活反应,即变革的过程。因此,变革者需要直面学校变革过程的复杂性。学校变革的过程也就是变革系统错综复杂的各要素之间相互作用的过程,也就构成了学校变革机制。

(三)学校变革机制研究的意义

1. 有助于发展与深化学校变革理论

纵览东西方关于学校变革的研究,其更多的是从学校变革构成要素的角度来展开,其关注的焦点在学校变革的主体、学校变革的动力、学校变革的过程与模式等方面。近几年"机制"的研究及其成果才被引入教育领域,才出现从系统论的角度研究学校变革。因此,在某种意义上这为我们进行基础教育学校变革机制的研究提供了一种新的视角。不仅如此,本书在借鉴其他领域关于"机制"相关研究成果和教育学者关于学校变革理论研究成果的基础上,构建了分析和研究基础教育学校变革机制的理论框架。这有利于推动学校变革理论的发展与深化。

2. 有助于正确认识学校变革机制改革的内容

首先,可以探索和发现新的变革机制,通过研究,我们既可以去探索

---

① 转引自金吾伦. 复杂性组织管理的涵义、特点和形式. 系统辩证学学报,2001(4):24-27.

已有的学校变革机制，又可以对学校变革过程中出现的新的教育现象的机制进行研究，建立和完善适应新教育现象的变革机制。其次，可以修正错误的变革机制，即变革过程没有正确反映学校变革各部分的相互关系及运行方式的机制。最后，还可以调整和完善已有的变革机制，使学校能够适应外部环境的变化。

3. 有助于把握学校变革机制运行的规律

学校变革过程本身就是一个系统工程。这就需要研究者不仅从整体、系统、动态的视角考察和分析学校变革系统的各个构成要素，了解各构成要素之间的相互作用关系和原理，理清学校变革机制改革的思路，因为这些要素都是学校变革的力量来源，各要素之间的比例结构和作用方式在很大程度上决定着变革机制的功能发挥和运行效果，还要从整体上掌握学校变革过程运行的基本规律，规划和设计好学校变革方案，从而更好地服务于学校变革。

4. 有助于指导和改进学校变革的实践

在对学校变革机制构成要素及其之间关系的研究过程中，学校变革主体不仅能够深入理解各要素之间的关系，充分调动各要素的积极性和主动性，增强其主动变革的自觉意识，促进学校的自主发展，而且能够发现新的变革机制，完善现有的变革机制，从而更好地服务于学校变革的实践。

第三章
基础教育学校变革系统的结构分析

第三章
基础教育学校变革系统的结构分析

探讨和研究基础教育学校变革机制的目的在于更好地为学校变革服务，而研究学校变革系统的构成要素及其相互之间的关系和运行的原理，是理解学校变革机制、指导学校变革实践的重要环节。在本章中，所谓结构分析，是探讨学校变革系统中各个构成要素及其相互作用的关系。

第一节 学校变革系统的构成要素

一、变革的主体

当前我国的基础教育学校处在一个复杂多变的社会环境中，学校的发展变革受到多种因素的影响。学校的外部影响因素主要有中央和地方政府、教育行政及科研专家、社区和家长等，学校的内部影响因素主要有校长、中层管理者、教师和学生等，他们在变革中因扮演的角色不同而承担了不同的责任。在学校变革不断深入推进的过程中，由于变革利益主体在变革过程中各自扮演了不同的角色，变革中的相关利益主体会面临相应的角色调适与重构。其目的在于更好地满足甚至超越学校组织变革发展所带来的价值诉求。

在本书中，笔者为了叙述的方便采用了分离的叙述方式，但是在真实的学校变革过程中，无论是校外支持力量还是校内变革主体都是综合的、发展的，变革主体之间是一种多维、多向和多层的复杂关系。

复杂中的适应：基础教育学校变革机制

（一）校内变革主体

1. 校长：学校变革的"掌门人"

校长是一所学校的灵魂，在学校变革中起着关键作用，校长的办学理念、管理思想和方法等直接影响到学校的质量和未来的发展。有学者曾言："学校日常的表现是好是坏，是有创造性的还是保守的，这要看谁是校长……今天的校长要负责塑造其学校……他们面临的挑战是澄清自己的价值观、信仰和立场，并主动鼓励他人和自己一起重新设计并改进学校。"[①]

在社会转型和教育变革的大背景下，先进的教育理念只有通过学校这个层面的改变才能更好地指导教育实践。在这个过程中，虽然成功的变革需要全体成员的共同参与，但是在很大程度上取决于校长的领导方式和其对变革的认识，领导方式与认识的不同就会产生不同的对待变革的态度。

在学校变革实践中，有的校长会认同当前学校变革的价值和方式，对自己在学校变革中的地位和优势有清晰的认识，当变革发生时他们会迅速地把握住变革中出现的各种机遇，然后整体综合地策划学校变革，因为他们知道，"我们生活在一个变动不居的时代，我们与其把变革看成是一个充满痛苦的诅咒，还不如去研究、发现它是如何运作的，以及该如何去推动这个过程，如何从这些经历中学到有益的东西"[②]。有的校长则可能根本不赞成学校变革，对自己在变革中的地位毫无意识，被动地生活在学校变革的环境当中。有研究者通过对校长的研究发现，在学校变革的过程中，存在三种截然不同的校长促进者风格：创始者型、管理者型和回应者型，这也代表着对比鲜明的三种领导方式[③]。创始者型（领导方式）校长对学校的未来发展有着清晰的看法，并执着地坚持这种见解，他们有远见、有热情，并能够使学校变革朝着需要的方向发展。他们是变革行为的激发

[①] 厄本恩, 休斯, 诺里斯. 校长论：有效学校的创新型领导. 黄崴, 龙君伟译. 重庆：重庆大学出版社, 2004：62-63.

[②] 吉纳·E. 霍尔, 雪莱·M. 霍德. 实施变革：模式、原则与困境. 吴晓玲译. 杭州：浙江教育出版社, 2004：22.

[③] 吉纳·E. 霍尔, 雪莱·M. 霍德. 实施变革：模式、原则与困境. 吴晓玲译. 杭州：浙江教育出版社, 2004：162.

者（make it happen），不断地向他人描绘学校发展的远景。当变革出现问题时，校长会听取各方面的意见，然后根据自己认为的学生最高利益以及那些能够使学生进一步接近发展远景的行动，迅速做出决定。这种领导方式的校长对教师的期望很高，他们希望教师能够积极地投入学校变革实践中，不断采取行动来提高学校的整体教育水平。管理者型（领导方式）校长在学校变革过程中，非常擅长使学校能够像一台加满润滑油的机器一样平稳运转，面对学校变革从来不仓促行动。当教师或者其他变革促进者要求其尝试做一些改变时，该校长会争取时间来研究和了解更多关于变革的信息，并考虑是否应该让自己的学校也参与进来（help it happen）。这在某种程度上保护了学校和教师，为校长和教师了解更多有关变革的信息、高效实施变革赢得了时间，当变革真正实施时能达到一个较高的水平。回应者型（领导方式）校长对学校未来的发展远景或者教育应该向何处去知之甚少，关注更多的是学校当下发生的事情，这种类型的校长的注意力集中在别人的关心和体会上，善于倾听别人对于变革有什么样的关心程度，他们更多的是不断地接受新的建议，而不是去做出决策。他们对于学校变革的决策犹豫不决，不能当机立断，当不得不做出决定时，他们往往会在最后期限或者期限过后不久才做出决定。他们更安于现状，更愿意别人在改革上先行一步，对学校变革的系统性、复杂性和困难缺乏必要的认识。他们往往会缩减被建议的变革的规模和影响（let it happen）。

在这三种类型当中，创始者型校长好像是一个象棋手，在棋盘上，每一颗象棋都有自己的目的，创始者型校长会运用智谋提前估计出很多步以后的象棋布局，思考更多的是接下来要做的事情。管理者型校长好像是一个跳棋手，虽然跳棋中也有不同的棋子以及不同的游戏规则，但是相比于象棋而言，跳棋的布局没那么复杂，下棋中棋手只是做简单的预测，赢得比赛也没那么复杂。回应者型校长好像是在玩抛硬币游戏，每一次抛硬币行为都是独立的，就像在学校变革中一样，很少把相关联的事情联系起来。如果校长的领导方式是创始者型的，那么教师在变革中达到的成功水平最高；如果校长是管理者型的，教师在变革中也会取得成功，但不如创始者型校长领导下的教师成功水平高；如果校长是回应者型的，那么其领导下的教师所取得的成功要比前两者低得多。

迈克尔·富兰曾经指出,"决策者关于变革的假设通常都是过度理性的,他们对变革的规划非常投入,且常常满怀信心,渴望自己设计的变革项目能够实施,但出人意料的是,在学校变革问题上,'有志者'不一定'事竟成'"①。这就要求校长要站在全局的高度,统筹与中层干部、教师和学生的关系,以及与此相关联的各项管理制度的制定与实施。校长要有全新的教育理念,要以人为本,与时俱进,站在时代前沿,高瞻远瞩,放眼未来,为师生和学校的发展搭建科学合理的平台。校长要懂管理、更要懂教学,将管理和教学合理科学的有机统一起来,激发师生的热情,努力创建学校各项教学和管理的新局面,否则就可能成为变革的阻力。

在现实的学校变革实践中,首先,校长应该是学校变革的综合策划者。面对学校变革,校长应该立足本校的实际情况,充分考虑学校所处的环境,综合筹划校内外各种变革条件与变革力量,策划学校变革的走向、内容、方式和策略等。其次,校长应该是学校变革的动态组织者。校长需要在变革之初就关注各种变革力量及其相互关系,并综合这些变革力量使其成为学校变革的重要力量。最后,校长应该是学校变革的反思者和重建者。通过反思,校长可以发现学校变革的新状态,并且可以在发现问题后解决问题,从而拓展学校变革的空间,达到优化学校的目的。

2. 中层管理者:学校变革中不可缺失的力量

中层管理者是相对于学校领导班子和教师而言的,主要包括分管教学和德育的教导主任、政教主任、年级组长和教研室主任等。在学校变革中,中层管理者是位置特殊且非常重要的角色。他们不仅影响着校长等领导班子所做决策的执行问题,同时还是校长决策的重要信息和智慧来源。对教师而言,中层管理者的策划组织行为直接影响着教师的生存状态和工作的质量。具体而言,中层管理者在变革过程中起到以下四个方面的作用。

首先,中层管理者起着连接校长和教职工的纽带作用,也就是说中层管理者在这二者之间主要起上情下达和下情上传两个方面作用。所谓上情

---

① 转引自操太圣.在实践场域中发现学校变革能力.教育发展研究,2007(4B):1-5.

下达，就是把校长关于学校变革的决策和思想，全面准确地传达给教职工，其作用在于将校长的变革意图和愿景转化为教职工的变革的自觉行为。在上情下达的过程，中层管理者应该注意自身的表达方式，例如对于不易理解变革决策或方案的教职工，就不能采用简单的传达方式，而是要善于引导和疏导，通过更多的说服解释工作使大家在学校变革中统一思想，心平气顺，同心同德。所谓下情上传，就是把教职工关于学校变革的呼声、意愿和想法，实事求是、客观公正地及时传递给校长，为校长决策提供依据。

其次，中层管理者在变革中起着率先垂范的作用。我们经常说榜样的力量是无穷的，对于领导干部而言更是如此。校长决策的每一件事情都需要有人带头去做，如果大家互相观望、相互推诿，那么再好的决策也可能得不到落实而成为泡影。这个时候就需要学校的中层管理者发挥模范带头作用，因为中层管理者是学校的中坚力量，其骨干作用就体现在时时、事事起带头作用上。中层管理者要做一些普通教职工不愿做的事，做一些工作难度大的事，通过这种自身的行为方式感染和带动其他教职工。

再次，中层管理者起着献计献策的作用。在学校变革实践中，中层管理者不仅要把校长决策的事情做好，还要在开创学校变革工作新局面上献计献策，充分发挥好"参谋"作用。中层管理者要具有影响校长的个人能力，即在对本职工作上应该有自己的真知灼见。一个中层管理者如果拿不出学校变革的好建议，就很难在校长心目中占据一定的地位。校长更喜欢有主见、有思想、有工作思路的中层管理者。中层管理者的"参谋"作用要紧扣学校变革工作的思路，要在工作方法、工作效果上和在学校发展上去谋划。

最后，中层管理者起着凝聚作用。在学校，每个处室都承担着不可推卸的工作和责任。中层管理者的任务就是要塑造不同处室的精神文化，通过精神文化的感召力将持有不同观点和具有不同追求的教职工团结起来，培养和锻炼出一支招之即来、来之能战、战之能胜的教师队伍。

3. 教师：学校变革的核心

教师在变革中的核心作用主要体现在，教师既是参与学校变革的主要群体，也是最重要的变革主体。正如有的学者所说："在学校变革的视野中，

复杂中的适应：基础教育学校变革机制

教师绝不仅仅是各种计划和规则的执行者，而是一支重要的变革力量。"①

一般来说，面对学校变革教师往往持以下三种态度。一是积极应对。持有这种积极态度的教师，当面对学校变革时，愿意参与变革、更新自我观念和探索新的发展之路。他们往往希望借助变革的力量实现学校现有组织机构的重新调整，也希望通过变革来协调学校内部成员之间的关系，进而改善学校组织的氛围，形成一个和谐、高效的学校组织机体。二是消极观望。变革是一个用不确定性的过程和结果代替现有状况的过程，如果教师不理解变革的过程以及无法获得必要的信息，他们就会处于一种紧张的状态，担心自己的未来。当面对学校变革时，持这种消极态度的教师往往认为学校组织变革与自己没有多大的关系，他们更习惯于原有的组织机构和组织氛围。现实中，他们虽然发现了组织存在的种种弊端，但是出于某种担忧和不确定性，他们不愿意在行动上做出任何改变，因此他们时常处于想改而又怕改的尴尬境地，导致持有这种态度的教师在改革中处于被动和应付的状态之中。三是抵制与反对。这是对待变革的一种较极端的态度，当学校变革发生时，他们会对变革产生陌生感和恐惧感，由于这种消极心理的存在，他们本能地拒绝威胁其安全的变革，表现在实践中就是口是心非和行动的不作为。霍特曼曾使用消极阻力这一概念表达这种阻力，包括口头上赞成而实际不执行，不实施变革，延迟拖后腿，假装遗漏，袖手旁观，任由变革失败等。②

学校变革能否成功在很大程度上取决于教师对于变革的适应程度。从实践来看，教师对学校变革的认识是一个发展的过程。变革之初，教师希望获得一套可操作的模式，然后"照单抓药"，进行移植或模仿，习惯用自己原来的做法、想法、理念来"套用"变革中的新做法、新理念，不愿深究变革的真正动因，同时对变革本身持怀疑态度。随着变革的逐步深入，变革可能会触及教师习以为常的"舒适地带"，教师会面临打破"旧我"形成"新我"的变革要求，会对变革有抵制情况或消极怠工。笔者认为，教师面临变革所产生的这些行为都是正常的，关键是领导者要有策略、有

---

① 李家成.论学校变革中的力量集聚.教育发展研究，2004（10）：43-45.
② 伊恩·帕尔默，等.组织变革管理.金永红，奚玉芹译.北京：中国人民大学出版社，2009：148.

针对性地消除这些消极影响,帮助教师重新理解变革,进而推动变革的进行。虽然教师距离学校变革现场最近,对于怎样取得学校变革的成功有较为深刻的认识,也最有发言权,但经验表明,距离学校变革现场最近的教师也许能够发起一次学校变革并使之维持几年,如果没有行政管理人员或者政府的支持和帮助,那么绝大多数变革在缺乏上层指导的情况下将以失败告终。

4. 学生:"不该被遗忘的角落"

在现有的关于学校变革的研究文献中,很少有涉及学生在变革中的作用的,学生俨然成了"被遗忘的角落"。正如有的学者所说:"这种或那种学校变革成为教育系统内优先发展的事情。然而,学生的声音——对于学校变革成败最关键的、影响最大的声音——与这个主题相关的研究很少听到。"[1]

这种现象的主要原因就是在传统教育中,学生往往扮演和充当着被变革的对象、变革的客体和变革接受者的角色。正如达林所言:"通常我们将学生看成是被动的对象,看成是最终受惠于我们的变革计划的客体。学生被当作学校系统的产品。成人为他们提供服务、保护、监控、惩罚,或者以其他方式'养育'他们。他们很少被看作学校社会中平等的成员,能参与计划、解决问题和实施变革的成员。"[2] 乐文(B. Levin)的研究也进一步表明了这一点,他指出,"学校在策划变革过程中存在着严重的结构性不足的问题,主要表现在学校的变革更多的是由成人来一手包办关于变革的计划与实施,在变革计划制定和实施过程中,他们根本没有将最具发言权的专家和证人——学生的意见纳入考虑的范围之内。但是不容我们忽视的一点就是,学生所具有的独特知识和视野,更能够使改革的努力变为现实,并能更好地保证改革的实施"[3]。即使在学校变革过程中有学生参与,实践表明,这种参与也往往很难起到实质性的决定作用,正如Kaba所讲的那

---

[1] 孙翠香. 学校变革不可或缺的动力. 教育科学研究, 2011(7): 41-45.
[2] 波·达林. 理论与战略:国际视野中的学校发展. 范国睿译. 北京:教育科学出版社, 2002: 191.
[3] 约翰·I. 古德莱德. 一个被称作学校的地方. 苏智欣译. 上海:华东师范大学出版社, 2006: 2.

复杂中的适应：基础教育学校变革机制

样,"迄今为止,在那些日益增加的、宣称将学生包含在内的学校变革努力中,很少有证据证明学校变革中有学生的声音和学生参与"[①]。

既然学校因学生而存在,也是为了学生而进行相应的变革,那么学生就是学校变革的重要力量,这也应得到了人们普遍的认同。既然我们承认了学生是学校变革的重要力量,那么怎样才能让学生真正参与到学校变革中,使之成为学校变革的推动力就成了教育者必须要研究和思考的问题。首先,教育者不应该低估学生的能力,要给予他们参与变革的权利,对此迈克尔·富兰进行了长期的研究,他指出,要使学校变革成为现实,"必须使学生(不仅仅是教师)有所变革,如果仅仅告诉他们将要发生什么,学生会与教师一样苦恼,只要可行,就应当允许他们参与"[②]。事实上,在学校变革过程中,人们很少甚至从未向学生询问或征求意见或建议,这种尴尬的局面正是学生经常感到困惑的原因所在。也正是因此,学生常常忽视学校中正在发生的变革,因为在学生看来什么都不会变革,甚至有人将学校变革视之为对一种沉闷生活的摆脱和调整。其次,要加强制度建设保证学生参与学校变革权利。如果缺乏可操作性的制度作为保障,那么学生参与学校变革的权利就有可能只停留在意识层面,而无法在实践中得以落实。因此,学校必须要建立学生参与学校变革的配套制度。在这一点上,美国休斯敦市的富兰克恩小学(Francone Elementary School)为我们提供了很好的范例,它通过提供各种机会使学生参与并影响学校政策的制定。具体来说,每年,学校的教师都与学生一起讨论课堂规则或者学校的政策、程序,然后征求学生的意见,并把学生的合理意见转化为学校的规章制度,张贴在每一个教室。如果学生想改变学校政策,学校通常鼓励他们采取给校长写信这样的积极策略来实现。最后,应该加强对于学生参与学校变革的方式、应遵循的原则等相关研究,培养学生的责任意识,增加学生对变革的认同度,使学生成为学校变革的动力而不是阻力。

---

① Kaba M. They listen to me, but they don't act on it : Contradictory consciousness and student anticipation in decision-making. High School Journal,2000,84(2):21-34.

② 波·达林.理论与战略:国际视野中的学校发展.范国睿译.北京:教育科学出版社,2002:192.

（二）校外支持力量

1. 中央政府和地方政府：学校变革的重要推动力

在我国，学校变革和发展在不同程度上接受政府的管理，在西方国家的学校发展变革过程中，也是如此。随着近代西方国家学校的数量的增加，西方各国政府普遍地认识到学校在社会发展过程当中所起的重要作用，于是开始逐渐通过资金投入、选派官员等方式加强对学校发展和变革的干预。尤其是第二次世界大战以来，"学校的任何变革都不仅仅是靠历史的推动及学校自发的诱致性变迁，政府主宰学校目标变革已是习以为常、根深蒂固，并且被大众所默认"[①]。

政府是学校变革最强大的外部支持力量，主要体现在其拥有的组织能力和资源能力两个方面。第一，政府有良好的组织机构和高素质的管理队伍，这是政府能够主导学校变革的重要前提。第二，政府可以通过拥有的人事任免资源、经济资源和舆论媒体资源的共享与分配来主导学校的变革。在政府这种强大外部支持力量主导和干预之下，学校变革者常常直接接受和服从政府主导的逻辑，这也就形成了政府和学校之间的管理－被管理的关系，面对变革，学校的所作所为必须遵从政府机构所制定的"博弈"规则，而绝无讨价还价的余地，尤其是在学校变革初期，这种情况会表现得更加明显，政府的力量起决定性的作用。因此，当政府出台学校变革的政策时，学校做出的第一反应就是"变革"，由于"政府出台变革方案－学校立即响应"的行为模式已经成为学校人员的一种惯性思维，这种"缺乏自上而下的沟通机制，基层政府和民众的利益表达、利益聚合缺少规范的组织形式和组织通道，因而在政策输出与利益需求之间存在着较大的差距"[②]。其结果就是政府与学校之间无法对变革达成共识，最终也就影响到变革方案的执行。

要想使政府制定的变革方案得到学校全体成员的认同并得以顺利推

---

① 张慧洁. 中外大学组织变革. 上海：复旦大学出版社，2005：70.
② 田凌晖. 利益关系的调整与重塑：新公共管理影响下的教育管理机制研究. 上海：华东师范大学博士学位论文，2005：122.

行，首先，政府要充分考虑学校的意愿和学校成员的利益，不能让学校仅仅成为变革的实验场所并承担变革的代价。其次，政府应凝聚各方面的社会力量，鼓励多方参与、共同决策，使各方对变革方案达成共识。最后，要健全学校变革的制度体系，要使政府制定的那些关于学校变革的政策法规等外部制度体系，与学校制定的有关变革的规范等内部制度体系相协同，以保证变革的顺利进行。

2. 教育行政、科研专家

教育行政主管部门能够为学校变革创造良好的外部政策环境，他们对于学校变革的影响或支持主要是通过自上而下的形式来发挥作用的，富兰指出，"来自上层的政治力量既可以给地方改革施加必要的压力，又可以提供各种机遇，使地方的改革努力合法化"[①]。科研机构和教育专家可以为变革者提供理论（智力）上的支持，使变革主体减少和避免因受个人主观认识与经验的局限而产生的教育理论方面的知识性错误，同时，在科研机构专家的帮助和引导下，变革主体可以有效地发现问题并解决问题。

3. 社区

社区是学校赖以生存的"小环境"，社区对于学校变革的影响主要表现在以下几个方面：第一，社区的物质文化和精神文化可以成为学校变革所必需的重要资源；第二，表现为社区所在的环境条件能够为学生提供一个独特的发展空间；第三，社区还可以调动各方面的积极性和办学力量，协调教育与其他部门的关系支持教育、参与学校变革。因此，在变革实践中，学校变革者应当把加强学校与社区之间的互动、积极吸收社区中的教育资源作为一种自觉行为，以此推进学校变革的更深入发展。同时，学校变革能够更好地利用学校所具有的文化优势、文明辐射优势和办学优势等促进所在社区的发展，使学校与社区发展形成良性循环的局面。

---

① 迈克尔·富兰.变革的力量：透视教育改革.中央教育科学研究所，加拿大多伦多国际学院译.教育科学出版社，2000：219.

4. 家长

家长素质参差不齐、家庭结构多样化使得家长在学校变革中的作用是复杂的。家长对于问题的不同认识和态度会传递给学生，从而影响到学校变革。在学校变革实践中，学校变革遭遇困境的一个重要原因就是家长的阻力，如当下中小学进行的"减负"愿望，被家长为孩子报名参加各类培优（培优补差的缩略语，也就是培养优等生，辅导或者帮扶后进生，一般是教育辅导机构经常采用的一种教学手段）辅导班的做法化为泡影。有些学校还发生"减负"导致学生考试成绩下降，教师向家长道歉的事情。① 这种现象表明，如果学校变革缺少了家长的理解和支持，再好的学校变革愿望也可能受到来自家长的阻力，甚至可能化为泡影。所以争取家长的支持可能会成为学校变革成功的一个突破口。

当然，家长也可以成为学校变革的强大后盾。一方面，家长可以是学校变革的发起者，当学校没有明确的变革计划或变革流于形式而没有实质进展时，家长（家长委员会）可以主动表达学校改革的愿望，利用建议权给学校施加压力，促使学校进行变革。另一方面，家长又是学校变革的推动者，当变革开始后，家长会以局外人的角色对学校变革过程保持积极的、善意的关注，更为可贵的是，他们能够依据学校变革对家庭教育和家长所提出的要求进行积极的配合，并对学校变革过程中出现的问题提出自己的建议，在此意义上，家长就成了学校变革强大的推动力量。

总之，学校变革主体是构成学校变革机制的核心要素，各变革主体并非独立存在的，更多的时候是以复合主体的形式出现的，也就是说，它们通过合作共同体的方式参与到学校变革中来。对此有学者指出，"学校变革的动力主体之间存在着一种非线性的相互作用方式，他们之间的正负反馈作用决定了学校变革。特别是他们之间的正负反馈作用，能够将一些小的、难以觉察的、貌似随机的扰动或行为，经过学校变革主体之间的非线性传递和放大，进而成为推动学校变革的最终决定力量或主导力量"②。

---

① 老师向家长鞠躬道歉：以后再也不"减负"了. http://news.sina.com.cn/e/2002-02-27/0255486904.html. [2018-05-21].

② 杨炎轩. 学校变革的动力机制探析. 教育发展研究，2008（8）：58-61.

无论是校内的变革主体还是校外的支持力量，都表现出以下几个特征。第一，学校变革的主体是相当复杂的复合主体，不同的主体在学校变革过程所起的作用有差别，因此需要变革主体之间的相互合作与协调。第二，在学校变革过程中，不同的主体由于地位、作用以及权力的不同，相互之间存在着一定的矛盾和冲突。第三，学校变革过程中的同一主体在变革的不同阶段、面临不同的任务时所起的作用有所不同。

二、变革的动力

在社会科学研究中，人们把动力看作引起或推动事物运动和发展的主要力量或原因。以此类推，学校变革的动力就是引起或推动学校变革的某种力量或原因。这种力量或原因激发、支持、推动或强化学校变革的过程，使学校变革活动得以持续进行。

从系统论来看，学校变革的过程是调试和调整学校系统组织发展过程中所面临的外在环境压力和内部紧张状态的过程。现实生活中，引发或激起学校变革的力量或原因往往不止一个，既有社会转型过程中政治、经济改革提出的新要求而产生的外部动力，也有教育系统内部学校竞争而产生的外部压力，还有学校内部成员自发而产生的变革内动力。"它们在学校中产生出'推'或'拉'等方向不一致的作用力，造成学校运行的紧张与不稳定状态，从而形成了学校变革的动能。"[1] 从根本的意义上讲，学校变革的出现是社会发展客观需要的反映。学校变革的出发点就是为了变革不符合现实需要的方面，或者改变某一性质使之向符合社会需要的方向转化。所谓社会需要，从系统与环境的关系来解释，当社会系统向学校输入价值观念、人力、物力及其他社会资源时，社会系统同样需要学校系统向它输出社会系统走向稳定有序所需要的国民素质和政治观念等。因此，学校变革的根源就不在于学校系统内在功能的失调，而在于环境变化带来的或者说提出的新的要求。

---

[1] 操太圣，卢乃桂. 论学校组织变革中的教师认同. 华东师范大学学报（教育科学版），2005（3）：43-48.

前文中我们论述的变革主体可以是变革动力的载体，也可以说是力量来源，因此本部分探讨的重点是引起学校变革的原因。

（一）社会转型是学校变革的根本动力或原因

社会转型既是学校变革发生的社会背景，也是学校变革的根本动力或原因；既有来自宏观层面的推动，也有来自微观层面的影响。

从宏观层面来讲，社会转型对教育的要求会深入学校的每一个层面，激发学校自我更新、自我变革的内在需求，推动学校生成和发展新的变革思路。从微观层面来讲，由于社会转型改变了包括学生在内的每一个人的生存环境和生活方式，随着后喻文化时期的到来，[①]年长一代尤其是教师的权威开始消解，不得不反思和调整自己那些早已习惯了的教育方式和方法，从而引起学校内部的微观方面的变革。富兰曾这样定义变革动力："对变革的本质和变革的过程具有自觉的认识，那些善于变革的人对于变革的部分不可预测和变化无常的特点颇具慧眼，而且他们明确地关注寻找想法和能力来对待并影响走向某种理想目标过程中的更多的方面。"[②]

总之，面对社会转型，学校变革者都要考虑来自社会的新需求，反思现实的学校教育，重新作出价值选择，确定学校变革的任务。

所谓社会转型，指的是人类社会由一种存在类型向另一种存在类型的转变，它意味着社会系统内在结构的变迁，意味着人们的生产方式、生活方式、心理结构和价值观念等各方面全面而深刻的变革。[③]社会转型所面临的全球化、信息化和社会价值观念的转变无疑给学校变革带来了巨大的

[①] 美国人类学家玛格丽特·米德在《代沟》一书中，从文化传递的角度，把人类社会由古及今分为三个阶段：前喻文化时期、并喻文化时期和后喻文化时期。前喻文化是指晚辈主要向长辈学习。在这个时期，老人被公认为是社会的行为楷模，是年轻一代的行为标准，老人传递给年轻一代人的不仅有生存技能，还有公认的生活方式和简单的是非观念，因此也被称为"老年文化"。人们视生活于其中的文化为理所当然，缺乏疑问和自我意识，这种单向的、封闭的文化传递方式从根本上排除了反叛和变革的可能性；并喻文化是指晚辈和长辈的学习都发生在同辈人之间，灾难、战争、科技发展等因素的影响导致了前喻文化的崩溃，年青一代的经历完全不同于他们的长辈，而长辈又无法提供给年轻一代符合时代要求的全新的生活方式和价值观念，这就造成了代际冲突；后喻文化也称为"青年文化"，由于长辈不如晚辈更能适应新时代的变化，因此长辈反过来向晚辈学习。这时期最大的特点是矛盾与冲突日渐凸现和增多，这是对几千年文化的一种颠覆。

[②] 迈克尔·富兰.变革的力量：透视教育改革.中央教育科学研究所，加拿大多伦多国际学院组织译.北京：教育科学出版社，2000：19.

[③] 陈晏清.当代中国社会转型论.太原：山西教育出版社，1998：18.

复杂中的适应：基础教育学校变革机制

挑战，同时也成为推动学校变革的三股强大的力量。

1. 全球化所带来的影响

全球化（globalization）一词，既是一个概念，也是一个人类社会发展的现象过程。全球化目前有很多定义，通常意义上的全球化是指全球联系不断增强，人类生活在全球规模的基础上发展及全球意识的崛起，国与国之间在政治、经济贸易上互相依存。全球化亦可被解释为世界的压缩和视全球为一个整体。

20世纪90年代后，全球化势力对人类社会影响层面的扩张已逐渐引起各国政治、教育、社会及文化等学科领域的重视，并引发研究热潮。全球化对现行世界体系从物质层面、制度层面到观念层面都产生了深刻的影响，教育作为社会整体发展中的一个子系统，不可避免地要面对全球化浪潮的冲击。

反观历史，进入20世纪80年代以来，无论是发达国家还是发展中国家都把振兴教育作为面向21世纪国家发展的重点战略，以此来提高国家在未来国际社会中的竞争力。即使教育处于领先地位的美国在面对激烈的竞争时，也不得不加快教育改革的步伐，特别是1983年美国国家教育优异委员会提交的报告《国家处在危急之中》（*A Nation at Risk*）明确指出，"我们的国家正处于危机之中。我们在商业、工业、科学和技术创新方面往日不受挑战的领先地位，正在被全世界的竞争者赶上"[1]。该报告还进一步指出，为使国家摆脱这种危机，必须把教育放在国家议事日程的第一项信念行动。

我国自改革开放以来，为适应全球化的浪潮也走向了教育改革之路。1985年《中共中央关于教育体制改革的决定》的颁布掀开了教育改革序幕，随后1993年中共中央、国务院又印发了《中国教育改革和发展纲要》，用来指导20世纪末21世纪初的教育改革和发展。由此我们可以看出，面对不可阻挡的全球化浪潮，无论愿意不愿意，各个国家都要卷入一场不可避

---

[1] 袁桂林. 本届美国政府教育改革计划述评. 外国教育研究，2001（6）：16-24.

免的全方位社会转型之中,而教育变革正是这种社会转型的必然要求。

2. 信息化所带来的影响

教育信息化是指在教育领域全面深入地运用现代化信息技术来促进教育改革和发展的过程,它正在改变学校传递知识的方式以及影响人们生活或思维的方式。

教育信息化是实现教育现代化的必由之路,教育信息化对于加快知识的更新速度和培养学生的高阶思维能力将有很大的帮助。网络和多媒体技术在教育领域的广泛应用,它一方面可以为学生建构一个信息丰富的、具有反思性的学习环境,在这种学习环境下,学生学习的自主性得到了极大提高,学生可以自由地探索新知识,对于学生的批判性、创造性思维的形成和发展也将起到极大的推动作用。另一方面,网络和多媒体技术还能够打破教育环境的时空限制,有助于加强课堂与现实世界的联系。

信息化是一把双刃剑,在这样一个日趋信息化的社会里,它在给学校教育带来变革和发展机遇的同时,也对学校教育提出了更高的要求。正如联合国教科文组织在 1998 年度《世界教育报告》中提到,新的信息技术正在把世界各国人民更紧密地联系在一起,进一步认清人类的共性和对未来共同的关心和期望;与此同时,新技术也扩大着社会内部和社会之间的分化,有人能够利用这些技术丰富自己的社会、经济、文化和政治生活,而有人则因为缺少必要的知识和技术不能这样做。如果各国政府和整个社会不能提高对教育的承诺,这种分化将进一步扩大。① 信息化对学校的要求主要体现在教师、学生和教学设施等方面,教师应该树立现代化的教学观,应该由传统的知识传授者的角色向学习的组织者和引领者转变,在这种情况下教师的权威得以消解,进而需要建立一种民主的、和谐的师生关系。学生不再是被动地接受知识,而应该是主动地探究知识,这对学生的学习方法和思维方式提出了更高的要求。对于教学设施的要求就是实现网络化,各种教学资源得以共享。

---

① 叶澜.全球化、信息化背景下的中国基础教育改革研究报告集.上海:华东师范大学出版社,2004:103.

3. 社会价值观的转变带来的影响

所谓价值观，就是人们对于好坏、得失、善恶和美丑等价值的立场、看法、态度和选择。由复杂多样的价值观进行长期反复的整合和消解，最终就形成了体现一个社会价值理念的价值体系即社会价值观。社会价值观是回顾、观察和预见一个社会发展水平的重要标准之一。

一个社会的价值观一方面反映了其各种客观存在的经济、社会、政治结构和发展的状况，另一方面也是对人们理想中的个人发展目标和社会关系状况的期盼。正因如此，社会结构特征的变化及其多样化，将在很大程度上表现为社会价值观的结构性变化和多样化，也就意味着新价值观的不断出现。

基于这样的分析和判断，我们不难发现，当前我国的社会价值观已经发生了结构性转变，这种转变的基本特征或表现形式就是价值观的多样化、复杂化。

具体来说，与改革开放前相比，我国改革开放以来的社会价值观的变化以及新的价值观念结构的形成体现出三个重要的特征。[1]

首先是个人发展机会的多样化。在市场经济的推动下，我国居民的发展机会大大增加，同时，这种发展机会也呈现出日益多样化的发展趋势。这使得社会成员实现个人成功的机会空间空前扩大，可供选择的路径明显增加，在很大程度上能够缓解千军万马过独木桥的现象。正是由于不同的发展路径和机会，不同的价值观出现了，人们也形成不同的价值取向。

其次是社会评价机制多样化。评价机制的多样化意味着评价个人成功标准的多样化。在当今社会，个人无论是勤劳致富还是做名人，无论是成为知识精英还是仕途发达，都可成为其成功的标志。

最后，以往社会发展中的不同阶段的价值观念，在同一时空中形成以多元价值观念共存的局面。当前我国社会正处于一个向现代化的转型期，正在经历着从农业社会向工业社会的转变、从农村社会向城市社会的转变、从封闭社会向开放社会的转变过程，在这样错综复杂的环境中，传统

---

[1] 社会价值观. http://baike.baidu.com/view/3356001.htm[2011-12-12].

的社会价值、现代的社会价值乃至后现代的社会价值，都在我国社会生活中共存，价值取向和观念的不同势必会造成其间相互的激荡。

这种结构性变化引起价值观的多元化，对于整合当前我国存在的各种价值观念提出了严峻的挑战。当然，整合当前我国各种价值观的目的并不是要消灭价值观的多样性和丰富性，而是要在承认这些价值观多样性和丰富性的基础上，加快建设全社会普遍认可、共同遵循、自觉践行的社会主义核心价值观。因为我们知道，社会主义核心价值体系是对我国社会价值诉求的基本看法和总体要求，是几千年来人类所追求的社会价值理想的一种延续，是对一种更人道、更平等、更自由的合理社会的理想价值诉求，是在吸取以往人类一切文化中积极因素的基础上建立起来的一种以人的全面发展为指向、以人民利益为目标的新型的价值体系。社会主义核心价值体系不仅决定了社会主义社会发展的应然模式、制度体制和目标任务，更重要的是，它是社会主义制度的内在精神和生命之魂。社会主义的核心价值是实现人的自由而全面的发展，这也成为现代教育发展的共同价值追求。

（二）学校自身发展中的困境是学校变革的直接动力

学校组织是一个开放的复杂系统，受到所处的各种环境的影响。根据开放系统理论的设想，组织与所有的生命系统一样，具有"开放"的特征，是由一系列相互关联的要素组成，通过输入、转换和输出与外界环境发生互动的有机体，它既相对独立于外部的环境，又不断地与外部环境进行着交互作用。对于学校这种社会组织而言，学校与它所处的外界环境进行交换，输入人力和物力资源、价值观、社区的期望、社会的要求，等等；通过一种生产的过程（如课堂活动）加以转换；然后，学校向外部环境（如工商界、家庭、高等院校）输出带有附加值的产品（如毕业生、新知识、经过修正的价值体系）。学校组织所做出的努力也会得到相应的回报（如社区的财政支持），于是组织得以生存（并有希望兴旺起来），然后再开始新一轮循环，周而复始。

在这种变幻莫测、交错混乱的环境中，一方面，学校组织不得不关注和思考如何更好地利用周围环境，并与环境形成一个相互促进的良性循环系统，促进学校自身的变革和发展。另一方面，在过去相当长的一段时间内，我国学校组织大多数是公立学校，它们处于相对稳定的环境中，往往缺乏变革的压力和变革的动力，也缺乏发现外部环境变化的敏感性、寻求环境变化的自觉性和为适应外部变化而做出自我更新的勇气。这样的惯性力量使得学校的组织机动化程度比较低、适应能力差，直接影响了学校组织变革的进程和速度，成为学校变革的阻力，在学校变革过程中"不拉马的士兵"[①]也就成为司空见惯的现象。随着社会转型对学校提出的更高要求，学校必须变革原来已有的管理体制和模式，努力成为自主发展的学校。

（三）学校变革主体自发性变革是学校变革的内生性动力

内生性动力主要是指学校变革的主体在变革实践中自发产生的推动变革进行的力量。

教育者往往是敏感且具有社会责任意识的。当普通民众满足于现状、沉浸于现实、墨守着成规的时候，教育者却往往思索着知识的价值、教育的功用乃至社会的救赎。在频频的文化思考与价值探求过程中，在不断的知性冲动与外来思想的冲击下（比如留学归国的蔡元培等）怀抱着天下兴亡、匹夫有责的使命意识，他们积极投身于探求教育改革的思想和方略的战斗之中，而其中最根本、最关键的措施莫过于学校变革。最初的变革思想往往只是那些敏感的教育家的个体意识，还没有得到公众的普遍认可，往往是通过不断的游说和说教，变革理念才逐渐为群体所接受从而内化为教育者的集体共识。教育者的集体共识通过其教育和社会实践活动而作用于社会，获得整体社会的认可，引起教育政策制定者的关注，最终形成自

---

① 不拉马的士兵：一位年轻有为的炮兵军官上任伊始，到下属部队视察训练情况，他在几个部队发现一个相同的情况。在训练中，总有一名士兵自始至终站在大炮的炮管下面纹丝不动，自始至终没做任何事情。军官不解地询问，原来训练条例就是这样要求的。军官回去后反复查阅军事文献，终于发现，长期以来，炮兵训练条例仍因循非机械化时代的规则。过去，大炮是由马车运载到前线的，站在炮管下的士兵的任务是负责拉住马的缰绳，以免影响大炮发射的精度。但是现在大炮的自动化和机械化程度很高，已经不再需要这样一个角色了，但训练条例没有及时调整，那个士兵也就没有减掉，因此才出现了"不拉马的士兵"。学校变革过程中，一些人也是在这种习惯的影响下，遵循规定的流程，程序化地解决问题。

上而下的体制性变革。当然，个体的学校变革思想在逐渐的扩展和深入人心的同时，也经历着不同人群的价值观和社会需求的检验，最终在利益的冲撞和博弈过程中形成最终的变革思想，从而影响学校变革的实践。

总之，在这三类变革动力当中，社会转型是学校发生变革的社会背景，同时也是推动学校变革的根本动力；在社会转型的大背景下学校面临的生存困境是学校得以变革的直接动力；而在教育实践中学校变革主体自发或者自觉的变革行为成为学校变革的内生性动力。根据马克思主义哲学的基本原理我们知道，内因是事物发展变化的根据，外因是事物发展变化的条件；内因是第一位的，外因是第二位的；外因要通过内因才能发生变化。在学校变革过程中，社会转型是外因，学校内部成员自身是内因。社会转型只能给学校变革提出目标和要求，提供必要的条件和营造宽松的环境和氛围，学校只有通过自身的变革才能得以持续发展。

三、变革的目标

目标是个人、部门或整个组织争取达到的一种未来状态或所期望实现的成果，它是开展各项组织活动的依据和动力。对于学校变革而言，其目标是学校变革的出发点和最终的归宿，决定着变革的方向和价值。变革目标的定位合理与否决定着变革的成败，同时也会影响到学校变革机制建设的成效。只有在共同的奋斗目标、价值理念的引领下，学校内分工不同的人员才能聚集在一起，才有可能实现各种力量的融合，避免力量的内耗。

学校变革要实现什么样的目标（即学校是为了什么而进行变革），是学校变革之初首要考虑的问题，也是学校变革机制建设的灵魂。因此在学校变革之前，需要对变革目标从确立、实施和落实三个环节进行有效性分析。在学校变革目标确立环节，既要考虑学校变革目标的合教育性，又要考虑与学校发展的实际困境的适用性。在学校变革目标的实施环节中，既要考虑学校变革目标的一致性，又要考虑实施过程中的随时调整；既要考虑预设的目标，又要关注生成性的目标。在学校变革目标的落实阶段，要重点考虑分析学校变革目标的达成性。

复杂中的适应：基础教育学校变革机制

对于社会转型期我国基础学校变革的目标，学者普遍认为其包括重建理想新人、更新教育观念、实现学校内涵发展和创建新型学校四个主要方面。

（一）重建理想新人

叶澜教授指出，21世纪新型学校的建立，无疑需要从理想新人的目标重建开始。理想新人的目标重建需要把握时代精神，培养出能够在新的生存环境中实现健康、主动发展的人。这样的新人在个体素质方面，除了必须有当代意义上的强健体魄，还必须有强健的魂魄，叶澜教授称其为"精神素质"。[①] 同时，她指出新人精神素质的目标结构由"三维双向"构成。"三维"是指对个体精神生命发展具有基础性价值的人的认知能力、道德品质个人格特征，是在体魄和魂魄相对分离后，在"魂魄"整体中分列的"三维"，而不是传统意义上的德、智、体三分。"双向"是指三维中的每一维都包含着个体行为上两个相反的指向：一个指向外部世界的相互作用；另一个指向内部精神世界的自我建构。"双向"虽然在方向上是相反的，但实质上却是密切相关的。只有内在自我强健者和自觉构建者，才能更有价值和有效地实现与外部世界的相互作用，自我的发展与构建又会在个体与外部世界的相互作用过程中逐渐完成。

（二）更新教育观念

教育观念的系统更新是学校转型性变革的需要，也是在明确时代需要怎样的新人以后必须要考虑的问题。

学校教育是在一定的教育观念的指导下开展的自觉的教育活动。无论是学校的建筑设施，还是学校时刻在进行的教育实践活动，都蕴含和体现着一定的教育观念。每一个教育工作者的教育行为背后也都有着一定的教育观念的理论支撑。

因此，学校要实现转型性变革，就必须分析、反思实际支配当今我国学校现实的教育观念，寻找造成实践弊端的思想与理论根源，进而根据时

---

① 叶澜."新基础教育"论：关于当代中国学校变革的探究与认识.北京：教育科学出版社，2006：202.

代要求和培养新人的要求，重建新的教育观念，并以新的教育观念为理论导向，变革教育实践和改变教育者头脑中的已有观念与教育行为。那么基础教育观念的系统更新应该涉及价值观、学生观和学校教育活动观三个方面。我国基础教育的价值观要强调未来性、生命性和社会性；在学生观上要认识和关注学生的主动性、潜在性和差异性；学校教育活动观要强调教育活动的双边共时性、灵活结构性、动态生成性和综合渗透性。[①]

（三）实现学校内涵发展

随着基础教育改革的不断深入，学校的发展已逐步从外延式发展向内涵式发展转变，着眼于学校高效能、教育高质量和学校的综合实力。

学校内涵的发展一般要经历既相互独立又相互衔接的三个阶段，即学校内涵发展的规范化阶段—合格学校、学校内涵发展的个性化阶段—特色学校、学校内涵发展的核心化阶段—示范学校[②]。学校在第一个阶段经过规范建设发展成为合格学校，然后在规范办学的基础之上发展成为特色学校，最后学校由特色走向全面优质、以先进的教育教学经验影响其他学校，成为示范学校。

当然要实现学校的内涵发展，校长和教师起着关键性的作用。一所学校的内涵在很大程度上是有这所学校的办学理念所决定的，校长作为一校之主，首先要有先进的办学理念，并将这些办学理念转化为全校师生的共同认识和共同实践；其次，对于办学要有准确的定位和合理的发展规划。另外，教师的专业成长也是学校内涵发展的重要保障，因为高质量的教育需要高素质的教师来完成，学校内涵发展的过程也是提升教师素质、打造品牌教师的过程。

（四）创建新型学校

叶澜教授勾勒了未来新型学校的整体形态变化，她认为构建新型学校

---

① 叶澜."新基础教育"论：关于当代中国学校变革的探究与认识.北京：教育科学出版社，2006：216-229.

② 朱怡青.学校内涵发展的阶段及策略.江汉大学学报（社科版），2005（4）：98-100.

的特质和整体形态包括如下几个方面。

1. 价值提升

现代新型学校的存在价值应是追求为了社会更新型发展、为个人终身性发展而服务的存在价值，使教育成为人类社会更新型的一个再生系统。这就要求教育的目标发生转变，由传统的以知识传递为主的目标转换为以培养适应各种变化的环境，具有主动发展意识的有潜力的个体为主，而这种转变也就成了未来新型学校价值提升的核心内容。

2. 重心下移

重心下移主要是针对教育中权力的分配而言的。具体内容包括：首先，要实现在教育对象和教育目标方面的重心下移，即要实现由以往只注重少数优等生的发展转变为关注每一位学生全面自由的发展；其次，是实现教学内容的重心下移，即要实现由以往关注学科知识为主转变为关注只是所带来的人的文化素养和生活质量提高；最后，是实现管理重心的下移，打破以往的政府独揽学校的举办权、管理权的教育管理体制，进一步强化简政放权、政校分开，要求各级教育行政部门真正把学校管理的权力还给学校，让学校真正拥有办学的自主权，实现学校的自主管理。这不仅能够给学校提供管理体制变革的可能性，同时也促进了学校运行方式的变革。在学校内部改革上，还需要建立能让广大师生参与学校管理和发展的民主决策和监督机制，改变以往学校教育行政中的科层制的管理模式和结构。

3. 结构开放

结构开放是相对于近代学校制度的封闭状态而言的，强调学校与外部环境的关系、学校内部组织和成员在实践中的关系都应该是开放的。外部开放包括对网络、媒体的开放（一方面可以充分利用网络媒体的有价值的信息提高教育质量；另一方面可以利用网络媒体进行宣传，扩大影响），对社区、社会的开放以及学校间、相关教育机构的相互开放。内部开放包括学校管理向师生的开放和教育教学活动向学生发展的可能世界开放（促进学生的主动健康发展、激发学生的潜能）。

4. 过程互动

过程互动是对学校在教育过程中呈现的新形态的概括描述，它承认教师和学生是教育活动的复合主体。过程互动应该是一种包含在学校各种活动和领域中的多元的、多向的过程，其目的在于增强师生之间的积极性、主动性和创造性，提高教育质量。

5. 动力内化

动力内化意味着学校形成自己内在的发展需求（每所学校都有自己的发展历史、已有的成功的办学经验以及所处的环境带来的优势和挑战，这些可能成为学校发展的内在需求），动力（学校除了满足所生存的社会的政治、经济、文化的需求外，更重要的是要实现自己的培养目标，这是学校发展变革的最根本的动力）和动力机制（要建立一种基于学校、依靠内在发展力量以推进学校发展的内在动力机制）。① 除此之外，有学者认为，未来学校的发展目标是建立学习型学校，并指出学习型学校作为应对变革时代的一种新型学校组织形式，已经成为学校变革追求的理想目标，由于学习型学校重视学生的学习活动，鼓励教师和其他同事之间合作或相互学习，在这个学习型学校中，教师应该不断地学习，学校领导者应该是学习的领导者。②

四、变革的传导

传导原本是大气科学和生物化学领域的一个术语，是指光、热、声音、电等通过介质把信息或者能量从一点传到另一点的过程。从这个界定可以看出，传导的前提是有介质。传导另一个前提是，要传导的两点之间

---

① 叶澜."新基础教育"论：关于当代中国学校变革的探究与认识.北京：教育科学出版社，2006：230-237.
② 李春玲，肖远军.学习型学校变革中的阻力及其化解.浙江教育学院学报，2006（4）：1-7.

存在差异，就像在热传导中，两点之间的温度必须不相同，温度相同的两点之间是没有热传导的。

对于学校变革来说，我们可以将学校变革的传导机制理解为将学校的变革目标或者规划、方案等转化为学校变革结果的介质。在实际基础教育学校变革过程中，学校依据环境的变化或者自身发展的需求，产生变革的愿望，进而征求各方意见，制定变革的目标或者变革规划、方案，要达成或实现学校变革的目标，就必须发挥变革主体的主观能动性，通过某种方式的中介作用，进行变革目标的传递，并转化为推动学校变革行为，学校变革的传导机制一方面是变革具体产生作用的载体，另一方面又可以是变革的一种反馈机制。正如有的学者认为的那样，学校变革不应该是建立或者证明一套技术体系，而应该是传播新的理念、文化和行为方式，而这种新的理念、新的文化和新的行为方式的传播必须通过传导机制来发挥作用。[1]

影响和推动学校变革的因素众多，它们并不一定都是学校变革发生的直接原因，有的是通过彼此之间的相互影响和作用，以直接或间接的方式共同作用来推动学校的变革。正是由于有了变革的传导机制，学校变革的主体和力量才能够相互联系，共同推进学校变革的发展。同时，学校变革的主体在认同、接受和内化了学校变革目标或变革规划、方案后，通过变革的传导机制可以将目标、方案传递给其他相关主体产生相应的变革行为，通过这种连锁反应实现学校变革的运行。另外，学校变革的进展状况还可以通过传导机制，反过来传递给变革的决策者和执行者，进而有利于他们对变革的目标和执行过程中的措施等做出适当的调整和修正。

五、变革的协调

任何社会变革都是一个复杂的、长期的甚至是迂回的过程，因为社会变革并不是在一个自然的原生态系统中进行，而是发生在由人类组成的社会大环境中。只要有人存在的地方，就会存在分工的不同和利益的纠葛，

---

[1] 石鸥.关于基础教育课程改革的几点认识.教育研究，2005（9）：28-30.

因为分工必然引发相应的缺失和需要，而且变革的过程也是对既得利益的触动和重新分配的过程，由此带来了不同利益群体对特定变革的集体关注和价值协商。置身变革环境中的或者与变革密切相关的利益群体无不受变革的影响，并且不同的群体从其特定的价值观念或群体利益出发，也会对变革的促动或发展产生或隐或显的影响。

教育从来都是一个复杂系统，自其诞生之日起，教育就与社会的各个层面发生着千丝万缕的联系。人们经常说，社会得了病，教育就得吃药。同理，教育尤其是学校的变革必然也影响着社会的方方面面。有些人曾经试图把学校看作一个"封闭系统"，当作由高耸的围墙、纯粹的知识构成、与社会截然区分的"象牙塔"，似乎唯有如此，才能保证专业的发展乃至教育目的的纯粹。

把学校看作"封闭系统"，尽管在理论上非常诱人，但在现实社会环境中孤立的学校却并不存在。古今中外教育发展的历史多次向世人证明，学校与其所处的社会大环境具有无休止的循环作用。社会大环境构成了学校变革的外部系统，而其中又存在着不同的利益群体，它们都从自身的利益或价值观念出发，在推动或抵制变革的过程中各自发挥着不同的作用。

具体来说，影响学校变革的外部因素主要有教育主管部门、企事业单位、专家学者、家庭和社区等。教育主管部门作为国家教育政策的制定者和主流意识形态的代言人，对学校变革的政治方向和目标具有重要的影响力；企事业单位作为学校所培养人才的接收者和使用者，对学校变革的人才培养类型和目标的影响不容忽视；具有使命意识或社会责任感的专家学者从修身齐家治国平天下的宏韬伟略出发，对学校"明德至善""格物致知"等教育目标进行着理论和实践层面的合理性论证；而家庭以及社区通过对受教育者的直接影响对学校变革产生潜移默化的作用。这些影响因素交互作用，共同汇聚成学校变革的外部冲击力和推动力。

与社会环境组成的影响学校变革的"外部系统"相对应，在学校内部也存在着影响学校变革的"内部系统"，而其中最关键的利益主体莫过于学校管理者、学生和教师。学校管理者从学校前途或自身政绩出发筹划着学校变革目标和运行策略。由于任何变革最终的出发点都是为了学生，学生

复杂中的适应：基础教育学校变革机制

本该在学校变革中居于中心位置，然而，在现实生活中，出于对学生身心发展不成熟等因素的考虑，学生对学校变革的主体性意见并没有得到应有的重视，而是由其代言人（教育学家和心理学家）从学生年龄特征、思维特点、个体差异等角度出发，为学校变革出谋划策。教师从学科、学生发展或教学便利的角度出发，在学校变革过程中采取着不同的行动策略：一部分教师对学校变革的目标和前途持悲观态度，认为变革并不能为其个人带来理想的效益，即便是所承诺的实现学生发展和中华民族复兴的伟大希望更是渺茫，他们不愿意为了没有前途的改革付出任何努力，以一种得过且过的态度应付着来自各方面的改革压力；一部分教师由于对教育现实极端不满，感觉任何改变现状的努力都是正确的和值得的，而且对即将付诸实践的改革方案的优势深信不疑，于是，他们对期望中的变革广开方便之门，严格地按照规划者的意图执行着理想的变革方案；还有一部分教师在任何的变革方案面前都保持着较清醒的头脑，他们既不盲目顺从，也不机械抵制变革的意图，而是从实践理性的角度出发，采取边学习边修正的学习策略，使原始的改革理念越来越适应其所处的具体的变革环境。

美国当代著名组织理论研究学者本尼斯在大量考察后认为，可以把所有变革分为三类：一是有计划的变革，也就是说参与变革的人以一种事先规定的格式，各自拥有相应的权力，发挥相应的职能；二是强制性变革，这种变革中权力集中在少数人手中，其他变革参与者都是发服从和执行；三是互动性变革，这种变革中变革参与者拥有相同的权力，共同决定变革目标。在这三种类型中，本尼斯认为有计划的变革是最为理想的。然而，变革会遭遇到各种阻碍，其中最大的阻碍便是来自于教师的惰性，这种惰性在课程变革中表现得最为突出。[①] 在此基础上，有学者进一步分析了产生阻力的原因主要有四个方面[②]。首先，中小学教师已有的知识技能赶不上学科发展的速度。知识爆炸会使教师认识到有义务进行课程和教学改革，但这类改革实际上意味着他们要改变已有的习惯，要做更多的工作，有时还要在已经超时的工作量上再添加新的工作。其次，一部分人之

---

① 转引自施良方. 课程理论：课程的基础、原理与问题. 北京：教育科学出版社，1996：134.
② 施良方. 课程理论：课程的基础、原理与问题. 北京：教育科学出版社，1996：135.

所以选择教师的职业，是为了寻求一个比较稳定的职业。在社会上许多人看来，教师这个职业的特征是保持传统，而不是去革新创造。因此，一些教师往往采用传统的方法去实施新课程，从而使这种新课程在实施的过程中回到老路上。再次，课程领域曾出现过许多"昙花一现"的所谓"变革"或"革新"，以致许多教师认为今天采用的这种方式，马上就可能会被遗弃，因为还会出现新方式。这种过于迅速的变化使得一些教师采取"以不变应万变"的策略。最后，有时教师之所以对课程改革持不关心的态度，是因为他们不了解课程变革的性质以及变革可能带来的结果。所以，在实施新课程计划之前，让教师清楚地了解变革的必要性和有效性，其重要性无论怎样强调都不会过分。

影响学校变革成效的不仅仅是教师的惰性，学校内外系统中的相关利益群体也会对学校变革的发生和发展发挥着不可估量的作用。在特定的情形下，内外交加的阻力甚至会使学校变革变得步履维艰，这就需要充分发挥变革协调机制的作用，通过变革主体之间的教育对话达成变革的共识，从而减小甚至消除学校变革的阻力。

对话是人类一种的特定的交流和沟通方式。在对话过程中，参与各方可以围绕着共同的话题表达自己的意见和建议。对话是与人类文明的发展紧密相随的。原始居民在没有掌握成熟的语言系统的情况下，通过简单的手势和词汇配合面部表情进行基本的沟通和交流。现代社会成熟的语言系统以及言论自由权的发展，使得对话更加便捷和频繁，而且现代科技的发展使得对话的范围正在不断地扩展，人们彼此沟通更加快速和便捷。在频繁的沟通与交流过程中，个体的观念得以澄明，并在与他人的思维交流和观念碰撞中得以修正。"如果能够坚持定期地开展对话，那么不管以什么为话题，大家所习以为常的社会传统习俗和惯例就会逐渐弱化，而每个人身上所带有的各种亚文化差异就会浮出水面。很自然地，人们就会由于各自价值观念的不同而产生摩擦和碰撞，对话的核心就在于此。"[①] 而正是这种摩擦和碰撞使得对话者能够对人类思维的局限性产生更新的认识和理解。"在这种新认识和新理解的基础上，我们每个人的自我保护心态就会渐

---

① 戴维·伯姆.论对话.王松涛译.北京：教育科学出版社，2004：ix.

趋消失，对话群体中就会萌生进而充溢着一种自发的温情和友谊。"① 也就是说，在对话的过程中，通过个体不同价值观念的摩擦和碰撞，人们能够更理性地认识自己的观念和思维假定，同时，在他人的观念和思维的启发下，重新修订对自我的认识，从而使对话的参与者能在不同层次上更新或完善自我的观念和认识。

在学校变革过程中，对话也承担着协调变革过程中的不同利益群体的重任，这种对话主要是产生于不同主体间的关于教育的对话，我们称为教育对话。教育对话指的是与教育密切相关的主体间围绕着与教育相关的话题进行的相对正式的沟通和交流。

在学校变革过程中，不同层面的变革阻力主要来自于相关利益群体对变革目标或变革理念的曲解和误解。学校变革的理念和目标大多来自于政府、教育主管部门或教育理论专家，尽管在变革方案的规划设计过程中他们也会适当地听取各方的意见和建议，但是在变革方案的最终出台和实施过程中，他们却毫无疑问地充当着"立法者"的角色。"立法者角色由对权威性话语的建构活动构成，这种权威性话语对争执不下的意见纠纷做出仲裁与抉择，并最终决定哪些意见是正确的和应该被遵守的。"② 然而，迈克尔·富兰曾经指出，专家设计和规划的变革方案往往是过度理性的，而且成功率极低。这其中或许存在着改革政策不当或外界的支持资源不够等客观原因，而实施者只关注变革项目的引入，不去设法理解那些对变革具有重要影响的人的态度、思想和价值观念，才是导致变革失败的根本原因。

巴图耐克和莫齐曾经将系统的变革划分为由浅及深的三个层次，而变革的深度来源于组织成员对变革的态度、信念的转变和调整。其中，第一层次的变革仅仅是对组织成员的行为进行调整，变革的重点是改进组织现有做法的效率及效能。第二层次的变革强调通过特定的方式改变组织成员的概念架构及认知图式（schemata）。第三层次的变革不仅致力于改革组织成员的行为和认知，而且指向组织成员对自身的认知图式的反思和评判，

---

① 戴维·伯姆. 论对话. 王松涛译. 北京：教育科学出版社，2004：9-10（序）.
② 齐格蒙·鲍曼. 立法者与阐释者：论现代性、后现代性与知识分子. 洪涛译. 上海：上海人民出版社，2000：5.

在反思的基础上澄清自身思维和认知的局限性，并超越和改变原有的认知图式，最终形成一种对自身认知图式的反思和评估能力。[①] 由此可见，组织成员的认知图式深刻地影响着变革的实施，在变革过程中，必须通过特定的形式引导组织成员澄清和修订自身的变革理念和价值思想。

学校变革方案一旦出台，在实施和推进过程中就应该随时听取与变革密切相关的人的意见和建议，与之开展有效的教育对话。在对话的过程中，教育理论家和教育主管部门在一定程度上承担着变革方案的"阐释者"的角色，"阐释者角色由形成解释性话语的活动构成，这些解释性话语以某种共同体传统为基础，它的目的就是让形成于此一共同体传统之中的话语，能够被形成于彼一共同体传统之中的知识系统所理解"[②]。这意味着，教育理论家、改革规划者不仅要设法理解相关利益群体有关学校变革的思想、态度和价值观念，而且要通过对改革理念和改革目标等的阐释，引导他们改变不合理的认知图式和价值观念。当然，在教育对话的过程中，相关利益群体的合理的意见和建议得以表达，也可能对改革方案的制定者和实施者产生一定的影响，从而修订改革的原始方案，使之向更加科学合理、更有利于推行的方向发展。

总之，在学校变革过程中，变革所要面对的是一个各种力量得以重组、各种利益重新分配、各种关系重新建立、冲突和变化成为常态的复杂"场域"。各种利益主体相互冲突的情况时有发生，阻碍了学校变革的顺利进行，这时就需要有一种协调机制，来协调各种权力和利益主体，以便合理地对待变革过程中的不确定性、偶然性、困惑、焦虑以及各种阻力，促进他们之间的相互配合，共同推进学校变革的深入进行。

六、变革的支持

学校不是一座孤岛，而是社区、国家教育系统的一个重要组成部分，

[①] 转引自操太圣. 在实践场域中发现学校变革的能力. 教育发展研究，2007（4B）：1-5.
[②] 齐格蒙·鲍曼. 立法者与阐释者：论现代性、后现代性与知识分子. 洪涛译. 上海：上海人民出版社，2000：6.

学校能够也必须依靠自己的力量做许多事情，但是它同样也需要得到系统内部其他组成部分的支持。

正如美国学者吉纳·E.霍尔所言："学校需要外界的支持，因为变革是一种复杂的、动态的、消耗资源的行为。没有哪一个组织，比如学校或一个国际性公司，能够完全拥有变革获得成功所必需的专业知识、技术和资源。"[1] 这种支持既包括来自学校外部对变革的推动、促进措施，也包括来自系统内部的其他部分的支持。

本书中学校变革的支持机制更多的是指来自于外部的支持，如教育行政主管部门、科研部门、兄弟院校和社区的支持。教育行政主管部门能够为学校变革创造良好的外部政策环境，科研机构和教育专家能够为变革者提供理论（智力）上的支持，社区所在的环境条件能够为学生提供一个独特的发展空间，还可以调动各方面的积极性和办学力量，协调教育与其他部门的关系。总之，在学校变革中，他们能够为学校变革提供资金、技术、人员和咨询等内容的支持，从而为学校变革机制的高效运行搭建一个平台，促进变革目标的实现。

七、变革的监督

监督，顾名思义，是在各种规章制度健全的情况下，监督者对工作的具体执行过程和结果的一种检验，目的是使其执行结果能够达到预期的目标。它是日常管理工作中不可或缺的一把利剑。而作为"是一个过程而不是一次事件的学校变革，不可能在一夜之间发生、完成，因此就必须不断地对变革过程进行评估和监控"[2]。

在学校变革实践当中，即使对学校变革进行了清晰的阐释，明确了变革的目标和操作策略，并提供了人力资源的支持，学校变革的整个过程也不会是一帆风顺的。事实上，学校变革并不一定能够确保向着事先预计好

---

[1] 吉纳·E.霍尔，雪莱·M.霍德.实施变革：模式、原则与困境.吴晓玲译.杭州：浙江教育出版社，2004：17.

[2] 吉纳·E.霍尔，雪莱·M.霍德.实施变革：模式、原则与困境.吴晓玲译.杭州：浙江教育出版社，2004：138.

的方向发展。在变幻莫测的环境中，人们更不可能以某种精确性来预测和设计变革过程，因为这些变革目标是人们的一种假设，尽管人们竭尽所能地把变革过程设想得合理、完美，但是谁也不知道未来会发生什么。

迈克尔·富兰说过，在这个世界里，变革是一次走向未知目的地的旅行，因此要想促进变革的良性运行，在变革过程中就必须时刻采取有益的干预行为，即对变革过程进行相应的监督，这样才能把握住变革的发展命脉。因为变革决策者知道，他们监控和评估什么，大家就关注什么，所以如果变革决策者对某一变革的实施状况进行评估，那么大家就将会更多地关注和重视变革。监督既可以识别变革过程中的需求，澄清问题以及解决问题，还有助于变革促进者评估学校变革的进展状况，从而适时地修正和调整变革目标，同时，还可以向变革的主体表明他们的努力很有价值，是值得大家的注意和支持的。

第二节　学校变革系统构成要素之间的相互关系

通过对于学校变革系统的分析，笔者为了研究的方便采用了分离的叙述方式，提出了学校变革机制的基本构成要素。但在现实的学校变革过程中，学校变革系统的构成要素之间是相互依存、相互制约的一种复杂关系。

一、多维、多向和多层的复杂关系

在现实的学校变革过程中，学校变革机制本身就是一个复杂的动态系统，其构成要素之间是一种多维、多向和多层的复杂关系。各要素之间的相互作用并非单向的，更多的是双向或者是多向的，各因素之间相互结合的方式不同决定了变革机制的整体功能的不同，也决定了学校变革机制的整体运行效果。

复杂中的适应：基础教育学校变革机制

学校变革的实践证明，正确处理变革机制的构成要素之间的关系，会给变革提供持续不断的动力；如果不能够处理和协调变革机制的构成要素之间的关系，任何一个要素和环节就可能成为学校变革的阻力。因此，当变革机制的构成要素之间的作用力方向一致时，就会形成一种变革动力大于变革阻力的变革状态或模式，变革就会沿着良性的循环模式发展下去。当变革机制的构成要素之间的作用力方向不一致时，就会形成一种变革阻力大于变革动力的状态，更为严重的是变革力量分散所形成的内耗状态。在这种状态下，变革就会形成低效循环或者恶性循环的状态，因为"学校不是一个孤岛，它们需要外部的支持和帮助。每一所学校都是由多种多样的利益主体构成，如果学校真的发生变革的话，这些利益不同的个人和团体对学校变革目标的理解和参与学校的活动也必须能协调一致起来。学校系统、家长、学校委员会、社区机构和社区团体、企业和大学在协助学校和学生方面能够成为有力的伙伴。然而，经常出现的情况是，学校将自己紧紧包裹起来，反对或者隔绝了各种可能的外部支持来源"[①]。

如前所述，学校变革机制具有回归性。在这个过程中，变革机制的构成要素和环节之间是紧密联系、相互渗透、相互促进的，它们一环接一环，共同构成了一个有序、统一的变革过程。这种过程会像圆环一样周而复始的，但新的变革周期不是对前一周期的简单机械的重复，而是在更高意义上的一种发展。

二、各要素相互支持、并非孤立存在

学校变革的第一步就是要有激发、支持、推动或强化学校变革的动力，从系统论来看，学校变革就是学校组织系统对外在环境压力和内部紧张的调试和调整。

在外部环境的刺激和内部成员的变革要求下，学校为了生存发展就不得不进行改革，所以第二步就是制定相应的变革目标或者变革规划，启动

---

① 路易丝·斯托尔，迪安·芬克.未来的学校：变革的目标与路径.柳国辉译.北京：北京大学出版社，2010：4.

变革，为学校的未来构想一个共同的梦想或者愿景。在变革中，首先，学校变革目标起着导向的作用，它既是学校变革的出发点，还决定着学校变革的方向。其次，它具有聚合功能，是学校变革机制系统中各组成要素的连接点和灵魂，对其他要素起着支配、聚合和协调的作用，可以使变革行为围绕着变革目标来展开，避免做无用功或走弯路。许多变革之所以失败，就是因为当学校变革进行到较高的实施水平时，变革的参与者没能绘制出一幅远景蓝图。在这个过程中，可以让学校变革的参与者一起来鉴别学校变革目标中蕴含的信念和价值观，辨别学校变革规划中需要改变和提高的地方，为需要改进的地方甄选出解决的方案。

第三步是变革的实施。在这个阶段中，学校变革的主体在认同、接受和内化了学校变革目标或变革规划、方案后，变革的传导机制可以将目标、方案传递其他相关主体，通过这种连锁反应实现学校的变革。在这个过程中，还需要发挥变革的协调机制和监督机制的作用。同时，变革主体也应该了解在学校变革实践中，即使对学校变革进行了清晰地阐释，并提供了人力资源的支持，学校变革的整个过程也不会是一帆风顺的。因此，要想促进变革的良性运行，就必须采取有益的干预行为，对变革过程和结果进行监督，这样才能把握住变革的发展命脉。学校变革构成要素之间的大致关系可以通过图3-1来表示。

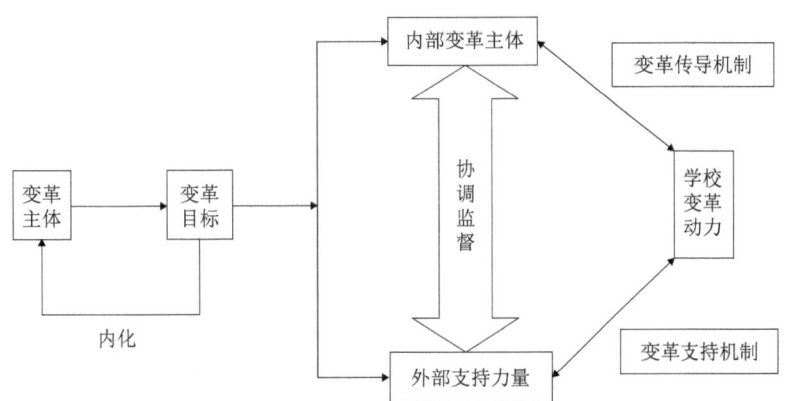

图3-1 学校变革系统构成要素之间的关系

总之，学校变革机制构成要素之间并非孤立存在的，一个要素的出现必然会与其他的要素发生关系，这也恰恰说明了学校变革的复杂性。同时，构成要素的组合关系决定了变革机制的功能。这种要素之间的相互作用方式和力量对比也就决定了学校变革机制的整体运行效果。

第四章

基础教育学校变革机制的运行方式解读

第四章
基础教育学校变革机制的运行方式解读

在学校变革实践中，学校变革机制的各个构成要素都以自身特有的方式参与变革之中，并与其他构成要素相互作用，当各个构成要素之间相互作用达成一种动态平衡状态时，就会推动变革的进行，也就在学校系统中形成了变革机制。

迈克尔·富兰指出，变革过程一般包括三个基本的阶段："第一个阶段——有着各种各样的标签，如启动、发动、采纳——包括导致做出一个采纳某项变革或继续某项变革的决定的过程。第二个阶段——实施或最初的使用（通常指使用阶段的前两三年）——牵涉尝试将某种思想或改革付诸实践的最初阶段。第三个阶段——被称为继续、包容、常规化或制度化——是指变革是否深入以成为系统的组成部分，或指变革因决定废除或自身消耗而消失。"[1] 简而言之，变革首先是某个人或某个组织因为各种原因而启动或推动了变革的特定计划或方向，变革的方向在起始阶段可能或多或少地得到界说，然后进入尝试使用，即实施的阶段，这一阶段可能会产生或多或少的变革效果，继续是对变革实施阶段的延伸，指新计划实施一段时间之后的阶段。

结合前文对学校变革机制构成要素的分析，就具体的学校变革过程来讲，我们可以从三个阶段来分析探讨学校变革机制的运行，即学校变革的启动、学校变革的转化和学校变革的实施。

---

[1] 迈克尔·富兰.教育变革新意义（第3版）.赵中建，陈霞，李敏译.北京：教育科学出版社，2005：52.

第一节　学校变革的启动

学校变革的启动主要是指学校变革的主体在外部环境的刺激和内部成员的变革强烈愿望要求下，有目的、有计划地改变学校组织的内部结构适应现实发展需要的活动过程。

一、学校变革的启动流程

在这个过程中，起主导作用的是学校变革机制中变革目标和变革主体两个构成要素。也就是说，在面对内外部的动力与压力时，学校为了生存发展不得不进行改革，首先应该制定相应的变革目标或者变革规划、方案。它也是学校变革发展的方向，一旦变革目标制定以后，学校变革的目标要达成或实现，必须要通过变革主体的主观能动性的发挥。这就需要一种传导机制把变革目标进行内化，并转化为学校变革主体推动学校变革的具体形式的机制。如前文所述，变革过程中的传导机制一方面是变革具体产生作用的载体，另一方面又是变革的一种反馈机制。因此，当变革目标内化为变革主体的行动时，变革主体就会结合自身学校的实际情况，通过变革主体的主观能动性的发挥对变革目标进行适当的修正或者调整，并把变革过程中遇到的问题或者是对变革目标的修正进行反馈，进一步修正变革目标。其目的在于使变革目标能够更好地指导变革的实践。整个过程可以被视为一个变革目标与学校变革实践之间相互磨合的过程，在这个过程中，变革主体的主观能动性得到了发挥，变革目标也得以修正。

在这个阶段，变革机制的构成要素之间的运行方式可以通过图4-1来展示。

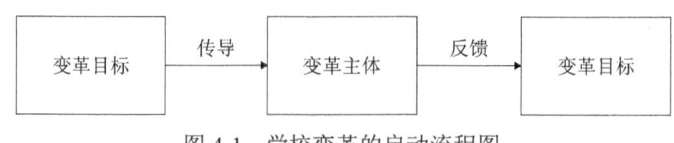

图4-1　学校变革的启动流程图

事实上，现实的学校变革过程是相当复杂和零乱的，在变革过程中所发生的事情会强烈地影响着后面的阶段。因此，当一个个体或者组织着手变革的启动工作时，其必须开始进行实施规划，即变革启动的时候也就是制定实施和持续阶段的时刻。

二、学校变革启动的影响因素

迈克尔·富兰指出了影响学校变革启动的主要因素，包括革新的存在和质量、获得信息的途径、来自于中心管理者和/或学校管理者的拥护、教师的拥护、外部变革代理人、社区压力（支持、反对、漠然）、新政策与资金、问题解决与官僚主义取向等八个因素。[①]我们结合实践分析影响较大的几个因素。

（一）教育革新的存在与质量

纵观中外教育的发展历史，我们会发现变革无处不在，尤其是进入20世纪以来教育变革更加频繁，典型的代表就是发生在美国的学校重建运动（School Restructuring Movement），在其影响和倡议下，产生了无数的学校变革项目，如"人人成功"（Success for All）、"要素学校联盟"（Coalition of Essential Schools）、"学校发展计划"（School Development Program）等，但是人们更多关注的却是新改革计划的质量如何，因为这会影响到变革方案或变革规划在第一时间被人采纳的可能性。罗伯特·斯莱文的"人人成功"变革模式就是一个恰当的例证[②]，他把这个模式分成9个构成部分，并提炼出7个核心要素，包括组织的变革、师资和管理支持、聚焦课堂和教学、设备和材料、课程表和分组、监控学生的进步和表现、家庭和社区的支持，同时还列出了5条实施前必不可少的要求，这种高质量的变革计划

---

① 迈克尔·富兰.教育变革新意义（第3版）.赵中建，陈霞，李敏译.北京：教育科学出版社，2005：55-67.

② 罗伯特·斯莱文是约翰·霍普金斯大学高危学生教育研究中心的副主任、"让所有人都成功"基金会的主席，著作包括《每个儿童、每所学校：让所有人都成功》《合作学习》《学校和班级组织》《针对高危学生的有效方案》《预防早期的学业失败》等。

不仅影响了美国 44 个州的 300 个学区共 1100 所学校，还对英国、澳大利亚和其他国家产生了积极影响。

（二）来自于中心管理者和/或学校管理者的拥护

在学校变革实践中，如果没有得到中心管理者和学校管理者的拥护，那么变革就很难得以启动和运行。当政府主管部门和学校管理者结合起来时，会对变革产生强的推动力量，也许在很多的情况下学校管理者不情愿进行学校变革，但得到政府主管部门拥护的变革计划也会得以启动。在学校层面上，校长一直扮演着变革"掌门人"的角色，他决定着来自于外部的或来自于内部的变革的命运，成为一个至关重要的变革启动之源。

（三）来自于教师的拥护

教师是学校变革规划的具体执行者，如果变革目标或者变革规划比较清晰，且具有很强的可操作性，同时教师得到来自于政府主管部门和学校管理层的支持，在大多数的情况下教师愿意在个人的课堂层面采纳变革。

总之，无论是政府主导的自上而下的学校变革，还是有学校自主进行的变革，其领导者和管理者都不得不与各种消极因素做斗争，并采取相应的措施来消解那些不利于变革的因素，而各种消极因素的核心都是因为人。当变革方案颁布实施后，各种舆论就会出现，并给变革的具体执行带来影响。

第二节 学校变革的转化

学校变革的转化主要是指学校变革主体在变革协调机制和支持机制的共同作用下，将学校变革的行为转化为学校变革动力的过程。

一、学校变革的转化流程

在学校变革实践中,学校变革主体会通过变革动力的作用方式的不同,适时地改变自己的变革行为方式,目的在于更好地发挥变革动力机制的作用。在这个过程中,变革机制的构成要素之间的运行方式可以通过图4-2来展示。

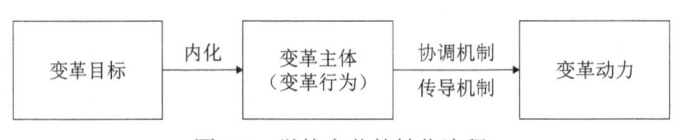

图4-2 学校变革的转化流程

二、学校变革的转化影响因素

外在的学校变革目标要想得以实现,必须通过变革主体的内化,转化为自己的变革行动,从而产生变革的动力推动来变革的实施。在这种转化的过程中,影响因素主要包括以下几个方面。

（一）校长

在学校的变革实践中,许多校长被自然而然地冠以学校变革发起人和促进者的角色,尤其是在学校变革并非遭遇外部压力和刺激的情况下,学校主动寻求变革的行为在很大程度上依赖于校长的变革意愿。但从学校变革的实践来看,学校变革是一项复杂的工程,其中充满了情感和理智的挑战,校长会面对个人事业和学校发展的两难抉择:就个人事业来讲,校长可以通过学校变革建功立业,追求个人的进步,在更大程度上实现个人的人生价值;就学校发展来讲,校长可以通过学校变革行为,促进学校的发展和教育事业的进步。当然二者之间并不矛盾,在很大程度上是可以结合在一起的。

校长被夹在教师与外部思想、人员之间的三角关系之中,存在于不断的冲突和困境中。在很大程度上,校长如何处理这些问题决定着变革是否能够顺利进行。就变革实践来说,目前影响学校变革转化的主要障碍是学校领导人的素质缺陷，而这些缺陷对学校变革的转化具有消极作用。

这些缺陷主要表现在五个方面：一是校长逃避和抵制变革，主要表现是面对变革带来的冲击，考虑更多的是自身利益的得失，安于现状、不思进取，害怕变革带来的变化；二是认识不到变革的必要性和重要性，把握不住学校发展的机遇，这主要与校长的见识和眼界狭窄有关；三是面对变革意志不够坚定，变革过程中遇到困难和挫折就容易退缩，不能继续坚持下去，最终导致变革半途而废；四是对学校变革的复杂性、系统性和困难性缺乏足够的认识，在变革中急于求成，制定的学校变革方案不符合学校的实际情况，得不到教职员工的认可和支持；五是校长的能力欠缺，在许多的情况下，校长拥有足够的变革学校的热情和勇气，但是却因为校长缺乏相应的组织管理才能和必要的专业知识，变革的努力得不到良好的效果，从而影响到教职工参与学校变革的热情。

（二）教师

作为学校变革具体实践者的教师，本应发挥其不可替代的作用，[①] 然而遗憾的是，学校变革经常遭到教师的阻抗，并非所有的教师都乐意自觉参与，主动实施变革计划和方案，致使学校变革规划在很多学校的运行效果不甚明显。尽管适当的阻抗可以帮助改革者更加明确地选择改革的策略，但在某种意义上说，分析学校变革中教师阻抗的原因，消除教师对学校变革的阻抗，是学校变革得以推向深入并取得成功的重要因素。

1. 学校变革中的教师阻抗

"阻抗"（impedance）是在物理学、心理学等学科领域经常使用的概念。"阻抗"一词最早应用在物理学研究领域，是指"当电压和电流按正弦规律变化时，具有电阻、电感、电容的电路对交流电所起的阻碍和抵制作用，它等于电路两端电压的有效值与输入电流有效值的比值"[②]。本书中"阻抗"的含义更接近于心理学层面的理解。在心理学研究中，"阻抗"（resistance）

---

① 钟启泉.中国基础教育课程改革：问题与行动.全球教育展望，2004（1）：11-15.
② 辞海编辑委员会.辞海.上海：上海科技出版社，1979：1449.

第四章
基础教育学校变革机制的运行方式解读

最早是由弗洛伊德引入，并将其定义为"患者在自由联想过程中对那些使人产生焦虑的记忆与认识的压抑"①。因此，在传统的精神分析学说中，阻抗是所有精神防御机制的总和，表现为人们对于某种焦虑情绪的压抑，对涉及某种痛苦经历的回避，对触动某些特定事件的抵触，或是对于某种行为及认知改变的拒绝等。随着心理学研究的发展，它更加强调个体出于本能对外界的防御心理。人们对于阻抗的认识经历了一个发展的过程，早期的心理学家以及目前的社会学家把它看作是一个消极的过程，认为阻抗对于事物的发展起着消极的作用。时至今日，国内外的很多心理学家已经认识到了阻抗对于个体的积极意义，认为它是人们在面对不确定性尤其是危险性时正常的心理状态。

在学校变革过程中，教师阻抗的产生除了有对变革缘由、变革过程和变革结果的认识不清楚等因素以外，我们还发现，部分中小学教师会出现害怕被改变（自己的权力和地位）以及害怕失去既得利益等心理状态，导致其出现一些对于变革的不作为、观望和抵制行为，所有这些行为我们都可以把它看作是教师的阻抗表现。简而言之，教师阻抗可以看作是在学校变革过程中教师阻碍变革顺利进行的心理状态及其外显行为。

贾纳斯认为，教师阻抗变革是在变革过程中自然而然出现的伴生物，是教师的知识和实践、理想与现实之间差距的集中体现，教师的阻抗具体表现为挑衅性阻抗、消极—挑衅性阻抗和消极性阻抗三种类型。② 挑衅性阻抗主要表现为直截了当地拒绝变革，教师在态度上完全否定变革，在思想上不接受变革理念，在教学实践中一味重复。消极—挑衅性阻抗主要表现为教师采用委婉的方式拒绝变革，教师往往以缺乏时间和精力为由，以达到不合作的目的。更多的人采用消极—挑衅性阻抗，是因为自身能力不足和知识的缺陷无力进行变革，或者害怕变革冲击到自身的既得利益而抵制变革。消极性阻抗主要表现为教师的"阳奉阴违"的心态和"穿新鞋走老路"的做法。虽然教师在内心里不接受变革，但是迫于外

---

① 转引自陈萍，胡瑜. 应用型本科人才培养改革的教师阻抗研究. 教育理论与实践，2011（2）：41-43.
② Janas M. The dragon is asleep and its name is resistance. Journal of Staff Development, 1998（19）：13-16.

在的压力不得已而进行变革,他们往往在实践中采用一些修修补补的老办法去实施变革,从而使变革又回到旧轨道上去,难以达到变革的真正目的。

2. 学校变革中教师阻抗的原因分析

关于学校变革中影响教师阻抗的主客观因素,国内外学者已有很多的研究。1990年,美国学者托马斯·哈维(T. Harvey)对教师参与变革的障碍,以及抵制变革的原因,进行了系统而全面的分析,他认为教师拒绝变革的原因包括增加负担(increased burdens)、没有利益回报(lack of benefits)、不安全感(insecurity)、变革的突然性和整体性(sudden wholesale change)、非预期的东西带来的抵制(unique points of resistance)等十二种因素。[1] 相对而言,我国学者对于教师阻抗成因的研究成果比较丰富,侧重点各有不同。徐俊康认为,教师阻抗心理主要来自两个方面:一方面是他人的影响,即群体心理效应,强调他人对自己固定的看法和期待会束缚自我改变的决心和能力;另一方面是自己对自己的影响,即个体心理效应,强调害怕无法预测自己,害怕陷入崩溃和混乱而不敢改变。[2] 刘毓认为,导致教师心理阻抗的因素包括传统观念的影响、客观条件的影响、自身素质的影响、担心得不偿失的心理的影响。[3] 施良方认为,变革的阻力主要来自教师,并归纳出教师阻抗的原因:第一,教师已有的知识技能赶不上学科发展的速度;第二,一部分人之所以选择教师的职业,是为了寻求一个比较稳定的职业;第三,过于频繁的变革运动使得教师采取"以不变应万变"的策略;第四,教师不了解变革的性质以及可能带来的结果,使得教师对变革采取不关心的态度。[4]

学校变革中的教师阻抗表现为教师阻碍变革顺利进行的心理状态及其外显的行为,而教师的教育教学行为的发展与改进,却是以教师的思想理

---

[1] 杨明全. 革新课程的实践者教师参与课程变革研究. 上海:上海科技教育出版社,2003:186.
[2] 徐俊康. 自我改变应克服"阻抗"的干扰. 心理世界,2005(9):40-41.
[3] 刘毓. 中小学教师对教育科研的心理阻抗及改变途径. 现代中小学教育.1999(9):55-57.
[4] 施良方. 课程理论:课程的基础、原理和问题. 北京:教育科学出版社,1996:135.

念与价值体系等心理性因素的转变为契机。自上而下的教育改革也许秉承先进的教育理念，却往往不能在教育实践领域引发深度的变革，其根本原因就在于教师心理上的抵制与抗争。行政人员和课程专家对推广一种新的教育理念和研制一种新课程信心百倍，但在实践领域的推进却步履维艰。课堂外部的管理人员对于控制课堂教学常常感到无能为力。即便以具体的物质刺激引诱和制度规约的强制方式改变教师的行为，其结果也往往是换汤不换药的形式的变化掩盖下的观念"固着"。古德莱德和克莱因等进行的一项课堂研究所得出的结论也是如此，他们经过研究发现，"自上而下的计划一般是以失败告终的，因为这种计划不会使教师对计划的成功做出必要的承诺，并且没有考虑到实施这种课程的人特定的知识和建议"[①]。我们经常说"观念是行动的先导"，就是强调心理因素对行为模式的支配作用。

从教师产生阻抗的心理角度，我们可以深刻地透视阻抗行为产生的原因。

（1）教师的观念"固着"

在学校变革的实际进程中，未被变革者认识到的教师的思想会成为变革的阻碍力量，它集中表现为惯性的思维和固化的经验，我们可称之为教师的观念"固着"。变革是对原有事物的批判或否定，打破人们历来认为理所当然的"常规"，这就预示着，长期支配教师行为的"动力定型"被强行改变或瓦解。教师出于自我保护的本能，下意识地产生对变革的不满和拒绝心理。

教师观念"固着"的产生与教师长期的职业生活环境和生活方式有关。教师长期生活和工作在相对稳定的学校组织环境中，而且在过去相当长的一段时间内，我国学校组织大多是公立学校，它们有着固定的经费保障和稳定的运行模式，在政府的"保护"下既无变革的压力也无变革的动力。公立学校的"家养性质"造成了教师缺乏对外部环境变化的敏感性、寻求环境变化的自觉性和为适应外部变化而做出自我更新的勇气。教师从事的长期平静而又稳定的工作，变动较少，久而久之，容易产生惰性心理。而

---

① 转引自约翰·D. 麦可尼尔. 课程导论. 施良方，唐晓杰，罗明东等译. 沈阳：辽宁教育出版社，1990：144.

复杂中的适应：基础教育学校变革机制

教育变革是一项费时又费力的巨大工程，教师投入的成本必然要增加，而收益却未必随之增加，权衡利弊，在没有得到切实的物质和精神保障的前提下，一些教师不易产生主动变革的愿望。如果不考虑教师观念的接受与认同，先进的改革理念充其量只能是表面或部分得到落实，保守性的教师观念的存在总是试图将教育革新扭曲成教师熟悉的行为方式，从而使改革的效果大打折扣。

（2）教师的担忧心理

学校变革是一个创新实践的活动过程，在这个过程中，变革者既没有固定的模式，也缺乏可资借鉴的成功经验，存在诸多不确定因素，从某种意义上来说，变革的行为结果具有一定的风险性。在变革过程中，教师对所遇到的问题会产生担忧和迷茫心理，主要表现为：一是对变革本身的担忧，对变革的重要性和必要性认识不足，对变革的方式和手段不明；二是对变革前途的迷茫。教师对变革的结果和带来的预期效益心存迷茫与疑虑，必然在行动上瞻前顾后、迟疑不决，不愿全身心地投入到变革中去。教师迷茫状态的产生说明，变革的发动和宣传乃至保障机制都存在一定的问题。

学校变革将在学校领域的诸多方面进行扬弃，有立有破，被否定的东西不少。原来引以为豪的优势将不复存在或需要重新检验，一个资深教师，要抛却得心应手的熟练工作，再重新回到初始起点，与新教师在同一起跑线上，无论从感情上，还是切身利益上，都比较难以接受。教学上有经验、在传统教学中取得较好成绩的教师容易产生心理落差。一般来说，不仅仅是教师，几乎所有的人，在充满着不确定性的变革面前，都会自然而然地产生这种担忧的心理。这是一种正常的心理反应，也是最基本的"人之常情"，因为"任何的变革，都会打破事物原有的平衡状态，为身处其中的人带来不确定性和不安定感……大多数教师抵制都是由于他们对未知的恐惧和对超越自我舒适地带的犹豫而造成的，他们本能地担心人际或组织的变革为自己带来的潜在威胁和影响"[①]。因此，在改革的理想价值没

[①] 操太圣，卢乃桂. 伙伴协作与教师赋权：教师专业发展新视角. 北京：教育科学出版社，2007：67.

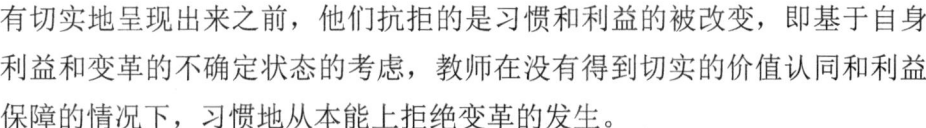

有切实地呈现出来之前,他们抗拒的是习惯和利益的被改变,即基于自身利益和变革的不确定状态的考虑,教师在没有得到切实的价值认同和利益保障的情况下,习惯地从本能上拒绝变革的发生。

(3) 教师的价值偏向

随着现代社会世俗化趋势的加强,人们对教育价值的关注逐渐被世俗的功利主义动机所占据。当前社会人们对知识与教育的功能的认识总是难以超越庸俗的功利主义框架。"应试教育"的短浅眼光文化形式不光主宰了教育系统的命脉,而且早就渗透到教师的生活中,教师对改革的接纳与抵制态度完全受功利化原则的驱动。

在"考试大战"和"优胜劣汰"教育价值选择面前,作为学生成才的监护人之一,教师会尽可能提高学生考试成绩,由此可能演绎出令人炫目的"题海"大战和"素质教育"名义下的"应试"高潮。在功利主义思想的牵动下,一些学校和教育主管者为了追求自身政绩,催逼教师进行"应试教育",教师自然只能成为兢兢业业的教书先生,其本来应该具有的终极价值追求也在这个过程中被体制化。受"行政意识"和"长官意志"的引导,一些教师被鼓励思考如何有效地传授知识,快速高效地提高学生成绩等问题,而这些长期积累的有效的教学经验不断地强化着教师的传统行为,使得他们缺乏革新的意愿和动机。

因此,面对变革的蓝图,教师本能的反应不是如人类价值的守护者那样去追溯改革的渊源与存在的合理性,而多是从自身利益和功利化动机出发,考虑改革所能带来的实际"分数"效益。一旦得不到期望的前景和承诺,他们可能会坚持习以为常的教育理念和行为方式,而对变革的存在或者视而不见,或者只是表面上接受。

3. 学校变革中教师阻抗的理性思考

人类变革的历史告诉我们:一项深度的变革从来都不是一帆风顺的。变革就是在新与旧、理想与现实的博弈、争锋过程中迂回辗转、艰难行进的,学校的变革也不例外。对于一项变革,总有人持反对的态度并阻抗变革，使改革很难进行，改革中一些好的措施、好的思想可能落空，使改革的事业很难再进行下去，社会的发展与进步也可能减缓，这样就产生了一定的消极影响。阻抗也是一把双刃剑，从另一个方面来讲，通过教师的阻抗我们也可以更好地来审视我们的学校变革，那种认为"阻抗变革本质上是坏的"和"一切变革都是好的"的看法是错误的。在某种情况下，阻抗的作用在于澄清动机、阐明观点。既然产生了阻抗，那就说明改革还有不尽如人意的地方，比如是否改革方案不够合理？是否改革预期值太高了？改革方案是否照顾到了大多数人的利益？是否得到教师的认可和赞同？是否在执行的过程中出现了偏差……通过审视阻抗，再回过头来检查改革，就可以发现很多的不足，它有可能促使改革设计者更加全面而现实地对待变革过程中出现的问题，进而来调整我们的改革，使改革得以顺利进行。

具体来讲，我们应该从以下几方面来认识变革中的教师阻抗。

(1) 教师的阻抗是学校变革过程中的必然存在

教师阻抗是整个变革过程中自然而然出现的伴生物，因为变革从一开始就是要解决理想与现实之间的落差，而教师又是现实教育状态的代言人和执行者。因此，即使已经具备理想的环境、高度的期待和斗志昂扬的教育工作者等各项改革的必要条件，但是革新一开始，问题马上还是会浮现出来，发起者或改革者的知识基础和良好愿望同教师具体实践之间的差距仍然很大。许多学校变革的理想蓝图之所以会失败，其中一个主要原因在于变革方案的设计过于理想化，缺乏消除变革中阻抗因素的预案。变革设计者往往把教师只是当作变革的"忠实拥护者"，忽视了教师作为变革主体的能动性。因此，在变革方案的设计中，必须有对变革中可能遭遇到的教师阻抗及其强度、方式等详细的应对预案，必须对变革中教师自觉或不自觉地改变变革实施方案的可能性及可能因此而造成的风险（在有些情况下则可能创造出"惊喜"）进行理性的评估。而且，变革是一个复杂的系统工程，在启动之初就应该综合考虑各方面，尤其是作为变革实践者的教师的需求和建议，变革蓝图的规划过程应该真诚的邀请教师的参与，聆听他们的意见和建议，因为教师直接接触教育实践，对变革将面临的现实问题和预期成效的考虑最切合实际。总而言之，不遭遇阻抗的变革几乎是不存在的，不考虑教师意见的变革方案是不完备的，不对教师阻抗做风险评估和预案设计的变革构思是危险的。

（2）教师阻抗在一定程度上对变革具有修正性

随着变革的深入发展，人们会发现，学校变革实践与变革所倡导的理念之间依然存在着相当大的落差，许多教师的教学行为没有太大的变化，甚至出现向传统回归的倾向，改革所追求的目标还仅仅停留在应然层面而非实然状态。

除了变革方案设计本身的原因外，变革不能得以贯彻实施的主要问题在于教师本身。一方面，面对过高的期望值和激进的改革措施，一些教师出现心理上严重的不适，但迫于变革的压力，不得不在表面和形式上附和，而在内心和实际行为上却存在着抵触情绪，仅仅将变革停留在口头上；另一方面，一些教师出于对教育现实的强烈反叛，虽然从思想上完全接受了变革理念，然而由于改革的前期筹备乃至后期的培训工作不到位，许多教师在实践中感到迷茫，不知道如何将观念转化成行为。二十世纪二三十年代著名的美国进步主义教育改革运动，因为教师没有完全领会杜威教育思想理论的精髓，最终只能遗憾地以失败告终。20世纪80年代布鲁纳领导的轰轰烈烈的美国课程改革运动，忽略了对广大教师的有效培训，导致先进的理念得不到有效的落实，最后使改革走向了失败。这些都告诫我们，在变革的过程中，对教师的状态采取怎样的重视态度都不为过。

总之，教师对于学校变革的阻抗，可以有助于变革的设计者、决策者和领导者保持清醒的头脑，进一步反思变革的价值合理性和过程合理性。问题的出现是改善的前提和动力。教师阻抗的产生能有效地引导变革规划者认清现状、澄清问题、改变策略、弥补漏洞，使得激进的方案变得按部就班，空缺的筹备和培训也及时得以增补，从而使得改革的规划和推进变得少了几许激情，却增了几分理性。在这种意义上，教师阻抗完全可以看作是对具体情境（特别是存在严重危机的情况下）的适当反应，是促进教师专业发展，改进计划进程以及完善计划方案的有效机制。教师对变革的阻抗不仅是教师个体不良情绪的蔓延和转嫁的体现，更是规划者是实施者之间不同价值观的碰撞，以及理想设计和现实基础、条件之间的冲突。当阻抗发生时，除了从教师个体或群体的维度进行诊断之外，至少还有两个维度不容忽视，即变革自身的价值合理性维度以及基于现实条件的变革深度推进的可能性维度。前者需要深究的问题包括：这场变革是必需的吗？现有的变革设计是解决当前困局的最佳设计吗？变革的目标设计恰当吗？后者需要进一步斟酌的问题包括：现有的基础、条件是否适合变革的即时展开？变革推进过程的设计是否充分考虑了实践主体的接受能力？深入思考这些问题，不单单是为了消解变革的阻抗，更重要的是，适时调整变革的目标设计和过程推进，以最大限度地提升变革成效。

第三节　学校变革的实施

学校变革的实施阶段是整个学校变革的最终阶段，迈克尔·富兰将其称为是常规化或制度化阶段，在这个过程中，变革得以深入进行成为整个教育变革系统的组成部分。

一、学校变革实施的流程

在学校变革实践中，学校变革的实施主要表现为学校目标经过传导机制和协调机制内化为学校变革主体的变革行为，从而产生变革的动力作用于学校变革的对象。在这个过程中，变革主体在传导机制的作用下，根据变革对象的不同反应状态，适当调整和控制变革主体的行为方式，最终使学校变革得以运转实现变革的目标。在这个过程中，变革机制的构成要素之间的运行方式如图4-3所示。

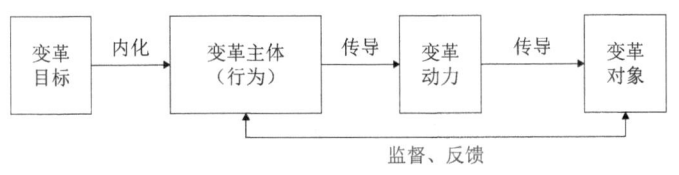

图 4-3　学校变革实施流程

二、学校变革实施的影响因素

在学校变革的实施过程中，除了需要变革主体的主观能动性的发挥外，要想使变革得以顺利、平稳推进，还需要协调变革利益主体之间的关系，需要学校内外的各种力量支持，需要建立必要的各种监督机制。

（一）学校变革的监督机制

在学校变革中，必须有效地发挥监督机制的监督作用。在学校变革之前进行监督，可以防止决策的失误，在学校变革实施过程中实行监督，能提前排除问题和杜绝潜在隐患，防止出现偏离变革目标的现象，因为在这个世界上，"你永远不要相信一种变革的力量，或者永远不要设想别人、特别是领导者懂得他们在做什么，这不仅因为变革的过程是如此的复杂和充满着如此之多的未知"[①]。一些学校在变革过程中之所以出现各种失控现象，发生许多事与愿违的事件，究其原因，主要在于变革的领导者没能发挥好监督机制的作用。

（二）学校变革的协调机制

在学校变革的复杂"场域"中，可以通过协调机制来协调各种权力和利益主体，以便合理地对待变革过程中的不确定性、偶然性、困惑、焦虑以及各种阻力。同时协调机制还可以为不同的变革主体提供一种良好的沟通方式，对变革主体之间的矛盾起到了缓和的作用，这样"参与学校变革的各类主体就能够展开对话、协商、各司其职、各负其责，同时又相互合

---

① 迈克尔·富兰.变革的力量：透视教育改革.中央教育科学研究所，加拿大多伦多国际学院译.北京：教育科学出版社，2000：4.

复杂中的适应：基础教育学校变革机制

作，形成一个立体化的运作系统"①。

总之，为了更好地理解学校变革机制的运行方式和研究的方便，笔者把学校变革的进程分为三个阶段，在每一个阶段提炼出学校变革机制构成要素的运行方式，从而产生学校变革机制运行的三个基本流程或阶段。"每一个阶段既是对前一个阶段的延续和超越，阶段间又呈现出明显的内在关联性、时序递进性和动态生成性。"②从学校变革机制运行的三个基本流程来看，学校变革机制的运行是个动态而非静止的循环系统，因此要求我们在分析研究学校变革机制时，采用系统的、动态的思维方式，既要看到学校变革机制运行中的三个基本流程的运行状态，也要根据学校变革机制的运行状态对学校变革做出适当的修正和调整，从而生成或更新学校变革机制。

通过对学校变革过程阶段的分析，我们对学校变革机制运行的方式和路线有了一个整体了解，其基本的流程图就是变革目标内化为变革主体的行为，进而变革主体产生变革的动力，变革动力作用于变革对象，变革对象发生变化实现变革目标，即经历"变革目标—变革主体—变革动力—变革对象—变革目标"的动态循环过程。需要说明的是，在学校变革过程中，变革要素中的传导机制、支持和协调机制、监督机制等时刻在起促进作用，使学校变革主体生成更多的变革动力而非变革阻力。

---

① 代建军.论我国当前中小学课程运作机制的转变.上海：上海师范大学博士学位论文，2007：2.
② 叶澜等."新基础教育"成型性研究报告集.桂林：广西师范大学出版社，2009：227.

第五章
基础教育学校变革机制的反思

第五章
基础教育学校变革机制的反思

从对学校变革系统的构成要素及其运行机制的分析中，我们可以发现影响学校变革机制运行的动因十分复杂，既有外系统诸因素的作用，也有内系统诸因素的作用，可以说学校变革机制是一个复杂的系统工程。要想使学校变革系统得以发展与完善，我们必须加强学校变革机制建设，并应该采用系统的方法，来研究和指导学校变革机制的建设，应该"按照事物本身的系统性，把对象放在系统的形式中加以考察，从系统的观点出发，始终从整体与部分（要素）、整体与外部环境之间的相互作用、相互制约的关系中，综合地、精确地去考察对象"[①]。在本章中，笔者将依据前面分析的学校变革机制的运行原理，运用系统的方法来反思当前我国基础教育学校变革机制建设中存在的问题。

第一节 学校变革目标设计与转化问题

学校变革目标是学校变革的导向与宗旨，对于学校变革而言，变革目标的定位是否合理决定着变革的成败，同时也会影响到学校变革机制建设的成效。只有在共同的奋斗目标、价值理念的引领下，学校内不同分工的人员才能聚集在一起，才有可能实现各种力量的融合避免内耗。学校变革目标既是学校变革之初首先要考虑的关键问题，也是学校变革机制建设

---

① 李金松.系统论、信息论、控制论与教育改革.武汉：湖北教育出版社，1989：42.

的灵魂。如果对学校变革目标没有清晰的认识，就会影响到学校变革的实施。对此有学者做过调查显示，学校变革主体在执行学校变革方案或规划时，"对变革目标的了解程度，很清楚的人员只占到3.1%，而不太清楚和很不清楚的人员占到了54.8%"[1]。这在很大程度上说明了学校变革主体对变革目标的认识或了解是非常模糊的。我们发现，虽然学校变革的目标在许多学校变革的政策或方案中就已经做了明确的规定，但是对于学校来讲更多的还是处于一种似懂非懂的虚假的明确性之中，英国学者H.K.科尔巴奇指出，"要弄清楚目标是什么是非常困难的事情，行动的特定建议也许会包括一些目的的声明，但是很难去辨别。声明的目标常常看起来在决定组织行动的本质方面没有起到多大的作用。也许在一本装饰鲜亮的书中会有公司的声明，但是组织中的多数人既没有看过它，也没有把它看成是与他们做事的方式有多大的联系"[2]。正因为如此，不明确的或者混淆的学校变革目标以及不具体的学校变革实施措施都将严重阻碍变革的顺利展开，也会成为学校变革机制建设的主要困境。

当前，我国基础教育学校变革机制运行中变革目标存在以下问题。

一、变革目标的制定缺乏目标意识

学校变革机制建设的前提条件是要具有目标意识，变革目标是任何学校变革机制建设的基础和前提条件。但是在当前学校变革实践中，我们会发现相当多的变革管理者由于缺乏对变革目标与机制建设目标的研究，混淆了变革目标与机制建设的目标之间的关系，他们更多地倾向于建立一种新的或者改变原有的某种变革机制。

不同的变革机制在学校变革中所占的地位和发挥的作用是不同的，我们应该根据不同的学校变革的目标来建立与之配套的变革机制，否则在变革实践中会因为混淆变革目标与机制建设的目标之间的关系，导致变革机制建设的盲目性和随意性。

---

[1] 李春玲.理想的现实建构：政府主导型学校变革研究.杭州：浙江大学出版社，2007：152.

[2] H.K.科尔巴奇.政策.张毅，韩志明译.长春：吉林人民出版社，2005：67.

二、变革目标制定的两难困境

在当前学校变革实践中，学校变革行为更多的是受到外来压力而进行的，是自上而下的由政府主导的，对于我国这样一个地域辽阔，南北、东西差异极大的变革场域来说，这会导致政府在制定学校变革规划或方案时经常会面临着一种两难的尴尬境地，那就是如何处理既要使变革目标具体化又要使变革目标笼统化的问题。

一方面，政府制定学校变革目标需要笼统。政府面对的是成千上万的校情各异的学校，制定的学校变革规划方案只能有一个笼统的目标，就像当前我国正在进行的素质教育改革一样，在政府出台的各种文件很难找到到底什么是素质教育，素质教育应该包含哪些内容以及如何开展素质教育的内容。另一方面，要想使笼统的变革目标具有可操作性，就必须把变革目标具体化，在变革目标具体化的过程中会出现偏离政府发动学校变革的真实初衷，甚至会出现严重的"走样"的现象，到教师实施层面就完全面目全非了。与素质教育推行中遇到的尴尬境地一样，由于变革目标的模糊不清，加之理解的偏差，许多的学校和教师认为多开一些活动课和兴趣小组就是实施了素质教育。

三、阶段目标定位不准

根据迈克尔·富兰的划分标准，学校变革一般要经历变革的启动、变革的转化和变革的实施三个阶段，因此我们把学校变革机制的运行简化为三个基本的流程，在每一个流程中，根据参与变革机制的构成要素的不同，变革的侧重点也就会有所不同。

在变革实践中，虽然变革主体认识到了变革机制建设中变革目标的重要作用，并为此制定了明确的变革目标，但是大多数的变革主体却采用了静止的而不是发展的眼光来看待学校变革，忽略了学校变革是一个系统的、复杂的、不断变化的过程，导致了对于变革过程中每一个阶段或变革流程中的目标定位的不准确，限制了学校变革目标对于学校变革机制建设的指导作用的发挥。

四、变革目标宣传力度不够

学校变革目标要真正得以贯彻执行，除了变革目标的明确具体外，还需要强有力的宣传。实践证明，在变革实践中变革主体了解变革目标的途径主要是来自于上级的宣传和各种媒体的报道，而真正去阅读变革文件的人是少数的，也就导致了学校变革主体对变革目标的理解不够透彻。

另外，政府在变革目标宣传过程中，更多的是注重宣传而没有注重形成正确的舆论氛围，导致宣传的内容不能被变革主体完全接受。尤其是在当今信息化时代，人们获取信息的来源多样化，加之某些大众传播媒体的权威性较过去正在逐步减弱，因此在宣传中应避免空洞的、虚张声势的做法。

五、变革目标内化的变异

外在的学校变革目标只有内化为学校变革主体的行为才会产生相应的变革动力，以此推动变革的开展。在学校变革目标内化的过程中，变革主体的理解和利益追求不同，以及变革目标的模糊不清，导致人们对于变革目标的认识也就千差万别。"即使接受了培训，也拿到了培训材料，但准备做某件事与真正做这件事情之间仍然有很大的差距。结果，教师在教室里所做的事情与变革倡导者在脑海中设计的变革蓝图很可能迥然相异。"[1]

具体来说，个体的变革目标要与学校变革的目标保持一致，否则二者的目标都将难以实现。博弈论所提出的"囚徒困境"[2]以及经济学领域的

---

[1] 吉纳·E.霍尔，雪莱·M.霍德.实施变革：模式、原则与困境.吴晓玲译.杭州：浙江教育出版社，2004：46.

[2] "囚徒困境"简单说就是囚徒们如果不相互合作就无法摆脱困境。故事大意是这样：警察分别告诉两个被逮捕的犯罪嫌疑人有三个选择：一是死不认罪，因确实找不到证据无罪释放；二是主动认罪并揭发同伴获刑三年；三是自己不认罪被同伴揭发获罪十年。最终被分别关押、提审的罪犯都选择了第二条道路。事实上两人都死不认罪比交代结局要好，但为什么都选择交代呢？因为无论对方选择什么，从逻辑上讲，第二条道路是最佳的选择，结果是两个人都逃不出囚笼。

"公地灾难"[①]都已经表明,彼此之间的合作不仅可以增进所有合作者的总体利益,而且可以增进合作者的个体利益。反之,单纯地追求个人利益的最大化只能带来自我的伤害。人们之所以愿意在学校这个合作的社会系统中生活工作,是因为这个合作的系统能给个体带来其单独生活得不到的好处。在这个合作的系统中人们有了目标一致的基础,然而人的欲望又使得他们期盼在共同的好处中能获得更多的一份,这样个体与学校系统间的目标冲突最后以利益分配冲突的形式出现。比如"减负"目标,要求学校减轻学生学业负担,不片面追求升学率,但对于校长和教师而言,升学率和考试成绩是评价其工作的重要依据,事关他们的评优、晋级,面对这种残酷的现实他们中多数人选择了追求个人的利益,也就导致了目前"素质教育轰轰烈烈、应试教育扎扎实实"的局面。

第二节 学校变革主体多元与内耗问题

从前文关于学校变革系统的构成要素的分析可以看出,学校变革是一个多元主体的、多维互动的过程,这些多元主体既包括政府主管部门、科研机构、社区等外部支持力量,也包括校长、教师、学生等内部变革主体,它们之间是"一"与"多"的统一。学校变革主体中的每一个成员都有可能成为学校变革的策划者和参与者,同时他们的行为方式和对待学校变革的态度都会对变革产生重要的影响,因此在学校变革机制建设过程中,必须介入学校变革主体的研究,关注变革主体的多元性和多样性对学校变革机制建设带来的负面效应。

在学校变革机制运行流程图中,我们可以清晰地看到,学校变革的主体是变革动力的承载者,他们自身主观能动性的发挥直接影响着学校变革

[①] "公地灾难"是经济学中的一个故事,说的是一块草地,如果没有人能够声称拥有这块草场,那么大家就会蜂拥而上,拼命地在这里放牧,直到放牧过度,草场被啃得光秃秃为止。它说明一个现象:只要是"无主"的东西,肯定会被大家糟蹋得一干二净。

的实践。同时，学校变革主体之间的组合方式会直接影响着变革动力的结构，进而影响到变革的推进。反思当前的学校变革实践我们会发现，正是学校变革主体的多元性和多样性，导致了变革过程中阻力因素过多，影响了学校变革机制的运行。

从对学校变革的作用角度，我们可以把变革主体分为决策主体、行为主体和利益主体三大类，他们之间呈现出既有合作也有竞争的关系，致使变革机制建设中的力量分散、阻力因素过多的困境。

一、变革决策主体的变革阻力

学校变革的决策主体主要是指对学校变革拥有决定权和策划权的主体，一般来说，决策主体的权力大小与其对学校变革的影响成正比。在变革实践中，我国当前的学校变革决策主体主要是指中央和地方政府主管部门，他们对学校变革的阻力主要表现在以下几个方面。

（一）政府变革行为的先入为主

纵观东西方学校的历史发展，不难看出政府主导学校变革的行为和方式并非天然就有的，它是学校发展到一定的历史阶段才出现的行为。在中国古代，由于受"官师合一"传统的影响，学校的变革和发展逐步受到了政府的控制；同样在西方，随着学校的大量涌现，公共教育制度的逐步建立，政府开始逐渐意识到学校对于社会发展的重要性，开始通过各种手段加强对学校变革的干预，尤其是二战以后，"学校的任何变革都不仅仅是靠历史的推动及学校自发的诱致性变迁，而是靠政府的强权，不管你如何怀疑政府如何把学校弄歪了，但是政府主宰学校目标变革已经是习以为常、根深蒂固，并且被大众所默认了"[1]。

目前的很多变革行为都是在政府主导下，通过政府的设计，实行自上而下的变革。这种自上而下的学校变革方式中，学校变革的理念与目标一

---

[1] 张慧洁.中外大学组织变革.上海：复旦大学出版社，2005：70.

般来自于学校之外，比较常见的做法是，教育理论专家通过自身的学术影响力，推动政府或教育主管部门制定出相关教育变革的决策，政府或教育主管部门再凭借自身所拥有的教育行政权力，进一步来促使学校产生某种具体的变革行为。从这种变革方式的运作的实践可以看出，自上而下的变革方式具有很大的弊端。首先，作为变革决策者的政府或教育主管部门，其信息来源有时不广泛。由于缺少与教育实践活动的广泛、深入的接触，一些变革决策者不能全面、真实地掌握教育实践中的深层次问题，更无法确切地了解学校中教师和学生的真正需要。其次，学校和教师在变革过程扮演了被改革的角色，始终处于被动的地位。在变革实践中，决策者将学校和教师视为改革的执行者和被改造的对象，不能够调动起他们的参与改革的积极性，导致学校和教师变革自我的主动意识和内在动力的缺乏。最后，这种变革方式容易导致形而上学的错误。政府主导的自上而下的变革方案主要是从普遍主义的视角出发来审视教育活动的基础上做出的，这样的变革方案一方面缺乏对学校中各种复杂人际关系和利益关系的认识，另一方面也忽略了学校与学校之间在校风、领导管理风格等方面的差别。

在这种单方面的政府主导的模式下，变革的决策基本上都是政府的"自主行为"和"自主选择"的结果。因此，在变革实践中往往出现了政府取代学校成为学校变革主体的现象。在这种状态下，学校成为变革的局外人，学校只能在政府主管部门的操纵下，消极、被动地适应变革。另一个主要的原因就是中国人对于权威的崇拜所形成的思维定势，每当政府出台一项变革政策时，不管理解不理解也不管是否可行，往往学校的第一反应就是立即执行，在学校中掀起一场变革的风暴。

(二) 变革过程中政府监督的缺乏

从目前的学校变革实践来看，政府在学校变革过程中扮演的主要是变革倡导者的角色，一旦变革进入实施阶段，政府往往对变革的实施过程缺乏关注，缺乏对变革的进展状况的了解以及根据变化了的情况对变革进行必要的调整。在整个变革过程中，一些地方政府关心更多的是其作为变革倡导者发起的变革的象征意义，以至于对变革方案在学校的执行情况和变革对学校的实际影响缺乏了解和指导。

二、变革行为主体的变革阻力

学校变革的行为主体主要是指在学校范围内位于基层的学校管理人员和教师，在变革实践中，作为学校变革行为主体的二者之间还是有所区别的。学校管理者扮演的更多的是变革推动者的角色，他们将变革方案传递给学校全体成员，使其自愿或者采用强迫的手段使其接受变革方案，进而推动学校变革的实施。而教师角色的重点在于他们是变革的执行者和实施者，他们的任务就是将变革方案加以落实，完成变革计划。

学校变革的行为主体与决策主体之间最大的区别是行为主体没有学校变革的行政决策权，只有变革的参与权。但是作为变革行为主体的教师却有对其职责范围内的工作的决策权，而且这种决策权是行政决策不能取代的，这在某种程度上说明变革行为主体（尤其是教师）并非只是简单的行政决策执行者，在学校变革中，教师扮演着变革的利益主体、决策过程的参与者和自己变革行为的决策者的多重角色。由于教师处于学校领域中的最基层和角色的多重性，其在变革实践中常常被忽视，具体表现为作为利益主体的权力得不到实现、作为行为主体的参与权得不到重视、自己工作行为的执行权得不到保护，最终成为变革的对象，消极地接受变革并被动地执行变革，成了学校变革的严重阻力。

（一）学校管理者变革素质不高带来的阻力

在学校变革中，学校管理者是连接政府和教师的桥梁，具有重要的沟通作用。在学校变革启动时，校长向教师传达变革文件，解释变革方案的合理性，通过各种方式让教师接纳变革方案，扮演了变革的推动者和管理者的角色。在变革过程中，一些学校管理者只是按部就班地执行政府的变革方案，很少根据学校的实际来做出适当的调整。实际上，由于变革自身的缺陷，变革总是徘徊在管理者的过度控制和无序管理之间，一些管理者在变革之初总希望能控制变革的过程和结果，但在变化环境中，变革并非是直线推进的，并不能确保变革朝着预期的方向发展，因为变革的复杂性，学校管理者所采的改革措施没有收到良好的效果，甚至很难找到切实可行的强有力的解决方法。学校管理者的这些行为不仅会给变革的执行者——教师造成不愿变革、恐惧变革和逃避变革的心理阴影，还会给教师一种暗示：变革只是做一些表面文章，从而阻碍变革的进行。

（二）教师对待变革的不同心态带来的阻力

教师作为学校变革的实践者和执行者，是决定学校变革成败的关键因素。但是变革实践表明，面对变革并非所有的教师都乐意自觉地参与其中的，也并非所有的教师都能够主动地实施变革的方案和计划。正是由于教师面对变革出现的这种局面，学校变革规划在很多学校的运行效果不甚明显。在学校变革实践中，教师对于学校变革产生阻抗的原因，除了有对变革的起因、变革过程和变革结果的认识不清等因素外，我们发现部分中小学教师经常会出现两种不良的心理状态：一是害怕自己的权力和地位因为变革被改变；二是害怕失去既得的利益。由于这两种不良心态的存在，一部分教师对于学校变革的不作为、观望甚至是抵制行为。这种现象的原因主要有两点。一是由于教师职业生活的压力和生存环境的相对封闭产生的观念"固着"。因为变革是对原有事物的批判或否定，势必会打破那些人们历来认为理所当然的"常规"，这也就预示着，长期支配教师行为的"动力定型"被强行改变或瓦解。基于这样的原因和思考，教师就会从自我保护的本能出发，下意识地产生不满和拒绝变革的不良心理。二是由于变革的不确定性导致的教师的担忧心理。这种担忧心理主要表现在两个方面：一方面是对变革本身的担忧，主要表现在对学校变革的重要性和必要性认识不足，对变革所采用的方式和手段不明确；另一方面是对变革前途的迷茫，主要表现在教师对变革的结果以及变革所能带来的预期效益存在迷茫与疑虑。正是教师对变革存在的观念"固着"和担忧心理，导致了教师在变革行动上的瞻前顾后、迟疑不决，也使他们不愿意全身心地投入到变革实践中去。教师这种担忧和迷茫状态的产生，在很大程度上说明了变革的发动和宣传乃至变革的保障机制都存在一定的问题。

三、变革利益主体的变革阻力

学校变革的过程在本质上是利益重新调整和分配的过程，对于利益的追求是变革主体参与学校变革的直接动力。学校变革的利益主体可以从学校的内外两方面来分析。

（一）外部主体

从学校外部来看，新的社会需求往往通过政府意志的方式得到集中、合法的表达，因此，政府是学校变革利益主体的首要代表。不同的行政级别和管辖范围会形成不同的领导层，具有不同的利益追求。虽然他们之间有更多的共同利益，但是因层次不同也有差异，这种共同利益追求与不同需要之间是相互支撑和制约、合作与冲突的复杂关系。

（二）内部主体

从学校内部来看，变革利益主体主要由学生家庭、学校机构相关人员组成。在家庭方面，主要是受教育者本人和家长。学校变革目标既要关注社会的发展，更要关注学生的发展，学校变革目标体现了二者之间的利益博弈。学校机构相关的利益主体，主要指直接从事教育教学工作的教职人员。在变革中，一方面教师会面临追求工作条件的改善、经济待遇和社会地位的提高；另一方面教师又会面临变革带来的额外负担和不适应的两难境地。对教师来说，不是抗拒变革，而是抗拒被变革，其背后的原因是基于自身利益的考虑。如果变革能够改善教职人员的工作条件、提高经济待遇和社会地位、创造其专业发展的机会，那将有利于学校变革的推进。反之，如果变革要改变教职员工习惯化了的观念、思维方式和工作方式，尤其是既得利益的减少，那他们便会认为变革是一个痛苦的过程，带来的是额外的负担和利益的损失，因此就会产生抵触的情绪和反对变革的行为。

第三节　变革动力结构与变革成效问题

现实生活中，引发学校变革的动力或原因往往不止一个，既有社会转型过程中政治、经济改革提出的新要求而产生的外部动力，也有教育系统内部学校之间的竞争而产生的外部压力，还有学校内部成员自发而产生的变革内动力。在这三者之间存在就形成了一种三角形的动力结构图，只有三者之间达到一种动态的平衡，才能保证整个动力结构的平衡状态。如果其中一方的力量超过其他任意一方，那么整个动力结构就会失衡，其中一方就会成为另一方的阻力。因此在变革实践中，要想使学校变革的多元动力之间达致平衡，形成变革的合力，就需要处理好他们之间的结构关系。

根据马克思主义哲学的基本原理我们知道，内因是事物发展变化的根本原因，外因是事物发展变化的条件，内因是第一位的，外因是第二位的，外因要通过内因才能发生变化。在学校变革的实践过程中，社会转型是外因，学校内部成员自身是内因，社会转型只能给学校变革提出目标和要求、提供必要的条件和营造宽松的环境和氛围，学校变革主体应该将外部动力和压力整合到自己的变革行为中去，形成推动变革前行的合力。然而，反观现实我们会发现这样一个事实：在学校变革实践中，变革更多的是在外部政治、经济改革的推动下进行的，缺乏变革主体身上激发出来的内生性的变革动力，导致学校变革的内生性动力不足、外生性动力有余这样一种不合理的动力结构。

一、内生性动力不足

学校变革的内生性动力主要来自于学校领导者和教师改进学校的愿望，以校长为代表的学校管理者在变革中会面临追求个人进步和学校发展的两难抉择，而教师的变革意愿在很大程度上依赖于学校领导者的变革意愿，只有当二者的意愿一致时，才能形成学校变革的动力。有学者指出："现代性学校的内在基质之一就是变革的'动力内化'，教育工作者不是依靠外部的行政命令、福利待遇而开展变革，而是为了自身的价值追求，为了提升个体的生命质量，为了自己从事的职业的内在尊严与欢乐而投入改革之中的。"① 因此，在学校变革实践中，怎样唤醒和激发出每位变革主体的内生性动力，成为学校变革机制建设中不可缺少的研究内容。

造成内生性动力不足的原因主要有以下几个方面。

（1）由当前我国基础教育学校的"家养"性质所决定的

当前我国基础教育学校大多是公立学校，在政府的"保护"下，处于相对稳定的环境中，它们有较为稳定的生源流，无须为得到教育资源进行竞争，它们的生存受到保护，使得学校组织成员产生了缺乏竞争意识的惰性。在这种环境中，它们既无变革的压力也无变革的动力。它们更愿意停留在自己的"舒适地带"不愿走出，造成了其缺乏发现外部环境变化的敏感性、寻求环境变化的自觉性和为适应外部变化而做出自我更新的勇气。因此，传统的学校基本都是趋于墨守成规、安于现状的。但是，在这种大变革的背景下，时代的转型要求传统的学校必须变革原有管理体制和模式，对外部环境的变化表现出敏锐的差觉性，并且要自觉、主动地去适应这一过程。

（2）由教师的工作性质所决定的

教师除了上好课以外，每天都要处理一些繁杂的事务，几乎处于疲于应付的状态，更没有时间去反思自己的教学，所有的经验或者决策都建立

---

① 吴遵民，李家成.学校转型中的管理变革：21世纪中国新型学校管理理论的构建.北京：教育科学出版社，2007：194.

在自己多次尝试错误的基础上。对于教师的真实工作状况，曾有人这样描述到①：

教师的一天

鸡鸣即起，一日开始。检查卫生，辅导自习；哪个缺课，谁又晚起？
何人生病，身体不适？仔细询问，调查清楚。三十分钟，早餐即毕。
锅先不刷，碗亦不洗。急急忙忙，就上班去。先去打水，再来扫地。
N摞作业，等你去批。对的打√，写上评语。还得表扬，以资鼓励。
错的打×，误在哪里？来龙去脉，一一指出。分析到位，讲清道理。
一丝一毫，不能马虎。阅完作业，再出试题。单元过关，章节测试。
昨天月考，今日摸底。期末期中，不计其数。题量适中，难易有度。
查查网页，翻翻题库。今天出完，明日印出。抓紧考完，加班阅毕。
统计成绩，写出分析。谁的第二，哪个第一？张三李四，王五赵六。
两次比较，名次何异？课上讲评，面向全体。下课以后，单独找你。
排名后退，是何道理？知识水平，心理因素？思想根源，刻苦程度？
动之以情，晓之以理。老师期盼，父母嘱咐！展望未来，充满荆棘。
事关前程，怎能儿戏？张三痛哭，李四流涕。痛改前非，看我下次。
不听音乐，不看电视。刮风不管，下雨不顾。一心一意，专心致志。
多背单词，多做习题。下次月考，找回位置。老师听罢，始露笑意。
期中考试，就看你的！谈话已毕，铃声将起。拿起教案，奔向教室。
师生礼毕，一课即始。先评作业，昨天做的。普遍问题，大家注意。
个别错误，单独处理。今天学习，中国历史。文革部分，不出考题。
这块内容，我们删去。半个课时，很快过去。现在来做，巩固练习。
选择答案，ＡＢＣＤ。回答不错，学的可以。布置作业，课后练习。
复习巩固，课前预习。再找时间，做张卷子。两节课下，已近中午。
口干舌燥，四肢乏力。热点剩饭，了以充饥。床头一歪，权作休息。
刚入梦乡，铃声又起，抖起精神，再上班去！昨日开会，头发脾气。

---

① 教师的一天.https://wenku.baidu.com/view/acz8d671eefdc8d376ee3254.html [2010-11-23].

复杂中的适应：基础教育学校变革机制

要当教师，先做傻子。拼命干活，莫要索取。比上不足，比下有余。
撑不着你，饿不死你。若不想干，可以退出。若干不好，我不聘你。
博士难找，学士遍地！明天上课，观摩学习。校长也听，教师都去。
精心准备，小心应付。制作课件，打印练习。幻灯电脑，现代工具。
全体观摩，怎能缺一。上述各项，准备完毕。电话铃声，骤然响起。
政教主任，叫你快去。有位同学，是你班的。一夜未归，在网吧里。
找其谈话，通知父母。写出检查，等候处理。不知不觉，西山日暮。
吃罢晚饭，辅导自习。学法指导，疑难解释。有何疑问，尽管提出。
但对高考，必须有益。辅导完毕，正要离去。突然想起，还有一事。
有人反映，学生小纪。最近时间，不思学习。跟女同学，眉来眼去。
关键时期，这还了得？叫上小纪，到没人处。把你找来，可知何事？
从实招来，不得回避。学生小纪，支支吾吾：我殊不知，老师明示。
青春少年，阳光沐浴。情窦初开，本不为奇。但要清楚，学习目的。
一切围绕，学习成绩。有碍升学，必须放弃。他日登榜，出人头地。
男子丈夫，何患无妻？学校规章，利害得失。一条一条，分析清楚。
小纪听罢，满面泪涕。痛改前非，回心转意。从今以后，专心学习。
若是再犯，我是××！转眼放学，学生离去。喝一口水，喘一口气。
十点过后，再查夜去。水管已关，廊灯已闭。夜深人静，呼噜声起。
一天工作，终告结束。轻手轻脚，回到家里。两眼一合，已然梦里。
不是上课，就是考试。和在醒时，并无二致。忽见眼前，众人攒聚。
通知栏中，贴一告示：教师老吕，四十有七。疾病突发，撒手西去！
明日医院，告别仪式。没有课者，务必前去。看罢唏嘘，悲哉老吕！
辛劳一生，英年早逝。房小无车，更无积蓄。妻儿无靠，父母无依。
高风亮节，名扬千里。今日一别，后会何期？悲上心头，心痛如撕。
蓦然惊醒，泪面如洗。天已微明，铃声又起。新的一天，又要开始……

正是这样的工作性质使得一些教师对于教学之外的事情漠不关心，尤其是试图改变他们早已习以为常的教学方式的变革行为，因此当变革发生时，一些教师会以各种各样的方式阻挡变革的进行。

(3) 由校长的变革素质决定的

在学校变革实践中，变革能否顺利进行，在很大程度上取决于校长对于变革的认识和领导。如果校长认同学校变革的价值和方式，对自己在学校变革中的地位和优势有清晰的认识，那么其就会推动变革的发展，如果对自己在变革中的地位毫无意识，被动地生活在学校变革的环境当中，这样的校长根本不可能去赞成或推动学校变革的进行。

二、外生性动力有余

《国家中长期教育改革和发展规划纲要（2010—2020年）》中指出，当今世界正处在大发展大变革大调整时期。世界多极化、经济全球化深入发展，科技进步日新月异，人才竞争日趋激烈。我国正处在改革发展的关键阶段，经济建设、政治建设、文化建设、社会建设以及生态文明建设全面推进……经济发展方式加快转变，都凸显了提高国民素质、培养创新人才的重要性和紧迫性。中国未来发展、中华民族伟大复兴，关键靠人才，基础在教育。面对前所未有的机遇和挑战，必须清醒认识到，我国教育还不完全适应国家经济社会发展和人民群众接受良好教育的要求。教育观念相对落后，内容方法比较陈旧，中小学生课业负担过重，素质教育推进困难……教育体制机制不完善，学校办学活力不足……教育优先发展的战略地位尚未得到完全落实。接受良好教育成为人民群众强烈期盼，深化教育改革成为全社会共同心声。因此，要把提高质量作为教育改革发展的核心任务。树立以提高质量为核心的教育发展观，注重教育内涵发展，鼓励学校办出特色、办出水平。建立以提高教育质量为导向的管理制度和工作机制。实现《国家中长期教育改革和发展规划纲要（2010—2020年）》提出的目标的根本途径是进行有效的学校变革，然而，无数的教育实践经验表明，虽然社会各界在学校变革过程中做了大量的努力，但是学校变革的整体效果还不太理想，这不禁引发人们的思考：为什么很多完美的学校变革计划难以在现实中得以落实，为什么学校变革难以善始善终？这内在的原因，除了学校变革指导思想脱离实际、缺乏目标意识、学校领导与教师缺

复杂中的适应：基础教育学校变革机制

乏应对变革的素养等因素之外，还有一个常常被教育学者提起但在实践中最容易被忽视的原因，那就是学校变革的外生性的动力。

在研究学校变革过程中，为什么要考虑学校变革的外在动力呢？一是因为学校变革的复杂性。这不仅表现在学校所面临的环境的日趋复杂化所导致的变革效果的不能立竿见影，使众多变革参与者出现了变革倦怠现象，甚至采取"鸵鸟政策"[①]应对变革。更主要表现在学校本身就是一个复杂的系统，学校变革过程中的任何行为都可能引发"蝴蝶效应"[②]，甚至会使整个学校变革前功尽弃。因此，二战后美国在经历了大量的学校变革而没有取得令人满意的结果后曾做出这样的检讨，"我们一直没有把学校和教育过程当作复杂的社会系统的一部分，没有认识和考虑到这个系统各个不同部分之间的复杂的相互作用。我们还没有把教育作为一种社会系统而建立起来教育的系统观"[③]。所以，变革者应该具有敏锐的判断力和敏感性。此外，学校变革的复杂性还要求人们不仅要认识到学校变革的复杂性，应该具备应对这种复杂性的相应能力。学校变革不单单是执行和落实变革的计划和政策，还应该对变革过程中可能遇到的阻力保持警惕性和敏感性，这样才能对变革各方的利益诉求有所预判，并将各方的利益诉求转化为学校变革的推动力。二是因为学校变革动力的外在指向。当前基础教育学校变革的外生性动力，更多的是来源于社会转型和政府等外生性的变革力量的要求。究其原因主要表现为以下两个方面。

---

① "鸵鸟政策"（即鸵鸟心态）是一种逃避现实的心理，也是一种不敢面对问题的懦弱行为。心理学通过研究发现，现代人面对压力大多会采取回避态度，明知问题即将发生也不去想对策，结果只会使问题更趋复杂、更难处理。就像鸵鸟被逼得走投无路时，就把头钻进沙子里。事实上鸵鸟的两条腿很长，奔跑得很快，遇到危险的时候，其奔跑速度足以摆脱敌人的攻击，如果不是把头埋藏在草堆里坐以待毙的话，是足以躲避猛兽攻击的。鸵鸟政策．https://zhidao.baidu.com/question/586342140.html[2017-10-12].

② "蝴蝶效应"来源于美国气象学家洛仑兹（E. Lorenz）20 世纪 60 年代提出的。一只南美洲亚马孙河边热带雨林中的蝴蝶，偶尔扇几下翅膀，就有可能在两周后引起美国得克萨斯的一场龙卷风。原因在于：蝴蝶翅膀的运动，导致其身边的空气系统发生变化，并引起微弱气流的产生，而微弱气流的产生又会引起它四周空气或其他系统产生相应变化，由此引起连锁反应，最终导致其他系统的极大变化。"蝴蝶效应"听起来有点荒诞，但说明了事物发展的结果，对初始条件具有极为敏感的依赖性；初始条件的极小偏差，将会引起结果的极大差异。

③ 王淑杰．走向整体性学校变革：基于美国"FTF"模式的分析．外国教育研究，2009（4）：38-41.

第五章
基础教育学校变革机制的反思

1. 社会转型

这是当前我国基础教育必须要面临的社会现实。社会转型对学校提出了更高的要求，学校要想在社会大环境中得以生存发展，就不得不时刻审视社会对其提出的要求。学校本身就是一个复杂的组织结构系统，具有开放性、适应性的基本特征，面对复杂的环境学校要想生存发展就必须不断地与外界环境进行能量的交换，提高学校自身的社会适应能力。

2. 政府的主导

对于学校变革为什么更多的来自于政府层面的干预，美国经济学家约翰·穆勒（J. S. Mill）指出，一方面个人感觉比政府更了解自己的事情，对自己的利益有正确的判断，因此政府没必要干预个人的利益，因为"生活中的事务最好是由那些具有直接利害关系的人自由地去做……个人也要比政府对结果更具有强烈的、更直接的利害关系，因而，如果听从他们的选择，而不加以控制的话，则手段会更有可能得到改进和完善"[①]。另一方面，个人如果不能做出判断，或者是已经做出判断，但仅靠自己的实力无法实施对自己有益的判断时，就应该依靠政府做出对个人有益的判断。如果个人不能做而又想得到别人的帮助时，尤其是所有人都需要得到帮助时，而个体又不能够或者不愿意提供这种帮助时，政府的作用就得到了体现，政府这时可以提供帮助，涉及社会利益时，政府更应该起到主导作用。因此，在涉及社会利益的学校变革中，政府为了自身的利益和国家安全，必定会加强对学校的引导和控制，因为学校是精神工厂，培养的是具有主观能动性的个体。

总之，无论是社会转型还是政府出于自身的考虑，这些都会时刻对学校提出更多的要求，也就成了学校变革的重要的外部推动力量，而且这种推动力量时刻都在发生作用。

---

① 马永霞. 试论政府对高等教育的干预. 黑龙江高教研究，2004（4）：1-3.

第四节 变革监督与反馈调节问题

在学校变革过程中,任何变革方案的有效实施,都离不开及时、有效的评估、监督和反馈机制来保障。有些学校在变革过程中之所以出现各种失控现象,发生许多事与愿违的事件,主要是因为学校管理者没能很好地运用评估、监督和反馈机制。

一、管理体制导致的监控缺失

当前我国的学校基本上是按照科层制组织的形式建立起来的管理体制。在这种管理体制中,受中国传统文化的影响,一些政府官员和学校领导者表现出对于权力和权威的迷信,他们普遍的心态是,无论多么重要的事情,只要通过红头文件布置下去,变革就算得到了落实。正是这种"自然而然、水到渠成"的心态,导致了政策制定者在思想观念上对于变革实施和监控的漠视,也导致了行动上对于变革监控的缺位。

究其原因,一是因为对于权力和权威的过分崇拜和迷信,简单地认为只要政府的变革政策一出台,依靠政府的管理与干预就能够使变革方案得到全面的贯彻执行,实现预期的变革目标;二是因为在政策制定者看来,政策的制定要远比其他环节更重要。

二、监控方式的单一导致"走过场"

在学校变革实践中,对于学校变革运行情况的监控主要有两种形式:一是来自于上级政府主管部门对于学校变革的运行情况的主动检查;二是来自于学校管理者的工作汇报。

在实践中,我们经常会看到这样的情况。一种情况是在学校变革执行者的精心安排和布置下,上级主管部门的领导看到的和听到的多是学校管理者希望他们看到和听到的情况,导致政府主管部门对于学校变革的监控流于形式，只是做表面文章。另一种情况就是学校的管理者出于自身利益的考虑，在工作汇报中倾向于报喜不报忧，也就出现了对于变革运行情况的虚报、瞒报和假报的各种造假现象。

三、问责制不完善导致赏罚不明

问责制是指问责主体对其管辖范围内各级组织和成员承担职责和义务的履行情况，实施并要求其承担否定性后果的一种责任追究制度。首先，问责制的最大特点就是它明确区分了责任，是谁的责任由谁来承担。其次，它重点追问的是负有直接领导责任的领导者，这种制度既不会"一竹篙打一船人"，把所有的责任人同等处理，更不会"只拍苍蝇不打老虎"，不会拿具体责任者问罪。最后，问责制问的是"责"，追究的是具体问题的具体过错，不问功劳苦劳，不搞将功抵过，是真正的赏罚分明。在学校变革实践中，要高效地执行变革的政策方案，有必要引入这种责任追究制度，对学校变革的执行情况和考核结果实施必要的赏罚措施。

问责制是依法治校推进学校变革得以顺利进行的必然要求。所谓依法治校，是学校管理者依据有关的法律法规和法定的程序来实施管理学校的行为和过程。在这个过程中，学校管理者成为依法治校的主体，其行为尤其是其拥有的行政强制性的特权要受到相关法律法规的制约。这对于处于不对等地位的学校变革执行者的教师来说是一种保护，同时，为学校变革的管理者和执行者教师之间搭建了一个平等对话的平台。

问责制是民主治校推进学校变革得以顺利进行的必然要求。民主精神能使学校及其教师突破传统的对于权力崇拜的惯性思维，知晓问责制对于学校发展的重大意义，他们也会更愿意接受这种责任追究制度，因为问责制可以成为学校管理者在变革决策和管理中，接受群众监督的一种有效方式。

反观学校的变革实践，我们不难发现，较少有人或组织因为变革执行不力而受到惩罚的事件发生，即便是有，也是对那些违反变革规章制度的行为的批评或整改，很少有严厉的惩戒措施。而对变革政策或方案执行好的个人或组织往往缺乏相应的奖励,这值得我们深思。

四、反馈调节缺失导致低效

实践证明,学校变革是一个渐进的、复杂的、情境性的过程,换句话说,学校变革不是某位领导发表一次演讲、颁布一些政策或者对教师进行简短的培训就能获得成功的。我们在研究学校变革时需要经历研究视角上的艰难的转换,变革应该成为持续的、经常性的甚至是常规化的活动,学校变革行动与轰轰烈烈或者卓有成效基本无缘。同时,我们也应该清楚,由于变革本身的复杂性,任何一个理想的或者是完美的学校变革方案,在实施过程中都会产生不可预期的后果,正如埃德加·莫兰所讲的那样,"期待之事不能完成,通向意外之事的道路被开通"[①]。

变革过程中出现的种种不确定性、变革目标的不具体、变革主体的多元化等问题使得变革更加复杂,进而影响到学校变革机制的建设。学校变革机制的建设要经历一个多种构成要素的长时间的相互作用、相互磨合的过程,并非一蹴而就的事情。

反观当前我国基础教育学校变革的实践,我们就会发现,学校变革机制建设实践中的急功近利现象时有发生。这种现象的发生,一方面是由于学校所处的外部大的社会环境正在经历着一场规模空前的经济体制的深度变革、社会结构的变动、利益格局的调整和人们的思想观念的巨大变化。另一方面,在学校内部产生急功近利行为有一些原因。其主要原因包括:第一,学校变革的管理者为了在短时间之内取得变革的成效和政绩,往往热衷于建立各种变革机制,较少去研究和考虑所建立的各种变革机制在整个变革大系统中所处的地位的作用,也较少去考虑这种机制本身是否有先进的科学的教育理念为指导,较少去考虑这中变革机制是否适合本校的变革实际,最终导致系统内部的冲突和内耗,严重影响了整体作用的发挥甚至是整个变革系统的瘫痪。第二,一些管理者为了变革政策的落实,即使建立了某种变革机制,在变革实施过程中也会因为反思机制和监督机制的

---

① 埃德加·莫兰.复杂性理论与教育问题.陈一壮译.北京:北京大学出版社,2004:141.

缺乏导致变革实践的非良性运行，浪费了大量的变革资源，使变革结果大打折扣。

五、变革评估缺乏针对性导致变革目标

对学校变革方案、实施过程以及结果进行评估的目的，是根据学校变革目标，通过系统化地收集参与学校变革主体各方面的信息，准确地了解学校变革实施的情况，对学校变革过程的质量与水平进行价值判断，为改进学校变革方案或实施规划提供可靠的依据。对学校变革过程的以及实施结果的评估，是学校变革顺利推进的重要保证，同时也给学校变革指引方向。

在学校变革实施过程中，变革评估缺乏针对性已成为阻碍学校变革的重要因素。主要表现在以下三个方面。一是学校变革评估缺乏标准意识，评估标准过于粗放。学校变革的成效最终要依靠一定的评价标准来进行检验，但是变革者在处理事情的过程中，往往是重视人而忽视事，导致变革评估标准难以落实。另外，学校变革的评估标准过于粗放，没有细化，影响了学校变革目标的顺利实现。二是学校变革评估重物质轻文化、重硬件轻软件倾向比较严重。在学校变革评估实践中，我们发现很多学校对学校硬件设施建设的力度有加，却忽视了学校文化建设的动态过程性，没有树立学校文化建设的长期性和渐进性的意识。我们应该明白，只有将学校变革建立在坚实的文化基石之上，学校变革才能有持久的动力，才能取得持续成功。三是学校变革评估重视效率、忽视公平现象比较严重。变革的过程也是一个利益再调整的过程，变革的一个重要的目标就是教育资源的合理配置以及教育机会的合理化，这必然涉及效率与公平的问题。我国在新中国成立后很长一段时间内，追求效率成为基础教育改革中一种倾向，这种倾向导致变革评估缺乏合理的弹性，损害了教育公平，激化了社会矛盾，因此要做到以评促改、以评促建，实现效率与公平的和谐统一。

第六章

基础教育学校变革机制建设的实践观照

第六章
基础教育学校变革机制建设的实践观照

　　在学校场域中对于学校变革机制进行研究，一方面有助于我们明晰学校变革系统的构成要素及其相互之间的关系；另一方面还有助于我们准确把握学校变革的基本规律，使我们去探索和发现新的学校变革机制，修正错误的学校变革机制，调整和完善已有的学校变革机制，从而使我们能够更好地规划和设计学校的变革，为学校变革实践服务。

　　学校变革本身的复杂性以及学校变革机制构成要素的多元化，导致了它们之间的矛盾、冲突以及变革的盲目性，影响了学校变革机制的运行，也严重影响了学校的创新和发展。要想解决学校变革机制建设过程中所出现的问题，应该做好以下几个方面的工作。

第一节　树立复杂性学校变革观

　　观念的转变是我们解决学校变革中的问题和矛盾、构建学校变革机制的前提条件。所谓复杂性学校变革观，是指应当把学校组织本身看作一个复杂的适应系统，在此基础上的学校变革也是一个复杂的过程。

一、学校是一个复杂适应系统

　　当前我们正处在一个复杂、充满不确定性的变革时代，在这个纷繁复杂的世界中，学校同其他社会组织一样，也是一个复杂的结构系统，

复杂中的适应：基础教育学校变革机制

学校为了组织的发展，必须与外界的环境进行能量交换。在这个过程中，外界环境向学校输入人力和物力资源、社会的价值观、社区的期望、社会的要求，等等，通过学校一系列的生产加工过程（如课堂教学活动）加以转换，学校会向外界环境（如工商界、家庭、高等院校）输出带有附加值的成果（如毕业生、新知识、经过修正的价值体系等），学校组织所做的努力也因此得到相应的回报（如社区的财政支持），于是学校组织就能够得以生存（并有希望兴旺起来），然后再开始新一轮的循环。

从复杂适应系统理论来看，学校组织是一种典型的复杂适应系统。而"所谓复杂适应系统，是指由大量的按一定规则或模式进行非线性相互作用的主体所组成的动态系统"[①]。复杂适应系统的演化主要是依赖于主体通过学习产生的适应性生存和发展的策略，适应的过程是主体与外界环境之间的交互作用的过程。在这种交互作用的过程中，主体并非一个消极被动的受动体，它会根据适应的结果来修正和调整自身对于外界环境的适应程度。"在复杂适应系统中，任何特定的适应性主体所处环境的主要部分，都由其他适应性主体组成，所以任何主体在适应上所做的努力，就是要去适应别的适应性主体。"[②] 因此，适应性产生的复杂性就成为复杂适应系统理论的核心思想和基本观点。

通过研究我们发现，复杂适应系统主要有四个方面的特征。一是它具有开放性。复杂适应系统与外界环境有着密切的联系并相互作用，能通过相互作用朝更好地适应环境的方向发展。二是它具有适应性。复杂适应系统中的个体一般会通过自动调整自身的状态、与其他个体进行合作或竞争等手段来适应环境，其目的在于为自己争取到更多的生存机会，这也反映了"适者生存"这一普遍的自然法则。三是它具有动态性。由于外界环境的变幻莫测，复杂适应系统要想维持自身的生存和发展，就必须要随时调整自身的适应策略，这说明复杂适应系统是动态的而非静止的。四是它具有非线性。复杂适应系统主体之间、主体与环境之间的相互关系并非简单的、被动的、线性的因果关系，而是呈现出主动适应、非线性的特征。因

[①] 颜泽贤.复杂适应系统：理论与应用.研究与发展管理，2008（4）：63-67.

[②] 约翰·H.霍兰.隐秩序：适应性造就复杂性.周晓牧，韩晖译.上海：上海科技出版社，2000：32.

此，我们很难预测到复杂适应系统中的主体行为。

作为社会组织的重要组成部分，学校呈现出了复杂适应系统的基本特性。首先，学校具有复杂适应系统的开放性。学校要想在社会大环境中得以生存和发展，就不能搞自我孤立和封闭，必须与外界环境进行物质、能量和信息等方面的交换。在交换的过程中，学校通过内部结构的运作，吸收和利用社会向其提供的各种资源，然后向社会输出毕业生、新知识等产品。其次，学校具有复杂适应系统的适应性。学校是人们按照某种方式有计划、有组织地建立起来的一种社会组织，它有自己独特的结构和运行规律，在学校形成发展过程中激发出了它本身的自我调节、自我适应的能力，学校对社会环境的影响并不只是做出简单的机械反应。相反地，它会对这些影响进行某种程度上的调整和重组并做出灵活反应，这种适应性奠定了学校在社会环境中的主体地位。再次，学校具有复杂适应系统的动态性。根据美国社会学家帕森斯对开放型组织特征的研究，学校作为一种开放性组织，不能脱离其生存的环境而独立存在，这就需要学校有高度的适应性以应对环境中突变的境况和事件。而作为开放型社会组织的学校，面对外部变幻莫测的环境中，要想维持自身的生存和发展，就必须要随时调整自身的适应策略，这说明学校这种社会复杂适应系统是动态的而非静止的。最后，学校具有复杂适应系统的非线性特征。学校的产生和发展是不同的主体和因素相互作用的结果，这种主体和因素之间的联系并非是简单的、线性的，而是多项交互的复杂的关系。

当前我国基础教育学校正处于一个急剧转型的社会时期，当代中国独特的历史文化以及独特的发展现状构成了学校发展变革的独特的复杂环境，学校既受到它的制约同时又得到它的滋养。这种独特的复杂环境对学校提出了更多的要求，学校要想得以生存和发展，就必须进行相应的变革，通过变革来增强自身的社会适应能力，因为"一个生命系统越是复杂，就越会从环境中汲取原始能量和组织的复杂性；生命系统越是变得复杂，越是有自主性，它就越是依附于生态系统"[①]。

---

① 莫兰. 社会学思考. 阎素伟译. 上海：上海人民出版社，2001：83.

二、学校变革是一个复杂的系统工程

通过上述分析我们知道,学校组织是各种主体和因素相交互作用、多种利益冲突的交汇地,因此,学校场域充满了各种复杂的现象。由于各主体和因素之间的非线性作用和它们对外部环境的依赖性,我们很难去预测它们变化发展的原因和结果。因此,在复杂变化的环境中进行的学校变革本身也是非线性的,其中充满了不确定性。

(一)学校变革是多维关系的互动过程

在变革发展中,学校会综合学校与外部环境以及学校内部构成要素之间的各种复杂关系。而无论是外部的环境还是内部结构的构成要素,都可以成为学校变革的力量,当然这些力量既有消极的也有积极的。学校变革能否实现良性运行,关键在于学校是否能够把各种变革的力量凝聚起来。学校要在削弱变革的消极力量的同时强化积极的变革力量。

在变革过程中,学校要处理好学校与教育行政主管部门之间、社区和家庭之间的互动关系。第一,学校与教育行政主管部门存在一个管理与被管理的关系,主要表现为学校的校长多数是由教育行政主管部门任命的。但随着管理体制和人事制度的改革,校长逐步从行政权力系统中分化出来,对学校变革拥有了更大的专业自主权,在学校变革过程中也就表现出了独特性。因此,每一所学校与教育行政主管部门之间呈现出不同的关系状态。第二,学校所依存的周围社区因经济状况和文化传统的不同,对学校的影响也是复杂的,因此学校的变革具有独特性。第三,单亲家庭、重组家庭等家庭结构也对当前的学校变革带来了严峻的挑战。

学校发展变革要想顺利进行,还要处理好内部制度、学校文化和日常生活的关系。学校在日常生活中会形成自己的学校文化,也会衍生出与学校文化配套的学校制度。在某种程度上,学校变革发展的过程就是完善现有学校制度、更新学校文化和日常生活的过程。

基于以上分析,学校变革者要勇于面对学校组织中的各种复杂关系,同时要善于协调各种关系。唯有融洽的关系才能更好地促进学校变革机制建设。

（二）学校变革是多元主体的互动过程

在学校变革过程中，每一个学生、每一位教师以及每一个学校管理人员都会以各种方式参与进来，并在其中扮演着不同的角色。不同的角色在变革过程中起着不同的作用，有的成为变革的倡导者或策划者，有的成为变革的推动者或阻碍者，也有的成为逃避者。无论其扮演着哪种角色，都会对学校变革产生影响。

由于多元主体的存在，他们之间形成了复杂的关系。人本身的复杂性更增加了变革主体之间的复杂程度。因此，在变革实践中，我们必须要以积极的心态去直面这些复杂的变革主体，处理好复杂的变革主体对学校变革造成的各种影响。

第二节　强化变革机制建设的目标意识

对于学校变革而言，变革目标的定位是否合理决定着变革的成败，也会影响到学校变革机制建设的成效。许多变革之所以失败，是因为当变革发展到较高实施水平的时候，变革的参与者未能在头脑中为在教室或学校内实践的理想状况共同绘制一幅远景蓝图，也就是变革目标。当然，变革蓝图的成分必须得到尽可能清晰的界定，而且变革促进者必须不断地与变革实施者一起交流对于变革发展愿景的看法，使他们能够向高质量的实施水平前进。

基于这种认识，在学校变革机制建设的实践中，应该增强和提高变革主体的目标意识。所谓目标意识，是指人们对于行为目标的认识，是影响人们行为动机的一个重要因素。它主要有三个构成要素。一是目标的明确性。人们对于目标的意识越清晰、越具体，目标就越容易激发起个体的行为动力，因为明确的目标可以使个体感到自己存在的意义和价值促使个体的完善，还能够促使个体看清自己的任务和使命，集中精力排除各种干扰，分清轻重缓急。二是目标的适当性。制定的目标应该在个体的"最近发展区"范围之内，过难或过易的目标对个体不具有任何刺激作用，也就不会激发个体的行为动力。具体来说，如果目标过易，个体不需要付出努力就能够达到，成功的价值就会大大降低。相反地，如果目标过难，个体可能怎么努力都达不到的，那这个目标就形同虚设，对个体无任何刺激作用，成功的概率大大降低。三是目标的价值性。判断制定的目标是否有价值的有效途径，就是看目标是否能够或在多大程度上满足个体的正当、合法需要。一般来说，越是能够满足个体正当、合法需要的目标，就越有价值；反过来，目标的价值越高，也就会越有利于增强个体的行为动力。

从目标意识角度反观当前的学校变革机制建设，应该做到以下几点。

一、围绕学校变革目标整合各种变革机制

在当前我国基础教育学校变革机制建设实践中，我们时常会发现各种各样的机制盲目建设的现象发生，主要原因就是变革主体缺乏机制建设的目标意识。因此，在学校变革机制建设中，一定要发挥变革目标的引领作用。

变革目标可以引导各种变革机制的作用方式，实现功能的优化与组合，在取得更大的变革成效的同时也可以在更大程度上减少变革资源的浪费。

变革目标除了具有引领作用外，还具有强大的整合功能。在变革机制建设中，变革目标可以整合变革机制的各种构成要素，使其处于一种和谐、平衡的状态。因此，变革目标对变革机制的构成要素整合的过程是一个研究和探索变革机制建设理论的过程。这不仅能够帮助学校变革主体不断反思学校变革实践中变革机制建设出现的问题，还有助于增强变革主体的自觉性，使变革主体能够根据变革机制建设因果关系，适时地对基础教育学校变革机制建设的目标和行动方案做出调整和修正。

二、根据变革的阶段特征调整机制建设目标

在第四章中,笔者为了研究的方便,根据学校变革系统的构成要素及其相互作用的方式,把变革过程分为变革的启动、转化和实施(常规化)三个阶段,并对每个阶段的运行流程和影响因素做了分析。变革过程的每一个阶段既是对前一个阶段的延续,也是对前一个阶段的超越。由于参与每一个阶段的构成要素有所不同,每一个阶段呈现出不同的运行方式和特征。因此,在学校变革机制建设过程中,我们应该根据每一个变革阶段的不同特征来调整和修正变革机制建设的目标。

在学校变革的启动阶段,因为对变革认识上的局限性和变革过程的复杂性,缺乏推进或约束变革进行的规范和制度,所以这个阶段的主要任务首先是建立相应的规章制度,在此基础上建立学校变革的基本机制,如传导机制、支持机制和协调机制。传导机制可以更好地把变革目标转化为变革主体的变革行为;支持机制可以为学校变革机制的有效运行搭建平台,通过资金、技术、人员提供必要的资源和帮助;协调机制可以调整不同变革主体之间的利益分配,加强变革主体之间的沟通,促使变革基本目标的实现。

在学校变革的转化阶段,人们对于变革有了较明确的认识,变革在相关规范的约束下得以开展。这个阶段的主要任务是要建立激励机制和监督机制。激励机制主要是对变革主体的变革行为从物质、精神等方面进行激发和鼓励,使其行为继续发展的机制。激励机制可以更好地激发起变革主体的积极性和主观能动性,使变革得以深入开展。监督机制是保证变革执行力的重要手段,监督机制可以采取有益的干预行为,对变革过程和结果进行监督。这样既可以识别变革过程中的需求,澄清问题和解决问题,还有助于变革促进者评估学校变革的进展状况,进一步修正和调整变革目标。

在变革的实施阶段,也就是变革的制度化和常规化阶段,变革已经成为常态并被人们接受,并且成为机制建设系统的一个有机组成部分。这个阶段的任务就是建立相应的研讨机制和学习机制,通过研讨机制和学习机制可以更好地把握学校变革机制建设的规律性,提升变革能力。另外,学

校变革者也可以把某些重要的机制制度化，如评价机制和反馈机制等，通过制度促进学校变革的常规化和日常化。

第三节　协调多元主体之间的价值冲突

学校本身就是一个利益场，"具有利益主体的多元性、利益实现过程的特殊性、利益体现的综合渗透性"[①]等特征。在某种意义上，学校变革的过程是一种利益的重新调整和分配，当然对学校变革主体来说，变革主体参与学校变革的最直接动力就是对于利益的追求。

一、利益冲突是一种常态

在学校变革过程中，由于变革主体的多元化，多元化的主体对利益的追求出现了多元化的倾向。学校变革的过程也是利益主体之间利益博弈的过程。利益主体的多元化导致了学校变革过程的复杂性。

因此，"不管变革是人们所追求的还是抵制的，不管变革是偶然发生的还是有计划出现的，不管人们是站在改革者或操纵者的立场上还是站在个人的或机构的立场上看待变革，它们对变革的反应都具有矛盾的特征"[②]。由此我们可以看出，变革利益主体在变革过程中的阻抗是一种常态。由于这种现象的存在，需要协调变革利益主体之间的利益冲突，变阻力为动力。

二、建立合理、公平、公正的利益关系

在学校变革过程中，变革利益主体总体上利益趋向一致，并不代表每

[①] 李家成. 学校教育是一个利益场："利益"视角下的学校教育. 安徽教育学院学报, 2003（2）：87-90.
[②] 迈克尔·富兰. 教育变革新意义（第3版）. 赵中建，陈霞，李敏译. 北京：教育科学出版社, 2005：31.

个变革利益主体关系一致，他们之间的矛盾和冲突是长期、普遍存在的。这种长期、普遍存在的变革利益主体之间的矛盾和冲突在某种程度上促进了学校变革的进程。

当变革利益一方只寻求眼前的直接利益时，就会全然不顾学校变革机制本身的内在规定性和个体发展的长远性，甚至以阻碍学校变革发展为代价来获得自身利益的满足。要恰当地处理和协调学校变革中多元化的利益主体之间的利益博弈，应该建立一种新型、合理、公平、公正的利益关系，这种关系更能够有效地促进学校变革。"但就目前来看，各类学校变革主体之间的利益关系模式尚未完全建成"[①]，这也是当前我国基础教育学校变革机制建设、基础教育改革必须面对的一个重要难题。

第四节　构建可持续的动力结构

通过前文的分析我们知道，推动学校变革的动力是多元的，既有社会转型带来的外部动力，也有学校间竞争而产生的外部动力，还有学校内部产生的变革内动力。在这三者之间，学校内部成员自发而产生的内生性变革动力是主动力。在当前我国基础教育学校变革实践中，变革更多的是在外部政治、经济改革等外部动力的推动下进行的，缺乏变革主体身上激发出来的内生性的变革动力，导致学校变革的内部主体被动地接受学校变革。

上述学校变革的多元动力不会自动转化为学校的发展，但是这些动力却时刻在影响着学校的发展。因此，学校变革者要创造条件使这种复杂的变革力量朝着有利于学校变革的方向发展，同时还要对学校变革力量的性质和类型有正确的判断，因为这是产生力量集聚行为的前提条件，力量的差异会引起学校变革价值的不同。

---

① 叶澜. 中国基础教育改革发展研究. 北京：中国人民大学出版社, 2009：110.

复杂中的适应：基础教育学校变革机制

一、调整原有动力结构

传统的学校变革理论认为，随着社会的发展，当学校不能满足外界的社会环境发展所提出的要求时，二者就会处于一种关系失衡的状态而相互阻碍。要想改变这种结构不良的状态，学校就必须进行相应的变革来适应社会对其提出的更高的要求，学校只有改变自身才能够修复与环境之间的平衡关系，因此，学校变革往往也被看作是人们刻意进行的一项与外界环境达致平衡的行为，在这个过程中，社会发展对学校所带来的更高的需求成为变革的主要内容，被内化为学校变革的目标。我们关注的重点是，以往的学校变革的动力更多的是来自于政府、教育主管部门和校外的教育专家身上，变革方案的制定以及变革的执行都是依靠他们所拥有的行政权力，而忽视了学校内部的变革力量。

要改变因变革动力结构不合理所导致的变革内动力不足的现象，我们需要调整学校变革的动力结构。根据马克思主义哲学的基本原理我们知道，在学校变革过程中，社会转型是外因，是促使学校进行变革的条件。学校内部成员自发的变革愿望是内因，是学校变革发展的依据。社会转型只能给学校变革提出目标和要求、提供必要的条件和营造宽松的环境和氛围，学校变革主体应该将外部动力和压力整合到自己的变革行为中去，形成推动变革前行的合力。因此，需要我们激发学校变革的内生性动力，并使其成为引领学校变革的主动力。

二、激发变革内动力

学校变革的实践证明，如果人们过分地依赖来自于学校以外的变革力量的话，那么就很难保证变革的持久性和范围。而真正的学校变革最终都要改变学校的文化，因此我们可以从组织文化学的角度对此进行分析。美国学者乔安妮·马丁（Joanne Martin）从"分化"和"模糊"两个角度对此做了研究。[1] 她指出，"分化"的观点认为，学校并没有整体上的共识，

---

[1] 转引自张庆勋.学校组织文化与领导.台北：五南图书出版股份有限公司，2006：10-17.

学校文化的内容和外显的形式，往往会通过内部成员的行为和学校组织的象征性符号等呈现出其冲突的现象，学校组织的共识只存在于亚文化之中，在亚文化内存在明确的价值观念和信念，其外则是模糊地。这种开始处于弱势地位的亚文化可能与学校变革追求的文化是一致的，经过精心培育壮大后，可能成为促进学校变革的最大力量。而"模糊"观点认为，学校是由内部成员交织而成的一个网络，学校文化的多样性和不确定性导致了难以达成学校组织的共识。它更多强调的是学校组织中的模糊性和复杂性，正是这种学校组织内部的复杂性，就会使哪怕是局部的微小的变动都会引起整个学校系统的深入的变革。在具有模糊性的学校文化中蕴含着无穷的潜在的变革动力。

因此，从组织文化学的角度我们可以这样说，学校变革是内部成员与外界环境互动的生活本身，内部成员在生活中产生的新思想、创造的新事物都可能成为变革的动力，这就需要改变传统变革中对教师的误解，强化对教师的专业信任并对其赋权增能。当然在拓展内在变革动力时，要关注潜在的变革力量，对其要保持敏锐的感知力、细心呵护，通过各种可能的方式使其得以释放。

学校变革内动力的激发需要进一步完善学校变革的相应的支持机制，因为"一所学校可能就是变革的一个构成单元，但是变革常常是系统活动的结果，这些活动的成败取决于由一个更大的组织所提供的策略和支持"[1]。当学校变革机制建设由外延式发展进入内涵式发展阶段后，就势必要求外部的支持机制与变革主体的内在发展需要相融合，通过这种融合能够为变革主体提供一个良好的发展的平台，最终提高了变革主体应对变革的能力。有了这种较强的应对变革的能力，变革主体就能够轻松自如地处理变革过程中出现的各种新问题。

在实践中，我们可以通过提高物质待遇和精神激励的方式来激发变革主体的内动力，开发其变革的潜能。另外，我们还可以通过沙龙、经验分享会等方式，展示变革主体因参与变革而发生的变化，体验因变革带来的

---

[1] 迈克尔·富兰.教育变革新意义（第3版）.赵中建，陈霞，李敏译.北京：教育科学出版社，2005：83.

喜悦，这种措施可以更加有效地激励变革主体持续性地参与变革。

第五节　健全科学的监督反馈机制

在学校变革过程中，任何变革方案的有效实施都离不开及时、有效的监督反馈机制来保障。有些学校在变革过程中之所以出现各种失控现象，发生许多事与愿违的事件，究其原因，主要在于监督反馈机制不健全。导致这种现象的主要原因：一是缺乏参与监督的制度环境，导致监督的自觉性和主动性不强；二是没有建立起相互衔接和配套的科学的监督体系；三是缺乏相应的独立的、专业的监督机构。要改变这种状况，应做到以下三个方面。

一、增强监督的自觉性

学校变革过程中的监督主体主要是学校的管理者和上级教育主管部门。学校变革监督能够达到什么样的自觉程度，以及变革监督所具有的民主化水平，在某种意义上，与学校变革管理者和上级教育主管部门参与监督的程度有很大的关系。因此，在学校变革实践中，一定要增强学校变革主体的民主监督意识，提高他们对监督的认识和重视程度，提升他们在学校变革中的民主监督素质，拓宽变革主体参与监督的各种渠道和途径，通过各种形式调动他们参与变革监督的积极性和主动性，以求达到事半功倍的效果。另外，要想实现变革监督的制度化、规范化，最为关键的一点是要为变革主体创造一个参与变革监督的良好的制度环境。要想从根本上解决学校变革监督主体分散、变革主体监督责任不够明确、学校变革监督制度操作性和实效性不强、监督意识缺位等问题，必须把强化监督作为学校变革机制建设的重要基础性工程，既要充分发挥监督的制度优势，又要不断强化监督意识，增强监督的自觉性。

二、建立科学的监督体系

建立相互衔接和配套的各种监督程序和制度，做到具体周密、科学规范。为了做到未雨绸缪，提前防范，我们还可以把学校变革中要监督的内容和程序公开化，这样就能够把变革后监督与变革前监督、变革过程中的监督与变革结果的监督结合起来，切实提高人们对于学校变革的监督水平。另外，在学校变革实践中，要高效地执行变革的政策方案，要引入责任问责制度，对学校变革的执行情况和考核结果实施必要的赏罚措施。

"教育领域对问责要求的日益增强已经成为20世纪70年代的标志"[1]，从教育实践层面来看，问责的本意在于准确判断需要帮助提高的学校，提升学校变革的动力，进而帮助需要帮助的学生，问责已经成为学校制定政策、监督评估学校质量的基本标准和重要手段，"学校教育问责的根本动因不仅仅在于追责，不仅仅是对问责对象进行监督、检查、惩罚，更重要的是通过问责来确定各主体的教育责任，提供一种确保各教育主体权责平衡或权利与义务对等的制度与手段，以引导、监督、激励各教育变革主体转变发展方式，最终促进学生、教师、学校的发展"[2]。反观我国学校教育的问责制，其范畴正由对外在学校硬件条件的投入问责，逐渐转向对教育质量产生更大影响的校长、教师的观念与行等范畴的问责。

三、建立有效的监控机构

在学校变革过程中，应该设置专门的监督机构来监控变革的全面实施。虽然国家在《2003—2007年我国教育振兴行动计划》中构想了建立监控机构的计划，也明确要求要"建立国家和省两级学校变革的跟踪、监测、评估、反馈机制，加强对基础教育质量的监测"，但在学校变革实践中还存在很多的问题。主要表现在两个方面。第一，是政府层面的监督机构独立性与专业性不够。目前，在各级政府和教育主管部门中，还没有设

---

[1] 转引自段晓明.美国学校教育变革的问责向度：基于政策文本的分析.外国中小学教育，2013(9)：1-4.
[2] Macpherson R J S. Educative Accountability：Theory，Practice，Policy and Research in Educational Administration. Oxford：Pergamon，1996：28.

复杂中的适应：基础教育学校变革机制

置一个相对独立的、职能定位明确的监督机构来支持各级学校的变革。第二，地方层面的监督机构部门重叠、职能交叉。这种行政结构的不良和功能的紊乱导致了在学校变革监督过程中的职责不清，管理混乱，监督机构在学校变革中的监控功能得不到有效的发挥，以致一些监督机构成为一种摆设，一些监控行为成为走过场。

  因此，有必要建立政府和地方层面的两级学校变革监控机制，负责监督与调控学校变革的推行。对此英国的做法值得我们借鉴，"英国的督导员分为三个层次：最高层是直属于教育标准办公室（Office for Standards in Education，OFSTED）的皇家督学，他们不直接作督导检查，而是审阅督导报告，监督学校落实报告中的改革措施。中间层是注册督导员，他们是具体督导项目的负责人，负责承接 OFSTED 的督导合约，组建督导小组对学校进行检查和撰写报告。合约督导员之下是学科督导员和非教育督导员。学科督导员多数由资深教师担任，负责对某个学科的教学情况进行检查。非教育督导员多数由非教育专业人士担任，负责对学校的管理和财政进行检查。不论是注册督导员、学科督导员，还是非教育督导员，都要接受 OFSTED 的培训和指导"[①]。此外，我们还应该进一步拓宽学校变革监控的渠道，例如可以设立一些非官方的独立中介机构，使其根据学校变革的规律制定科学的评价标准和方法，公平公正地评价每个学校的变革行为，进而为政府和教育主管部门的决策提供依据。

---

① 高凌飚. 课程与教学质量监控：英国的经验对我们的启示. 教育研究，2004（8）：38-40.

结　　语

学校变革已经成为当今教育领域中的强势话语和社会关注的焦点问题，也是教育界人士所必须面对的紧迫问题。"我们与其把变革看成是一个充满痛苦的诅咒，还不如去研究、发现它是如何运作的，以及该如何去推动这个过程，如何从这些经历中学到有益的东西。"[①]

今天我们谈论的主题不是要不要变革，而是如何变革，如何为学校变革寻找一个突破口。变革实践证明，当变革运推进到某种程度后，原有的制度已很难满足学校变革的需要，这就要求我们从机制的层面来把握变革，因此从机制的视角来研究学校变革成为一种必然。

本书首先分析了学校变革系统的构成要素，并进而探讨了他们之间的相互作用关系，建立起了分析和研究学校变革机制的理论框架。在建立起来的理论框架之下，笔者对学校变革机制的运行原理进行了进一步的深入探讨，同时结合学校变革的实践揭示出了学校变革的运作过程主要包括启动、转化、实施（制度化）三个阶段，指出学校变革机制是一个不断循环的动态系统，在变革实践中既要能够了解学校变革运行机制中所包含的各个子系统的运行状态，同时我们还要把握变革机制的整体运行情况，适当调整那些对整体运行情况产生阻碍的局部结构，进而更新或促成新的学校变革机制的生成。最后笔者在建立的理论分析框架的基础上，运用系统的

[①] 吉纳・E. 霍尔，雪莱・M. 霍德. 实施变革：模式、原则与困境. 吴晓玲译. 杭州：浙江教育出版社，2004：22.

复杂中的适应：基础教育学校变革机制

方法，从学校变革系统的构成要素及其之间的运行原理的整体角度，来反思和批判当前我国的基础教育学校变革机制。笔者认为当前我国基础教育学校变革机制本身存在变革目标不清晰、变革主体力量过于分散、变革动力不足、协调和监督机制不健全等问题。同时为了解决当前我国基础教育学校变革机制存在的问题，促进学校变革机制的良性运行，笔者提出了相应的对策：一是要树立复杂性学校变革观，二是要明确学校变革的目标，三是要集聚变革主体的力量，协调变革主体之间的利益关系，减少变革中的阻力，四是要调整变革机制中的动力结构，更多地激发变革的内生性动力，五是通过监督机制来调整各构成要素之间的结构和关系，促进学校变革机制的良性运行。

从某种意义上来说，本书对学校变革机制的研究还仅仅是从理论上对其进行初步建构和分析，尚缺乏对学校变革机制建设的实践观照，因此，未来的研究将着力于将这种理论建构与实践结合起来，使学校变革机制的研究更为深入。这样说来，学校变革机制的研究将是"路漫漫其修远兮"，未来的研究之路将任重而道远！

目前，国内外有关于学校变革机制的研究文献非常欠缺，仅有的研究也只是围绕学校变革机制建设的原则、类型等外围性问题进行探讨，很少涉及学校变革机制的构成及运行方式等本质性问题。笔者在借鉴其他相关研究领域的有关研究成果的基础上，经过理论移植构建起了用来分析学校变革机制的理论框架，在探索和分析学校变革机制的结构和运行方式的基础上反观当前我国基础教育学校变革机制存在的问题，并提出具有可操作性的建议，无论是研究的视角还是对于深化学校变革理论的研究都具有创新意义。当然由于笔者的能力和占有资料的限制，笔者分析和探讨学校变革机制的理论框架的合理性有待进一步考证，对于国外关于学校变革机制研究的文献梳理不够，在一定程度上也影响了本书的视域，这也是以后努力的方向。

参 考 文 献

阿尔玛·哈里斯，丹尼尔·缪伊斯．2007．教师领导力与学校发展．许联译．北京：北京师范大学出版社．

埃德加·莫兰．2001．社会学思考．阎素伟译．上海：上海人民出版社．

埃德加·莫兰．2004．复杂性理论与教育问题．陈一壮译．北京：北京大学出版社．

埃德蒙·金．2001．别国的学校和我们的学校：今日比较教育．王承绪，邵珊，李克兴等译．北京：人民教育出版社．

爱弥儿·涂尔干．2002．社会学与哲学．梁栋译．上海：上海人民出版社．

爱弥儿·涂尔干．2003．教育思想的演进．李康译．上海：上海人民出版社．

柏成华．2008．新公共管理视野下的学校变革．教育理论与实践，（10）：29-32．

保罗·弗莱雷．2001．被压迫者教育学．顾建新，赵友华，何曙荣译．上海：华东师范大学出版社．

本杰明·莱文．2004．教育改革：从启动到成果．项贤明，洪成文译．北京：教育科学出版社．

卜玉华．2008．学校变革三十年：进步与转型．教育科学研究，（7）：16-18．

卜玉华．2011．当前我国学校变革应深度把握的四个基本关系．南京社会科学，（4）：104-111．

蔡春，张爽．2011．论回到"学校""教育"本身的学校发展．教育研究，（6）：32-35．

操太圣．2007．在实践场域中发现学校变革能力．教育发展研究，（4B）：1-5．

操太圣，卢乃桂．2005．论学校组织变革中的教师认同．华东师范大学学报（教育科学版），（3）：43-48．

陈奎憙．1990．教育社会学．台北：三民书局．

陈如平．2007．以理念创新引领学校变革．人民教育，（21）：2-5．

复杂中的适应：基础教育学校变革机制

陈时见. 2006. 学校教育变革与教师适应性研究. 北京：商务印书馆.

陈晏清. 1998. 当代中国社会转型论. 太原：山西教育出版社.

程振响，刘五驹. 2000. 学校管理新视野. 南京：南京师范大学出版社.

褚宏启. 2005. 政府与学校的关系重构. 教育科学研究，(1)：41-45.

崔允漷. 2006. 基于伙伴关系的学校变革. 当代教育科学，(22)：3-5.

达林. 1991. 教育改革的限度. 刘承辉译. 重庆：重庆出版社.

达林. 2002. 理论与战略：国际视野中的学校发展. 范国睿主译. 北京：教育科学出版社.

代建军. 2007. 论我国当前中小学课程运作机制的转变. 上海：上海师范大学博士论文.

戴维·W. 约翰逊，罗杰·T. 约翰逊. 2003. 领导合作型学校. 唐宗清译. 上海：上海教育出版社.

戴维·波普诺. 1999. 社会学. 李强译. 北京：中国人民大学出版社.

戴维·伯姆. 2004. 论对话. 王松涛译. 北京：教育科学出版社.

戴维·赫尔德，安东尼·麦克格鲁，戴维·戈尔德布莱特等. 2001. 全球大变革：全球化时代的政治、经济与文化. 杨雪冬，周红云，陈家刚等译. 北京：社会科学文献出版社.

戴伟伟. 2008. 为学校变革发展提供专业支持：纽约学校支援组织作用显著. 上海教育，(7B)：43-44.

董君武等. 2010. 学校变革与教育领导. 北京：北京大学出版社.

杜威. 1981. 杜威教育论著选. 赵祥麟译. 上海：华东师范大学出版社.

段晓明. 2007. 学校变革视域下的专业学习共同体. 比较教育研究，(3)：74-77.

范国睿. 2000. 教育生态学. 北京：人民教育出版社.

范国睿. 2001. 走向学习型组织的现代学校. 教学与管理，(1)：3-7.

范国睿. 2002. 多元与融合：多维视野中的学校发展. 北京：教育科学出版社.

范国睿. 2003. 学校管理的理论与实务. 上海：华东师范大学出版社.

范国睿. 2005. 校本管理与学校发展计划. 教育科学研究，(2)：21-23.

范国睿. 2008. 教育系统的变革与人的发展. 合肥：安徽教育出版社.

风笑天. 2006. 社会研究方法. 北京：高等教育出版社.

冯大鸣. 2004. 美、英、澳教育管理前沿图景. 北京：教育科学出版社.

傅维利，刘民. 1988. 文化变迁与教育发展. 成都：四川教育出版社.

高金峰，王小丽. 2011. 学校变革的特征分析：基于复杂性理论的思考. 现代教育管理，(11)：30-33.

高金岭，谢登斌.2007.文化学观照下的教育变革.桂林：广西师范大学出版社.

高凌飚.2004.课程与教学质量监控：英国的经验对我们的启示.教育研究,（8）：37-40.

郭继东.2010.学校改进规划执行系统的构建.中国教育学刊,（3）：79-82.

国际21世纪教育委员会向联合国教科文组织提交的报告.联合国教科文组织总部中文科译.

  1996.教育：财富蕴藏其中.北京：教育科学出版社.

郝文武.2009.实现三维教学目标统一的有效教学方式.教育研究,（1）：69-73.

何齐宗，周益发.2009.教育变革的新探索：迈克尔·富兰的教育变革思想述评.教育研究，

  （9）：86-91.

扈中平.2000.现代教育理论.北京：高等教育出版社.

黄欣荣.2007.复杂性科学与哲学.北京：中央编译出版社.

黄志成，程晋宽.2001.教育管理理论.上海：上海教育出版社.

季苹.2002.美国公立学校的发展研究.北京：高等教育出版社.

教育部人事司组织.2004.管理创新与学校发展.西安：陕西师范大学出版社.

康永久.2004.当代公立学校制度变革研究述评.比较教育研究,（11）：16-20.

柯政.2007.学校变革困难的新制度主义解释.北京大学教育评论,（1）：42-54.

劳伦斯·阿瑟·克雷明.2009.学校的变革.单中惠译.济南：山东教育出版社.

李宝庆.2009.学生参与学校变革.现代教育管理,（1）：44-47.

李宝庆.2010.学生参与学校变革再探.现代教育管理,（2）：33-36.

李春玲.2006.我国学校组织变革研究的现状与展望.华东师范大学学报（教育科学版),（3）：

  31-36.

李春玲.2007.理想的现实建构：政府主导型学校变革研究.杭州：浙江大学出版社.

李春玲.2007.关于政府主导学校变革的教师问卷调查与分析.教师教育研究,（3）：50-53.

李家成.2006.透析学校变革的复杂性：当代中国学校变革理论建构的起点之一.教育理论

  与实践,（11）：21-24.

李家成.2008.学校变革中校长思维方式的更新.人民教育,（2-3）：22-24.

李金松.1989.系统论、信息论、控制论与教育改革.武汉：湖北教育出版社.

李俐心.2008.学校变革中和谐校园的构建.教学与管理,（11）：17-18.

李尚明.2008.论学校的变革与发展.中国成人教育,（5）：10-12.

李书磊.1999."村落中的国家"：文化变迁中的乡村学校.杭州：浙江人民出版社.

复杂中的适应：基础教育学校变革机制

李先军．2008．家长参与：学校变革的应然选择．南通大学学报（教育科学版），（3）：15-18．

李小融．2000．中国基础教育问题：教育热点难点透视．长沙：湖南教育出版社．

李志强．2004．基于价值重构的企业变革研究．上海：复旦大学博士学位论文．

励骅，白华．2009．国外薄弱学校改进的有效举措探析．比较教育研究，（6）：57-61．

联合国教科文组织国际教育发展委员会．1996．学会生存：教育世界的今天和明天．北京：教育科学出版社．

廖其发．2011．论我国教育改革与研究的价值取向．西南大学学报（社科版），（1）：107-114．

廖哲勋，田慧生．2003．课程新论．北京：教育科学出版社．

刘国华．2007．引领学校变革，走特色发展之路．上海教育科研，（2）：26-27．

刘国艳．2007．学校变革中的内部制度缺陷．当代教育科学，（2）：10-13．

刘国艳．2007．制度分析视野中的学校变革．济南：山东师范大学博士学位论文．

刘国艳．2009．试论学校变革的实践条件．中国教育学刊，（9）：40-42．

路易斯·斯托尔．2010．未来的学校：变革的目标与路径．柳国辉译．北京：北京大学出版社．

伦恩伯格，奥斯坦．2003．教育管理学：理论与实践．孙志军，金平，曹淑江等译．北京：中国轻工业出版社．

罗伯特·G.欧文斯．2001．教育组织行为学（第7版）．窦卫霖，温建平，王越译．上海：华东师范大学出版社．

马和民，高旭平．1998．教育社会学研究．上海：上海教育出版社．

玛丽·杜里-柏拉，阿涅斯·冯·让丹．2001．学校社会学（第2版）．汪凌译．上海：华东师范大学出版社．

迈克尔·富兰．2004．变革的力量：透视教育变革．中央教育科学研究所，加拿大多伦多国际学院组织翻译．北京：教育科学出版社．

迈克尔·富兰．2004．变革的力量：续集．中央教育科学研究所，加拿大多伦多国际学院组织翻译．北京：教育科学出版社．

迈克尔·富兰．2004．变革的力量：深度变革．中央教育科学研究所，加拿大多伦多国际学院组织翻译．北京：教育科学出版社．

迈克尔·富兰．2005．教育变革新意义（第3版）．赵中建，陈霞，李敏译．北京：教育科学出版社．

毛亚庆．2002．应注重以学校为主体的校本管理．教育研究，（4）：78-80．

孟繁华.2008.学校组织再造:对有效学校变革的再思考.教育前沿(综合版),(4):6-7.

莫琳·T.哈里楠.2004.教育社会学手册.傅松涛,孙岳,谭斌等译.上海:华东师范大学出版社.

牛利华.2010.教育改革中的教师阻力:成因及教育应答:以中国已有的研究为基点.外国教育研究,(10):18-21.

诺曼·朗沃斯.2006.终身学习在行动:21世纪的教育变革.沈若慧,汤杰琴,鲁毓婷译.北京:中国人民大学出版社.

彭新强.2010.全球化对中国教育改革的冲击.复旦教育论坛,8(8):15-17.

齐格蒙·鲍曼.2000.立法者与阐释者:论现代性、后现代性与知识分子.洪涛译.上海:上海人民出版社.

钱民辉.1997.校长与教育变革关系的研究述评.高等教育研究,(5):98-101.

钱扑.2001.教育社会学的理论与实践.南宁:广西教育出版社.

冉亚辉.2010.当代中国基础教育改革的特殊性论析.教育理论与实践,(10):19-22.

盛冰.2007.学校变革的一般理论及其反思.教育学报,(8):45-50.

施良方.1996.课程理论:课程的基础、原理与问题.北京:教育科学出版社.

石鸥.2005.关于基础教育课程改革的几点认识.教育研究,(9):28-30.

司马云杰.2001.文化社会学.北京:中国社会科学出版社.

司晓宏.1993.学校管理学原理.西安:陕西人民教育出版社.

司晓宏.2009.教育管理学论纲.北京:高等教育出版社.

斯蒂芬·J.鲍尔.2002.教育改革:批判和后结构主义的视角.侯定凯译.上海:华东师范大学出版社.

孙翠香.2010.学校变革主体动力研究.上海:华东师范大学博士学位论文.

孙联荣.2009.校本视导理论与实践初探.上海:上海三联书店.

孙绵涛.1992.论教育体制及其改革的基本内容.教育研究与实验,(4):16-19.

孙绵涛.2004.教育体制理论的新诠释.教育研究,(12):17-22.

孙绵涛,康翠萍.2006.教育机制理论的新诠释.教育研究,(12):22-28.

孙素英.2007.学校改进视角的考察与思考.中国教育学刊,(12):25-30.

孙元涛.2008.自识与明辨:关于教育学者参与学校变革的前提性反思.基础教育,(9):20-22.

唐娜·伊·玛茜,帕特里克·杰·麦奎兰.2005.学校和课堂中的改革与抗拒.白芸译.上海：华东师范大学出版社.

藤条英典.2001.走出教育改革的误区.张琼华,许敏译.北京：人民教育出版社.

田凌晖.2005.利益关系的调整与重塑：新公共管理影响下的教育管理机制研究.上海：华东师范大学博士学位论文.

托马斯·J.萨乔万尼.2004.校长学：一种反思性实践观.张虹译.上海：上海教育出版社.

王加强.2008.学校变革的生态分析.上海：华东师范大学博士学位论文.

王星霞.2007.学校发展变革研究.兰州：西北师范大学博士学位论文.

王星霞.2010.反思与前瞻：学校发展变革研究.北京：科学出版社.

王有升.2003.理想的限度：学校教育的现实建构.北京：北京师范大学出版社.

王有升.2004.理念的力量：基础教育学校改革的社会学研究.上海：华东师范大学教育学博士后流动站出站报告.

王宗敏,张武升.1991.教育改革论.郑州：河南教育出版社.

魏宏森.2008.复杂性系统的理论与方法研究探索.包头：内蒙古人民出版社.

吴黛舒.2007.在学校教育变革中增长变革智慧：对我国当前学校变革的几点认识.教育科学研究,（1）：5-9.

吴铎,张人杰.1991.教育与社会.北京：中国科学技术出版社.

吴康宁.1998.教育社会学.北京：人民教育出版社.

吴忠魁.1988.教育变革的理论模式.成都：四川教育出版社.

吴遵民,李家成.2007.学校转型中的管理变革：21世纪中国新型学校管理理论的构建.北京：教育科学出版社.

伍红林.2011.学校变革是如何发生发展的：变革主体的视角.教育发展研究,（15-16）：45-49.

肖建勇.2008.从复杂适应系统理论看学校变革.江西农业大学学报（社会科学版）,（3）：142-144.

谢翌,张释元.2008.学校变革阻力分析.教育发展研究,（8）：62-67.

谢维和.2000.教育活动的社会学分析：一种教育社会学的研究.北京：教育科学出版社.

徐高虹.2008.学校变革的内部阻力与克服.教育发展研究,（5-6）：81-83.

徐书业.2003.变革的趋向：转型期的学校文化生态研究.重庆：西南师范大学博士学位论文.

颜泽贤.2008.复杂适应系统：理论与应用.研究与发展管理,（4）：1-6.

杨明全．2003．革新课程的实践者：教师参与课程变革研究．上海：上海科技教育出版社．

杨骞．2011．学校变革价值标准与行动研究．中国教育学刊，（11）：37-39.

杨小微．2002．社会转型时期学校变革的方法论初探．上海：华东师范大学博士学位论文．

杨小微．2004．全球化进程中的学校变革：一种方法论视角．上海：华东师范大学出版社．

杨小微．2008．当代学校变革中运行机制的探寻．教育研究与实验，（2）：31-34.

杨小微．2009．我国学校变革区域推进中合作的三种类型．中国教育学刊，（7）：5-9.

杨炎轩．2008．学校变革的动力机制探析．教育发展研究，（8）：58-61.

叶澜．2002．实现转型：新世纪之初中国学校变革的走向．探索与争鸣，（7）：10-14.

叶澜．2005．21世纪社会发展与中国基础教育改革．中国教育学刊，（1）：2-7.

叶澜．2006．"新基础教育"论：关于当代中国学校变革的探究与认识．北京：教育科学出版社．

叶澜．2006．当代中国教育变革的主体及其相互关系．教育研究，（8）：3-9.

叶澜．2009．"新基础教育"成型性研究报告集．桂林：广西师范大学出版社．

易丽．2008．从美国当代教育改革方案看其学校变革意向．外国中小学教育，（4）：1-4.

余东慧．2005．企业流程变革管理影响因素及其动态机制研究．复旦大学博士学位论文．

袁桂林．2001．本届美国政府教育改革计划述评．外国教育研究，（6）：16-24.

袁振国．1992．教育改革论．南京：江苏教育出版社．

约格什·阿塔尔．2002．变化背景下的教育：新的社会功能．教育展望，（1）：11-21.

约翰·D．麦可尼尔．1990．课程导论．施良方，唐晓杰，罗明东等译．沈阳：辽宁教育出版社．

约翰·H．霍兰．2000．隐秩序：适应性造就复杂性．周晓牧，韩晖译．上海：上海科技出版社．

约翰·I．古德莱德．2006．一个被称作学校的地方．苏智欣，胡玲，陈建华译．上海：华东师范大学出版社．

湛启标．2006．有效学校．大连：辽宁师范大学出版社．

张慧洁．2005．中外大学组织变革．上海：复旦大学出版社．

张军凤．2008．校长的使命：在学校变革中生成学校文化．中国教育学刊，（1）：38-41.

张立新．2006．从关系维度透析美国公立学校变革．教育研究与实验，（5）：49-52.

张立新．2007．当代我国学校内部组织变革研究．上海：华东师范大学博士学位论文．

张人杰．1985．现代教育改革论——从一次专家会议谈起．外国教育资料，（5）：1-4.

郑新蓉．1999．现代教育改革的理性批判．北京：人民教育出版社．

钟启泉．2004．中国基础教育课程改革：问题与行动．全球教育展望，（1）：11-15.

复杂中的适应：基础教育学校变革机制

周彬 . 2003. 决策与执行：制度视野下的学校变革 . 北京：教育科学出版社 .

周兴国，朱家存，李宜江 . 2010. 基础教育改革研究 . 合肥：安徽师范大学出版社 .

周志平 . 2006. 在学校变革过程中寻找变革的力量 . 当代教育科学，（20）：3-6.

朱家存，阮成武 . 2008. 政府职能转变与学校运行方式的变革 . 合肥：安徽教育出版社 .

佐藤学 . 2005. 转折期的学校改革：关于学习共同体的构想 . 全球教育展望，（5）：3-8.

C. 赖特·米尔斯 . 2001. 社会学的想象力 . 陈强，张永强译 . 北京：生活·读书·新知三联书店 .

E. 马克·汉森 . 2005. 教育管理与组织行为（第5版）. 冯大鸣译 . 上海：上海教育出版社 .

F. 卡斯特 . 1985. 组织与管理 . 李柱流译 . 北京：中国社会科学出版社 .

H. K. 科尔巴奇 . 2005. 政策 . 张毅，韩志明译 . 长春：吉林人民出版社 .

S. 斯特林费儿德，S. 罗斯，L. 史密斯 . 2003. 重建学校的大胆计划：新美国学校设计 . 窦卫霖译 . 上海：华东师范大学出版社 .

W. 理查德·斯科特 . 2002. 组织理论 . 高俊山译 . 北京：华夏出版社 .

Balchin N, Randall L, Turner S. 2006. The coach consult method：A model for sustainable change in schools. Educational Psychology in Practice，22（3）：237-254.

Barlow D. 2004. How do we change a school?. Education Digest：Essential Readings Condensed for Quick Review，70（3）：62-65.

Boyd W L, Walberg H J. 1990. Choice in Education：Potential and Problems. California：McCutchan：41-54.

Dalin P. 1998. School Development：Theories and Strategies. An International Handbook. London：Cassell：133-252.

Desimone L. 2002. How can comprehensive school reform models be successfully implemented?. Review of Educational Research，72（3）：433-479.

Desimone L, Finn-Stevenson M, Henrich C. 2000. Whole school reform in a Low-income African American community：The effects of the cozi model on teachers, parents, and students. Urban Education，35（3）：269-323.

Hargreaves A, Goodson I. 2006 .Educational change over time? The sustainability and non sustainability of three decades of secondary school change and continuity. Educational Administration Quarterly，42（1）：3-41.

Hess, G A. 1994. School-based management as a vehicle for school reform. Education and Urban

Society，26（3）：203-219.

Hess G A. 1999. Expectations，opportunity，capacity，and will：The four essential components of Chicago school reform. Educational Policy，13（4）：494-517.

House E R. 1981.Three Perspectives on Innovation，Improving Schools：Using What We Know. Beverly Hills：Sage Publications：35-41.

Kaba M. 2001. They listen to me，but they don't act on it：Contradictory consciousness and student anticipation in decision- making .High School Journal，（2）：14-28.

Janas M. 1988.The dragon is asleep and its name is resistance. Journal of Staff Development，（3）：238-240.

Kotter J P. 1996. Leading Change. Boston，Mass：Harvard Business School Press：18-19.

Stoll L，Fin D. 2001. Changing Our Schools：Linking School Effectiveness and School Improvement. Buckingham Philadelphia：Open University Press.

附 录[1]

附录一 论教育幸福及其双重结构[2]

随着"幸福"成为教育中使用频率越来越高的词汇,教育能否带来幸福、教育过程是否让人体验到幸福、幸福是否是教育的最高价值判断等一系列疑问也成为教育界不断自我省思的问题。但是,当我们反问"教育中的幸福是何种含义"的时候,幸福一词似乎又变得难以捉摸,甚至一百个教育研究者就会有一百个关于教育幸福的定义。康德曾说:"幸福的概念是如此模糊,以致虽然人人都在想得到它,但是,却谁也不能对自己所决意追求或选择的东西,说得清楚明白、条理一贯。"[3]对幸福一词"真实含义"的追寻也许是徒劳无功的,即便如此,人们从来就没有停止过追求幸福的脚步,这似乎也在昭示人们,教育中的幸福一词并非严格意义上的术语,而是一个教育口号。

一、作为教育口号的教育幸福

不同的学科领域因为研究立场和观念的不同,对于教育幸福的研究也

---

[1] 附录部分选取的是笔者已发表的与本课题相关的成果。
[2] 韩登亮.论教育幸福及其双重结构.当代教育科学,2014(19):3-5.
[3] 周辅成.西方伦理学名著选辑下卷.北京:商务印书馆,1987:366.

就有了不同的学科视角和价值取向。那什么是教育中的幸福？从美国哲学家谢弗勒的角度来看，教育中的幸福一词的各种用法和多样性、分歧性的阐述都可以作为教育口号来研究。在谢弗勒看来，教育口号一般是非系统化的、表述不严谨但通俗易懂、常被人们接受和传诵的教育语言。它既不是为了促进对话，也不是为了解释术语的意义，而是为了从心理上激发听众。教育口号现象十分普遍，比如杜威提出的"以儿童为中心"的口号，就曾经影响了整整半个世纪的教育实践，至今余音未绝。教育口号有其来龙去脉，有其变化的语境。"这些不同的上下文背景主要包括了口号的文字表述、给予口号以生命力的实践活动以及形成口号的陈述母体。这三方面的标准是相互独立的，当口号之间在文字上相互冲突、产生矛盾时，并不等于它们代表了不可调和的冲突的实践建议。"[1] 从教育口号的角度来看，对幸福一词抽象含义的研究也只有抽象的意义，在实际的实践活动中，过分执着于概念反而会损害实践活动，培根称这种语言的误用为"市场假象"[2]。概念之争不能解决问题，仅仅着眼于语言的辨析和概念的澄清，反而容易诱导人们的理智去关注抽象的理论而非真实的实践。所以有效的方法应当是分析教育中关于幸福的各种表述的性质。

幸福在教育中的使用有多种表述方式，但是教育中引入幸福概念的各种表述方式无一例外都是一种命题。不论我们说"幸福是教育的终极目的"，还是"让学生在受教育过程中感到幸福"，都蕴含着"教育能够带来幸福"以及"教育过程是幸福的"这样的命题。当幸福作为一种口号或者口号的组成部分被陈述的时候，陈述者不论是出于怎样的动机，都定然是受某一先在价值观的影响，进而对某一命题进行判断。而在教育之中，这一价值观念就是某一时期教育研究者共有的对教育价值的共同判定，来自于各个时代教育的"价值承诺"，成为教育为自己赋予的应然使命。社会历史实践的变迁使得教育这一"能指"在何种"所指"意义上存在成为一个变动的过程，教育承诺也经历着不断的变化。教育承诺的核心是最终价值承受者是谁的问题，作为参与教育逻辑命题而出现的幸福，其核心是

---

[1] 唐莹. 元教育学. 北京：人民教育出版社，2002：135.
[2] 培根. 新工具（第1卷）. 许宝骙译. 北京：商务印书馆，1984：41节.

解决"谁的幸福"这个疑问，后者必须在前者得到确证的条件下才能提出问题。如果教育承诺不承认某一主体是价值的承受者，那么讨论这一主体在教育中的幸福就是不恰当的；只有当教育承诺允诺了某一主体的教育价值承受者地位，幸福问题才能够随之进行讨论。在教育领域，教育的价值承诺对于这一主体的划定具有历史性。因此，个体的存在意义和价值的承认历史性地划定了教育中幸福问题的主体，受教育者的幸福问题才成为教育活动中的核心问题，幸福与否也就必须相对于受教育者个体而做出最终评判。

需要特别说明的是，我们不能将幸福问题与幸福感问题混同，因为幸福感问题是一个私人问题，不具有客观性和普遍性。每个人都有自己独特的标准来界定幸福，有效的幸福问题似乎只能是"我是否幸福"的个体幸福感判断。如果只限于承认这一点，那么教育就不能再对幸福说些什么了，因为我们永远无法真正理解他人的幸福，所以也就无法真正的进行一种幸福的教育。如果教育不能给予幸福，教育还有什么存在意义？因此，作为一种教育口号的幸福概念，其问题不是从个体的主观幸福感的角度来讨论具体的教育幸福，而是在更为基础的层面上对教育幸福的结构进行阐明，我们将教育幸福区分为消极幸福与积极幸福。

二、消极幸福：个体教育幸福的冲突及其解决

贡斯当在阐述古代社会和现代社会自由的概念时曾指出，现代自由是免于被他人剥夺自由权的自由，一种消极意义上的自由。[1]我们在讨论群体幸福的时候不能再以群体发展的名义压制个体的幸福诉求，因为个体相对于群体具有逻辑上的在先性，那么也就意味着在教育幸福的问题上，首要的问题不是如何使个体幸福不断获得的问题而是如何使每个个体避免不幸的问题，这就必然得出一个消极性的标准：任何人幸福的获得都不得损害他人的幸福。教育存在的理由也可以由此辩护：虽然教育不必然地能够给人事实上的幸福，但是不经过教育，个人就无法在社会中有效地进行实

---

[1] 贡斯当.古代人的自由与现代人的自由.阎克文，刘满贵译.北京：商务印书馆，1999：24-46.

践活动，最终个人就会成为他人的负担和不幸。因此教育存在的首要价值不是造就幸福，而是预防不幸。

同样的逻辑可以推广到教育个体之间的幸福冲突中去。对于每个人来说，教育幸福意味着拥有某些东西，每个人的幸福感构成都包含着一定的要素，但却不可能被普遍地满足。"每个人在事实上总会有着某种程度的生活欠缺，不论我们在主观上是否感觉到这一欠缺，幸福在客观上总是多多益善的。"[1] 这些幸福索求之间必然地有所冲突，从而幸福必然存在一种结构性的匮乏。教育中通常的方法是进行所谓的幸福观教育，用"较好的"幸福观取代"不正确的"幸福观，但是从实践的角度来看，个体幸福之间的冲突是不可避免的。幸福观教育不能消解教育幸福的结构性冲突问题。而且这些幸福观教育常常有以更高级的幸福代替低级幸福的思想倾向，希望通过鼓励个体追求更高幸福来规避当下幸福追求受挫带来的不幸体验。但是当受教育者追问"我为什么要接受这一套幸福观念"时，教育者往往无法给出逻辑上有效的理由。培根对这样的教条式的方法有过尖锐的批判："还有一类假象是从哲学的各种各样的教条以及一些错误的论证法则移植到人们心中的。我称这些为剧场的假象；因为在我看来，一切公认的学说体系只不过是许多舞台戏剧，表现着人们自己依照虚构的布景的式样而创造出来的一些世界。"[2] 在教育实践中，必须有效地回应这种结构性冲突，否则教育幸福就是结构上的不可能了。对单个人来说，绝对的幸福是不被允许的，这会必然地导致他人幸福的损害。因此，幸福问题就必然从"不损及他人幸福"的反方向进行考察。

这种反向考察的实质就是将他人的幸福考虑进去，这可以从对"己所不欲，勿施于人"这一规则的讨论进行说明：因为这一规则将自己所不欲的确定为不能给别人的，所以当规则成立的时候，你所给别人的东西也就是别人可以随时回敬你的东西，而这些东西不会给你造成麻烦。这与康德的"律令普遍化"的处理相似：我们必须衡量我们的规范能否适用于包括自己的所有人，最起码能被别人反过来用于自己身上。正如当人们在生活

---

[1] 赵汀阳. 论可能生活. 北京：人民出版社，2004：151.
[2] 培根. 新工具（第1卷）. 许宝骙译. 北京：商务印书馆，1984：44节.

中追逐利益时，个人利益的最大化是合法的，但是其前提条件是不损及他人的利益，否则他人也可以损及你的利益，最终变成弱肉强食的社会。同样地，在教育中，个体追求幸福的最大化必须有一前提制约，即不损及他人的幸福，否则也会形成教育中的弱肉强食。

消极意义上的教育幸福是一种对公平的确认，是教育幸福能够成立的结构性要求。虽然这一层结构可以为教育提供存在的意义和预防个体的不幸，但是这一层结构只是说明了个体幸福并存时的社会性问题，而非解决个体幸福的私人性问题。而在确保消极意义上的教育幸福基础上，我们还需要教育能够提供一种积极的幸福。

三、积极幸福：作为扩展个人幸福可能的教育

如前所述，不造成他人的不幸和不被他人损害的幸福都不是幸福问题的全部。幸福问题既是一个公共问题也是一个私人问题，作为前者必须保证一种教育的公平性，而作为后者，则要确保一种个体幸福的能力。

从语言分析的角度，我们只能有效地进行"我是否幸福"这样的判断，而无法进行"他是否幸福"的判断。虽然我们可以说"他很幸福"，其含义也不过是一个感慨而非逻辑的有效判断，表达的是自己的幸福观念在他人身上的投影，是否幸福的命题只能由提出命题的个体自己给出解答。但是，幸福作为一种教育口号，绝不会仅仅满足于得出这样的结论。任何消极意义上的教育幸福即使有价值，也不能够成为教育所追求的理想状态，教育需要在不损及别人幸福这一规则之上给自己更多的价值负载。同时，个人在不损及他人的前提下，也需要最大限度的完成自己的存在意义与幸福。但是，如前所述，我们不能从具体的个体幸福来阐述教育幸福，而教育幸福必须是基于一个普遍结构性的阐释，笔者认为这一阐释只能是来自于教育能够为受教育者扩展幸福的可能这一事实。

教育中的人是未完成的人，"在夸美纽斯的伟大而独特的教育思想体系中已把人理解为'可教育的动物'，'实际上，人不受教育就不能成为一个人'。康德所讲授的教育学，其论点也是'人是唯一必须受教育的造

物'"①。任何教育的前提都必须承认人的可教育性的假定,而可教育性也能置换成关于幸福的教育陈述:教育能够形成人本身,这种改变可以成为现在和未来的一种幸福。杜威在论述"教育即生长"的观点时曾经说过,"生长的首要条件是未成熟状态……我们说未成熟状态就是有生长的可能性。这句话的意思,并不是指现在没有能力,到了后来才会有;我们表示现在就有一种确实存在的势力——即发展的能力"②。发展的问题同样也是幸福的问题,教育能够承诺多大程度的幸福就在于它能够为个人幸福扩展多大的领域,并在何种程度上形成一个能够获得幸福的人。

因此,教育幸福的积极方面的含义就是个人幸福可能的扩展。这也是幸福问题在教育领域与其他生活领域的重要差异。在其他领域,幸福问题是一个面对过去的问题,幸福判断主要是作为一直延续到现在的过去生活的综合判断。在教育领域,幸福问题主要是在一个从现在延伸出去的未来如何展开的问题。前者重视一种实然性,后者更重视一种可能性。从这一角度来说,幸福一词作为一种教育口号,就不能够仅仅着眼于受教育个体的幸福感问题,更为重要的是在为个人提供幸福可能的过程中考察教育实践对于扩展个体的幸福可能具有怎样的意义。

"追求幸福是每个人的生活动力,这是一个明显的真理。如果不去或不能追求幸福,生活就毫无意义。"③不去追求幸福和不能追求幸福的性质不同,前者是一种行为的选择,自愿地放弃了对幸福的追求,而后者则或是由于不幸而丧失了追求幸福的可能,抑或是不具备幸福的能力。如前所述,不幸是教育必须消除的东西,不能够成为通向幸福的障碍,而幸福的能力则是教育必须积极促成的东西,没有幸福的能力则幸福不可企及。从历史发展的角度来说,现代社会由于分工的深入,也由于人的生活的各个领域的不断扩展,每个人能够实现自己价值和人生意义的选择也扩大了。虽然马克思批判了日益严重的分工带来的异化问题,但是不可否认的是,分工与新的生活方式的扩展创造出了人们的新的生活领域和生活方式,对

---

① 博尔诺夫.教育人类学.李其龙译.上海:华东师范大学出版社,1999:35.
② 杜威.民主主义与教育.王承绪译.北京:人民出版社,2001:49.
③ 赵汀阳.论可能生活.北京:人民出版社,2004:143.

人的潜能来说则意味着有了更多的幸福选择。

由于教育对于获得幸福的意义重大，幸福的口号在教育领域获得了极大的认同，虽然对于幸福究竟是何含义难以获得一致的看法，但是并不妨碍这一口号的使用。在使用中，不论幸福是何具体含义，也总要含有"接受教育的比不接受教育的更接近幸福"的意思，否则如果承认了不接受教育可能比受了教育更容易获得幸福，那么这一口号就失去了作为口号的实践基础和存在意义。"接受教育的比不接受教育的更易获得幸福"能够被大家自然接受的主要原因在于，教育扩展了个体进行生活的空间和多样性，套用赵汀阳先生的表述就是为受教育者指出更多的"可能生活"，为受教育者开辟更多的获得幸福的路径。

因此，作为扩展个人幸福可能的教育，是否能够顺利地实现其价值承诺就成为判断教育是否导向幸福的重要尺度。同样地，在积极的意义上将教育的幸福问题表述为扩展受教育者的幸福可能，也能够对当下过分关注教育过程幸福感的一些教育口号的缺陷进行有效的分析。教育幸福面对的是学生的幸福可能，因此在本质上是走向未来的，关注于教育的当下幸福虽然合理但不充分，"当下生活既不是丢掉过去也不是遗失未来。假如过去和未来没有加强现在的话，那么就毁灭了现在"[1]。如果将眼光仅仅放在当下的幸福问题上，那么就损害了受教育者的未来幸福。教育面对的是未完成的人，当下的幸福如果不能为未来幸福开拓疆界，那么所谓的当下幸福也就成了一种快乐或者快感而已。当下的幸福是重要的，但不是教育的最重要问题，教育对于幸福的价值不能够在当下的教育生活中得到充分的表达，却真实地塑造着学生的未来生活。只有理解和践行这种现实教育的未来性维度及其意义，未来的教育幸福才真正有可能成为现实。

---

[1] 雅斯贝尔斯.什么是教育.邹进译.北京：生活·读书·新知三联书店，1991：41.

附录二 学校课程整合的基本范式及现实启示[①]

现代社会，随着人类创造的知识总量的大幅度增长，学科门类的分化也越来越细。学校教育作为人类传递知识的制度化组织形式，倾向于将各种有益于社会发展、适合学生学习的知识都设置到学校的课程方案中，试图使每门学科的基础知识、前沿内容、新兴领域都能在学校课程中得以体现，使学生各种素养都能在学校课程中得以良好的培养和发展。于是，在整个世界范围内，人们不断地在学校课程设置上增加砝码，使学校课程的门类越来越庞杂，课程内容也越来越臃肿。据统计，美国一般高中的课程门类在200门上下，英国第六年级学生（相当于普通高中）需要学习的"高级水平普通教育证书"课程达49门之多。[②] 而我国有的中小学开设30多门校本课程、150多门选修课。学校的教学时间是固定的，不可能因为课程门类的增多、课程内容的增加而无限延长。要让学生在有限的教学时间里汲取人类社会的多元文化，获得尽可能丰富的知识体系和价值体验，只能通过课程整合的方式得以实现。

课程整合是应对社会发展迅速、学科内容庞杂的必然要求，也是减轻学生学习负担，提升学生兴趣提高学习效率，培养创新型人才的必要途径。在世界教育史上，课程整合的理念与实践探索由来已久。

一、课程整合的历史渊源

课程整合的理论基础可以追溯到19世纪赫尔巴特的统觉论。随后，以学生心理发展和兴趣需要为基础的课程整合实践在世界各国都产生了广泛影响，其间虽然课程整合也经受过因质疑而短时期沉寂，但是最终发展成为学校课程建设、课程结构调整的重要方式。

[①] 车丽娜，韩登亮.学校课程整合的基本范式及现实启示.现代基础教育研究，2017（4）：148-155.
[②] 熊梅，常新.当今一些发达国家普通高中课程结构特点的比较研究.外国教育研究，1994（6）：49-56.

1. 赫尔巴特学派的观念联合整合观

赫尔巴特以统觉概念解释教学现象的发生，为教育研究的科学化奠定了坚实的心理学基础。他关注人的自我意识的统一性，强调教育过程中的新旧经验的联合，而统觉就是把分散的观念联合成一个整体，并使新经验同化于旧经验的过程。因此，为了实现教育性教学的目标，培养学生的德行或意志，必须使孤立的教材相互联系，将支离破碎的教学内容整合起来，共同致力于完整人格的形成。他详细论证了课程组织的集中原则和相关原则，使课程中的所有研究集中于某一中心学科，并使中心学科的各个组成部分充分包含相关学科的内容。受其文化时代理论（Culture Epoch Theory）的影响，赫尔巴特认为应该将文学和历史作为课程整合的核心学科。

齐勒充分继承了赫尔巴特的课程思想。他认为教学的终极目标是陶冶德性，而此种目标的实现不能仅仅依靠以统一教学目的为表现形式的观念整合，还必须以特定学科为中心形成实质的整合，才能统一学生的意识。他以直接关涉学生道德情操的历史、文学和宗教为中心学科，使自然科学、数学、图画、地理、手工和唱歌等其他学科有机关联，从而保证学生以道德、宗教情感和意志为核心的人格的形成。同样，深受赫尔巴特思想影响的麦克默里兄弟修正了齐勒的课程方案，他们突破了传统教育目标对学生道德发展的单一关注，希望把学生培养成为身体、社会适应和道德均是良好的公民。为此，课程的设置关键是确定和选择适当的组织中心，使其与教学目的存在有机联系，并能把不同科目的知识协调成为一个单独的学习项目。麦克默里把地理学科作为知识科目结构的中心，因为地理能使人胸怀远大，有助于完成他们提出的把学生培养成良好公民的教学目的。

赫尔巴特学派将课程整合建立在学生观念发展的基础上，使课程整合的研究步入科学的轨道。但在其整合过程中，无论确定哪门学科作为整合的中心，都是依据其与其他学科知识的关联性而确定，与中心学科关联不密切的学科被排除在外。课程整合并没有完全打破学科的界限，而是在学科知识的关联范围内有限度地执行，课程实施依旧以分门别类的学科课程为主导方式。

2. 进步主义学派的经验统合整合观

以赫尔巴特为代表的传统教育思想占据了欧美教育舞台近百年之久。直到19世纪末20世纪初，为适应南北战争后工业化进程以及民主主义思想的发展，美国以帕克、杜威、克伯屈等为代表的一批进步主义教育家开始革新传统教育的弊端，重视对人的主动性和创造精神的培养。他们认为学校教育的中心应该从学科转移到学生身上，在课程的组织上应该重视学生的经验。杜威认为"教育即经验的改造和改组"，课程应该以生活相关的经验为内容，以活动为组织形式。进步主义教育家把学生经验作为课程整合的中心，让学生在活动中学习相关知识。此种课程组织方式的价值经"30校实验"（亦称八年研究）得到充分验证：与传统学校的毕业生相比，参与实验的29所中学（1所中学中途退出）的毕业生在大学学习中显示出学术兴趣、适应能力、参与意识等方面的优势，说明按照进步主义的教育原则实施的中学教育，既能很好地完成中学的传统职责，为大学输送合格的人才，又能比传统教育更好地促进学生多方面的发展。由此，以经验为基础的综合课程也被看作是为大学生活做准备的可行而且必要的课程。帕克具体阐释了课程整合的基础和过程，他指出："课程整合的融合模式是合并相关学科形成新课题的过程。两个或多个学科领域进行合并，以这种形式形成一个新的统一的观念。帕克认为融合模型试图建立在孩子们想法的归纳基础上，诸如'人类的决策影响其他生物的生存'。科目整合在一起能够使学生内化一个复杂的观念。"[①] 这种课程思想对美国乃至世界各国的学校教育都产生了深远影响，成为20世纪上半叶西欧新教育运动乃至西方现代教育运动的重要理论基础。

以经验为基础的课程整合彻底打破了学科课程的藩篱，所有课程均以活动的方式开展和实施。活动课程在关照学生经验的基础上，却忽视了知识的逻辑性与系统性。二战以后，进步主义因被认为降低美国教育质量而

---

① 转引自 Elizabeth R H. Revisiting curriculum integration: A fresh look at an old idea. The Social Studies. 2005, 96 (3): 105-111.

屡遭非议，急剧衰落，课程整合的思想也日渐式微，壁垒分明的学科课程重新占据主导地位。

3. 后现代主义的知识建构整合观

学科的分化与整合是人类认识发展的必然产物。20 世纪 70 年代以来，以科学知识的普适性和确定性为基础的封闭性学科体系逐渐被新兴的后现代文化所解构，认知被看作是内外因素相互作用过程中的主体建构。整体性与建构性的知识观为后现代课程的开放性与不确定性提供了佐证。后现代主义者将课程看作是与社会密切联系的一个开放系统，它鼓励差异、接纳干扰、允许协商。"认知者不能同认知对象分离，意义不能同引起该意义的经验情境分离。"[①] 课程的意义不是线性呈示和机械的灌输，而是在情境性、对话性交互作用中创造生成的。课程整合的现实价值得到了后现代课程研究者的普遍认同。后现代课程观的代表人物多尔（W. Doll）对现代课程范式的封闭性、简单化进行了批判，并围绕泰勒模式提出了针锋相对的后现代课程的 4R 标准：丰富性、关联性、循环性和严密性。他特别重视课程的深度、多层意义及多种解释的可能性，认为"不必教太多的学科"，而是"完全地教"所教的一切，以便让主要的观点"发生尽可能多的组合"。斯拉特瑞（P. Slattery）主张课程应该以"个人建构"和"整体理解"为基础，在个人经验的相互联系中形成对课程的整体理解，使课程的概念在个体与群体、自我与社会之间穿行。他在《后现代时期的课程编制》中提出了"跨学科的多层课程"概念，将课程按照整合的程度区分为不同的层次：最高层次的广域课程、核心课程；中层次的课程和低层次的课程。以美国的卡普拉（F. Capra）、澳大利亚的高夫（N. Gough）、加拿大的米勒（J. P. Miller）等为代表的一批后现代主义者从生态系统的角度出发论证课程的整体联系思想。他们认为，人类生活于一个紧密联系的世界，所有生物的、心理的、社会的和环境的因素都不可分割；为了人类的生存，我们需要加强课程与人的身心世界乃至身外世界的联系，加强与人类、自然、

---

① Slattery P. Curriculum Development in the Postmodern Era. New York：Garland Publishing，1995：32.

社会、民族等各方面的依存与沟通，全面发展人的身体、知觉、理智与情感等。

后现代主义课程强调要打破分科课程一统天下、各学科互相孤立的局面，从知识建构、整体联系的角度出发，把课程放到更大的教育、社会网络中，全面、深入地理解其内涵。该思想对20世纪90年代以来世界范围的课程改革实践产生了深远影响，各国的课程改革都呈现出追求综合化，强调与学生经验和生活世界的联系等共同趋势。理论与实践工作者普遍认为学生能从综合或者跨学科的方法中获益，"主题式教学能提高学生的参与率，将艺术融合到正规课程中能对学生的态度和自我概念产生积极的影响，中小学教师说在教师采用综合方法时学生有更积极的学习态度和经验等显著优点，综合课程进展的严谨性和课题学习的相关性使得课程对学生的生命更有价值"[①]。

二、课程整合的基本方式

联合国教科文组织在曾经提出过实现课程整合的"课程设计方法论框架"：将普通教育内容按照学科的联系整合为跨学科的十大类别：自然科学教育、社会科学与人文科学、劳动技术教育、母语和外语、公民和道德教育、精神和文化教育、艺术和审美教育、体育和闲暇教育、现代家庭教育、新教育和当代世界性问题。[②] 在相关理论的影响下，世界各国都将课程整合作为弥合学科界限、促进学生整体经验发展的有效举措。在实践层面上，由于所涉及的内容范围及策略的不同，课程整合也呈现出不同的方式。

1. 专题综合式

专题综合式，是将具有相关性的学习内容整合为一个或几个专题，进行集中学习的课程整合方式。根据专题所涉及的内容范围的大小，这种方

---

① Elizabeth R H. Revisiting curriculum integration: A fresh look at an old idea. The Social Studies. 2005, 96（3）：105-111.

② S.拉塞克，G.维迪努.从现在到2000年教育内容发展的全球展望.马胜利,高毅,丛莉,等译.北京：教育科学出版社，1992：204-242.

复杂中的适应：基础教育学校变革机制

式又可分为学科内综合和学科间综合两种方式。学科内综合是将某一学科前后相关内容整合为一个专题进行集中讲授。例如，某小学语文教师将语文教材中"月光启蒙""望月""荷塘月色"三篇课文与"语文主题学习丛书"中"探索月亮奥秘"和"星夜的秘密"两个单元的内容整合为"中国的月亮"专题，在教材内容之外，带领学生搜集关于月亮的古诗词、现代诗歌散文、传说、对联、别称、歌词等教学资源，开展统合学习。学科间综合通常是以人类生存和社会发展的重要问题为核心，在研究性学习的基础上整合相关学科知识，从根本上理解或解决涉及多学科领域的问题。如美国学者贝拉克所言："学科知识犹如水库，在需要时就从中提取事实和思想，强调依据所要解决的问题而排列的现实的知识顺序。"[1] 跨学科的专题整合由于在弥补学科知识割裂、拓展学生视野方面的优越性，越来越成为现代综合课程的主导组织方式。日本名古屋大学教育学部附属中学的综合学习分为三个主题进行：初中一年级以"探求生存方式"为专题，利用新入学的机会学习人际交往、积极参与社会活动的能力；初中二年级以"生命与环境"为主题，培养学生的生命意识、环保观念，引导学生主动探究生命与环境的关系。初中三年级以"学习和平"为主题，带领学生到广岛等地实地考察，引导学生进行和平问题的学习。[2]

在实践发展中，有很多学校将与生活密切相关的现代课题采用学科交叉的方式开展教学。据统计，在二十世纪五六十年代之前，用以整合个别学科的工作单元或活动等多是一些有关农场、工厂、商店、家政等反映当时的社会生活内容和学生生活内容的主题，而二十世纪五六十年代之后，由于现代信息科技的发展及人类面临的重大问题的改变，用以整合个别学科或学生经验的主题更多地涉及网络和计算机技术、环境、人口、健康等方面。[3] 与时代相关的主题可以把相关联的学科有机联系起来，并将多科知识的应用适当地向生活世界延伸，正如美国学者比纳所言："整合不同

---

[1] 贝拉克.知识的结构与课程的结构//瞿葆奎.教育学文集·美国教育改革.北京：人民教育出版社，1990：185-200.

[2] 李思纯.日本研究开发面向二十一世纪的中小学综合课程.外国中小学教育，1998（6）：16-19.

[3] 徐玉珍.从学校的层面看课程整合.课程·教材·教法，2002（4）：21-27.

的学习领域，从而提供更全面的教育视角，使学生学习相互关联，更有意义，这似乎具有相当可观的价值。"[①]

2. 模块关联式

模块关联式整合通常将某一学科的内容规划为不同的模块，使各模块的教学内容在教学过程中相互贯通，有机联合。此类课程整合方式可以使分属不同模块的教学内容在相同难度水平、相关任务驱动下协同共进，促进学生在不同领域中的认识提升，促使学生对学科内容形成整体性认识。如台湾普通高中课程纲要中，将地球系统科学课程分为气圈、水圈、岩石圈、生物圈和外太空五个次系统，各次系统的教学内容力求平均分布在教材章节中，并着重强调各次系统间的交互影响，在教学中充分重视跨系统的课程整合。各年级课标规定的跨系统的教学时数基本呈递增趋势，从1972年的14.3%（7课时）到2006年的64.5%（102.5课时）（附表1），并将原先分散在不同章节中的地球的结构、大气的结构和海洋的结构三部分内容合并为地球的结构，将大气变化与水循环、海水的运动、固体地球的变动等内容合并为地球的变动，将原先的地震、土石流、台风、洪水等章节内容整合为天然灾害。

附表1　台湾历次高中课程纲要地球科学课程主题统计及教学时数变化[②]

课纲	1972年课标		1984年课标		1999年课标		2006年课标		2010年课标	
	比例(%)	排名	比例(%)	排名	比例(%)	排名	比例(%)	排名	比例(%)	排名
气圈	12.2	4	17.8	3	13.5	5	6.3	3	9.4	3
水圈	12.2	4	6.7	5	15.7	4	5.0	6	7.5	5
岩石圈	47.0	1	38.9	1	18.4	3	12.3	2	11.3	2
生物圈	0	6	0	6	0	6	6.3	3	4.4	6
外太空	14.3	2	17.8	3	28.6	1	5.7	5	9.4	3
跨系统	14.3	2	18.8	2	23.8	2	64.4	1	58.0	1
合计	100	—	100	—	100	—	100	—	100	—

[①] Hudson P B. A model for curricula integration using the Australian curriculum. Teaching Science，2012，58（3）：40-45.

[②] 张凯翔.普通高级中学地球系统课程整合问题探讨.基隆：台湾海洋大学，2010：40.

模块关联式整合侧重于将学科内的所有教学内容进行整体统合，在学生掌握学科基础知识、基本结构的基础上，教学按照逻辑顺序依次推进、难度递增、螺旋上升，最终达到掌握本学科核心知识、前沿知识的教学目标。模块关联式整合方式对于学生合理知识结构和学科整体认识的形成具有重要意义，但无形中增加了教材组织和课程实施的难度，在现实教学中的应用范围有限。

3. 主题嵌入式

人类的学习领域总是伴随着社会的发展而不断拓展，由此出现一些需要学生理解并熟知的学习主题。新兴主题的出现往往与人们的认识发展密切相关，而其重要性就体现为在学校课程中占据一席之地，如环境教育、传统文化教育、道德教育等，都是近年来备受关注的学习主题。它们通常没有严格的学科归属，而是与学校课程中的多门学科相互关联。因此，在课程实施过程中，此类主题除了作为独立的特色课程开设之外，还可以通过嵌入的方式在不同学科中得以呈现。帕克对嵌入式课程整合的优势进行了独到的阐释。嵌入法设计模型中，一个学科领域各方面的嵌入或注入能帮助学习者再一次获得更深的了解。因此，一个学科领域是另一个学科领域的帮助者。[1] 美国国家艺术教育研究中心曾经做过一项研究，该研究被认为是艺术教育嵌入学科课程获得成功的初步证明。研究结果显示：当艺术被用于数学和社会学习时，学生的学科学习成绩不仅提高，而且能够锻炼沟通技巧；学习不同文化和时期的艺术有助于学生了解和理解其他民族，同时增强学生的自信心；学习艺术还可以增强批判性思维和解决问题的能力，尤其是对学生未能想过的创造和理解更高层次的思想和观念。[2]

总之，新兴主题的嵌入有助于提升和拓展各学科的教学目标。在小学阶段，尤其是包班制的学校中，这种课程整合方法具有广阔的应用空间。

---

[1] Elizabeth R H. Revisiting curriculum integration: A fresh look at an old idea. The Social Studies, 2005, 96 (3): 105-111.

[2] Thomas M B. Integrated curriculum: What benefit? Arts Education Policy Review, 2002, 103 (4): 31-36.

教师教授同一班级的所有或大部分学科，会发现他们所教的主题和各学科内容之间的联系，并在不同的学科教学中融会贯通。

4. 学科融合式

学科课程作为近代以来课程组织的主导方式，在保障学科知识的逻辑系统性和教学的高效性方面显示了独特优势。由于各科教学在不考虑学科知识的相互关系下孤立进行，造成了学生知识结构的碎片化和问题解决能力的缺失。现实世界本是综合一体的，应对社会生活所需要的知识和能力超越任何一门复杂学科所能提供的范围。如同美国学者戴维斯教授所言："如果要对现实事件做出预测，那么，各门社会科学就是相互依赖的，因为只有把它们的各种观点结合在一起，才能得到对未来事件的全面预测。"[1] 现代科学的发展不断加剧着各学科之间的交叉与融合，在相关学科之间建立联系，在课程整合的基础上开展协同教学也成为现代课程建设的重要方式。2001 年我国颁布的《基础教育课程改革纲要》明确提出："改变课程结构过于强调学科本位、科目过多和缺乏整合的现状，整体设置九年一贯的课程门类和课时比例，并设置综合课程，以适应不同地区和学生发展的需求，体现课程结构的均衡性、综合性和选择性。"规定小学阶段以综合课程为主，初中阶段设置分科与综合相结合的课程。在小学阶段开设的品德与生活、品德与社会，初中开设的历史与社会，小学和初中开设的艺术（音乐与美术的融合）等课程，都充分体现了学科融合的观念。美国某中学开设的"买辆车花多少钱"专题学习计划，充分体现了信息技术与数学学科整合的问题。该专题的学习计划方案使达到驾车年龄的学生清楚买一辆车要花多少钱，怎样从银行获得贷款来支付它。在案例中充分体现了信息技术与课程整合的思想，在运用信息技术的基础上完成各种能力的培养。[2]

学科融合式整合通常是在关系较为密切的学科（交叉学科或关联学科）

---

[1] 贝拉克. 知识的结构与课程的结构 // 瞿葆奎. 教育学文集·美国教育改革. 北京：人民教育出版社，1990：185-200.

[2] 孙莹，王吉庆. 美国信息技术与课程整合的案例及分析. 全球教育展望，2002（3）：45-46.

范围内进行,基本上打破了特定学科之间的界限,使两门或两门以上学科的知识在融合后的学科中集中、均衡的体现,有利于学生视野的拓展和综合性认识的形成,但其内容整合的域限一般严格限制在相关学科范围内。

5.领域统整式

这是指将性质相似、内容相关的多门学科合并为一个领域,使用同一教材进行教学的课程整合方式。如我国台湾省中学课程将物理、化学、生物、地球科学及生活科技合并为"自然与生活科技"领域。美国的社会研究课程涵盖了历史、地理、经济、政治、公民等多学科内容,力求让学生在学习各学科的研究视角和思维方式中拓展认识的深度和广度。韩国自第四次课程标准改革(1981年)开始,开启了在小学一二年级进行课程"整合"的尝试,1983年开始向全国所有公立小学一、二年级的学生普及《正确生活》《智慧生活》《愉快生活》等新的教科书,并将其称之为"整合学科"(附表2)。

附表2 韩国第四次课程改革后的整合学科与内容

整合学科	分科学科	内容
正确生活	道德	◆规范性内容
	语文	◆语言性内容
	社会	◆社会性内容
智慧生活	算数	◆观察和操作活动
	自然	◆数理活动
愉快生活	体育	◆身体表现活动
	音乐	◆音乐知觉以及表现活动
	美术	◆视知觉以及造型活动

领域统整式整合强化了关注同类现象并归属同一领域的所有学科之间的联系,使课程的组织形式与人类社会的基本文化兴趣保持相似或一致,如社会科学共同致力于描述和解释人类的社会和文化行为,自然科学致力于描述和解释物理和生物现象。美国哲学家罗伯特·诺齐克(Robert Nozick)认为:一事物各部分之间的异质性越大且联结度越高,则该事物的价值就越大,换言之,作为有机整体的事物,其异质整合度便是该事物

的价值体现。台湾学者林丛一将诺齐克关于"事物价值"的观点运用到课程上，提出了课程之异质整合度越高，则其价值越高的观点[①]。领域统整后的课程充分地打破学科藩篱，在多学科内容之间建立有机关联，使课程的综合价值得以最大限度地提升，但却使课程编制面临着前所未有的难题，即如何建立一种使该领域的所有学科有意义地联系起来的课程结构，避免不应有的知识分割。如果没有结构合理的课程编制团队，各个学科专家不能深刻理解其他学科的视角和研究方法，则统整后的课程领域很可能沦为肤浅知识的拼盘。

三、课程整合的现实启示

课程整合是教育理论研究中一个传统而古老的命题，却是教育实践探究中一个崭新而日趋重要的领域。当前，各国普遍开展的课程整合实践均取得了斐然的成效，也暴露出一些共通的问题，为我国课程整合的推进提供了有益的经验和启示。

1. 课程整合是打造学校课程特色的有效方式

在当前学校课程建设过程中，很多学校囿于三级课程管理体制的制约，将学校课程的自主范围局限在校本课程的狭小领域，对国家课程和地方课程的实施要求是开足开全、成绩显著，而学校特色的彰显完全依赖地方课程和校本课程。于是，这些学校频繁地在校本课程开发上增加砝码、增设门类，致使学校的课程体系日趋庞杂和臃肿，学生的学习负担日益加重。事实上，育人目标、办学特色等是学校文化氛围的表现，是依赖学校的物质环境、规章制度、课程体系等整体塑造的人文观念，并非仅仅校本课程、地方课程能够承担的职能。国家课程作为学校课程体系中的重要成分，在彰显学校文化、实现育人目标方面具有义不容辞的责任。而课程整合是在学校文化自觉的基础上打破三级课程体制，打造学校课程特色的有效方式。

---

① 林丛一. 政治大学校务发展研究计划：整合型课程研究报告. 台北：政治大学，2006.

学科类别不等于学校课程类型，而课程实施也区别于课程管理。在现实的学科发展日趋精细化，学科门类日趋多样化的前提下，学校课程体系的构建需要在具有传统学科课程的优势的基础上，利用课程整合的方式，在三级课程之间、在不同学科之间建立有机联系，拓展课程内容的广度和深度，从而使学校课程呈现出学科门类齐全、课程类型多样，相依并存、协同发展的良好态势。也就是说，学校课程需要打破三级分裂、学科林立、各自为教的局面，实现相关内容的整合，建构有利于彰显学校特色、提升学习兴趣并且不加重学生负担的学校课程体系。围绕着学校文化的塑造，课程的整合方式各具特色，而整合后的课程类型和存在形态也多种多样，课程类型有逻辑严密的学科课程、学科融合的拓展课程、学科统整的广域课程以及专题研究的核心课程等，课程存在形态既可以是系统规划的学期课程，也可以是专题研究的微型课程；既可以是课堂空间中的传统课程，也可以是虚拟空间中的网络课程。这样的课程体系既符合学科精细化、课程综合化的发展方向，也有利于实现学校各具特色的育人目标。

2. 课程整合是手段而非目标

教育领域最忌讳以追赶潮流的心态对待课程与教学改革，而课程整合在当前基础教育领域被很多学校看作课程建设的"万能钥匙"，以整合来应对所有的课程问题。结果是为了整合而整合，师生在课程实施中均感受不到课程整合的价值和意义，自然也无从寻求课程整合的目标与方向。

整合是方法而不是目的。教师首先需要明确课程整合的价值与目标，将课程整合看作是实现有效教学的一种方式，由此才能精准地把握课程整合的时机、方式与策略，知道何时整合、如何整合以及怎样运用相关策略，从而避免课程整合中的盲从与混乱。帕克曾经旗帜鲜明地指出，"教师应该把整合看作另外一种教育手段而不是目标本身"[1]。然而，现实却屡屡背离学者倡导课程整合的初衷，美国大都会州立大学学者林德说："令我感到尴尬的是，（无论是作为一名小学教师，还是一名社会研究方法的

---

[1] 转引自 Hinde E R. Revisiting curriculum integration: A fresh look at an old idea. The Social Studies，2005，96（3）：105-111.

教授而言）我曾无数次的遇到这样的情况，小学教师要他们的学生按顺序在字母表上面添加短语和单词，以此种形式开展毫无意义的记忆活动，记忆州或者县。例如，用'宪法'和'独立宣言'进行每周的拼写试图达到课程整合。在语言艺术和社会研究活动之间的联系可以说是脆弱的。"[1]无独有偶，我国有的初中语文教师在教丰子恺的散文《竹影》时，浓墨重彩地描述中国画与西洋画的区别，在课堂上运用幻灯片等多种方式展示中国画的画法，而对于课文所表达的童真童趣以及丰子恺的艺术思想却一提带过。整体教学过程语文韵味严重缺失，而美术课的痕迹过于鲜明。这样的整合过程对于学生艺术素养的提升具有一定价值，却严重弱化甚至忽略了语言文学的思想和情感表达功能。正如林德所说的，"让学生做一个解释性的舞蹈或者手势作为'独立宣言'的一部分，对于社会研究而言简直就是浪费宝贵的课题时间，对于推进社会研究的目标不具有任何意义"[1]。因为课程整合的价值在于使不同学科的知识协同作用，共同促进学生认知和思维的发展。而偏离学科的本体价值盲目开发其他学科资源，或为了追求课堂的丰富生动而沉迷于无意义的教学活动，都无异于舍本逐末，对于学生的发展来说是得不偿失的。

总之，课程整合应该是以学生的整体发展为中心打破学科界限、年级界限甚至学校与社区的界限，灵活地开发各种课程资源的过程。这种课程组织方式被美国学者特·瓦瑞克（T. Whariki）形象地比喻为"编织的草席"（woven mat）。"孩子的学习从两种意义上被看作一个连续体的组成部分。第一，时间上具有连续性。学习被认为与以前积累的经验和接触的文化密切相关，并贯穿于人的一生……第二，空间上的连续性。学习被认为是孩子生长的整个客观环境的产物，而学校只是该环境的一个组成部分。"[2]这一概念真切地反映了教育经验在时间上的序列性和空间上的广延性，从而也说明了课程整合的合理性与价值所在。

---

[1] Hinde E R. Revisiting curriculum integration: A fresh look at an old idea. The Social Studies, 2005, 96（3）：105-111.

[2] 戴维·米德伍德，尼尔·伯顿. 课程管理. 吕良环译. 杭州：浙江教育出版社，2008：14-15.

3. 学科的分化与整合相辅相成

课程整合致力于在学生头脑中形成纵横交织、融会贯通的教育经验，然而，如果没有适当的学科基础，没有牢固的学科知识的铺垫，要想形成结构通达的"编织的草席"是无法实现的。因此，整合并不总是课程开发与管理的理想路径。学科的分化是整合的基础，甚至在特定课程中，学科的分化与整合是交错进行、有序演进的。为了使课程整合取得理想的效果，一些基础知识和相关信息有必要让学生分门别类地学习。只有达到可以使内容序列化呈现或开展综合性学习的程度，课程整合才可以有效实施。在具体整合过程中，如何找到整合的经度和纬度，并把相关内容逻辑性地引入或嵌入是教师的必备技能。正如帕克所说，知道怎样和何时去分化主题，去阐明它们，或者知道它们的另外一面，如何将它们整合是技能教学的主要成就。[①] 学校课程的开发与建设必须在适当地学科分化与整合中取得平衡，将学科知识的学习作为课程整合的基础，而将课程整合作为知识拓展与应用的必由之路。任何学科课程都应该支持持续整合，从而为学生知识面的拓展和创新思维的锻造提供条件。

判断课程实施成效的标准是学习效果，而不是整合领域的宽广程度。在有些学校的课程建设过程中，一味追求整合的形式而舍弃了学科课程的优势，使课程中包括众多浅显杂乱的内容信息，却没有适当的知识深度，对于学生的思维发展也没有促进作用。林顿提及一个关于革命战争的单元教学：它试图将科学和社会研究整合。它包括电力的学习只是因为在这两个领域都受到了富兰克林的影响。结果本应充满教育意义的单元却在科学和社会研究领域都缺乏深度。（科学和社会研究可以有效地整合，但是教师必须在这两个领域具备一定的知识以至于能够在学科之间制定清晰而且有意义的联系。）他还列举了另外一个无效单元计划的例子，该单元包含一点艺术、一点历史、一点地理、一点科学、一点数学和一点文学，但是

---

① Parker W C. 2005 Social Studies in Elementary Education. 12th ed. Columbus：Pearson Merrill，Prentice-Hall，2005：453.

在这些领域除了一些表层知识之外，并没有充足的信息去教给学生。[①] 深度整合需要在学生具备一定的学科素养的基础上，有组织有计划地实施，整合后的课程与教学活动应该在所有关涉的学科领域都具有重要的教育意义。

[①] 转引自 Hinde E R. Revisiting curriculum integration：A fresh look at an old idea. The Social Studies，2005（5）：105-111.

后　　记

"看似平常最奇崛，成如容易却艰辛"（《题张司业诗》）。告别多少个不眠之夜，经历了多次的"痛苦磨难"，本书终于画上了句号，虽然不敢说完美，但是已尽心尽力。

本书的大部分内容是在我的博士论文基础上修改而成的。2012年，我申报的教育部人文社会科学研究规划基金项目"复杂中的适应：基础教育学校变革的社会学分析"（12YJA880039）获批，得到了教育部人文社科项目基金的支持，本书也是该课题的最终成果。

感谢我的导师李国庆教授，承蒙恩师不弃，收入门下。在陕西师范大学数载，负笈先生门下，先生耳提面命、告诫谆谆，使我渐进学术殿堂。对于先生的宽容与厚爱，我感激之心永存。先生的道德文章是我一生的宝贵财富，先生的秉性风范是我一生的追求目标。先生之恩，天高水长，唯有加倍努力方不负先生厚望。

怀着梦想来，带着感恩去。感谢陕西师范大学为我们提供了优雅的生活环境和良好的学习氛围。感谢教育学院为我们的学习提供的一切便利条件。

感谢陕西师范大学教育学院的郝文武教授、司晓宏教授、栗洪武教授、刘新科教授、陈鹏教授、陈晓端教授和田建荣教授。读博期间，能够聆听各位老师的谆谆教诲是我莫大的荣幸，更是我人生难得的收获。他们渊博的学识和深厚的学术功底，为我开启了学术殿堂的大门。在博士论文的选

后 记

题、开题和写作过程中，他们都给予了我无私的帮助和宝贵的建议。凡此种种建议，在撰述时都有留意之处，至于未能达到先生们的期望之处，自是学生学力不足之失。

感谢西南大学的朱德全教授、西安交通大学的陆根书教授。在论文正式开题的过程中，他们给予了我智慧的启迪和宝贵的建议，并对论题的最终确定起着关键的引领作用。

感谢所有曾经帮助过我的同窗好友。融洽的集体和真诚的交流，使我收获的不仅仅是专业上的进步，更珍贵的是彼此的友谊和关爱，愿友谊长存！

特别感谢我的家人，在我的求学过程中，他们付出了太多的辛苦，给了我很大的支持，没有他们的付出，我不可能顺利完成学业！特别感谢我的妻子，在我求学期间，她给了我极大的支持和鼓励，她既要完成自己的工作又要照顾家庭，为我解除了很多后顾之忧，使我能够以饱满的热情投入到学习和工作中！妻子早我多年便获得了博士学位，每想及此，心感羞愧，这也成了我不断进取的动力，"老牛明知夕阳晚，不用扬鞭自奋蹄"。感谢我可爱的儿子，带给了我无尽的快乐，有他在身边，再苦再累也值得！

感谢在相关领域做了众多有价值研究的学者，他们的努力和所取得的丰硕成果，奠定了我的研究基础，开阔了我的思路，形成了我的观点，成就了我的研究。感谢已谋面的、未谋面的、授我以渔的学界前辈和同仁！

感谢科学出版社崔文燕编辑。本书的出版也凝聚着她的智慧和心血，她认真负责的工作态度和热情令我非常感动！

由于本人才疏学浅、水平有限，文中的瑕疵和疏漏之处在所难免。为此，诚恳各位专家、同仁不吝指教，以待日后对本书加以修改和完善。

写作的结束也是新的起点，"路漫漫其修远兮，吾将上下而求索"。是以自勉！

韩登亮

2019 年 2 月于济南